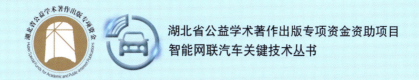

湖北省公益学术著作出版专项资金资助项目
智能网联汽车关键技术丛书

现代车路协同系统：
从泛在感知到智能管控

惠一龙　李长乐　付宇钏　岳文伟　承　楠　毛国强　著

中国·武汉

内容简介

车路协同的研究和示范是未来世界各国在交通领域的战略制高点。面对我国车路协同系统中交通数据感知难、异构网络数据传输难、多源大数据分析难、交通智能管控决策难等核心挑战,本书作者在总结国内外车路协同体系架构的基础上,对交通数据感知技术、V2X通信技术、大数据分析技术、智能管控技术等车路协同关键使能技术及其应用进行讨论。本书提出的方法、理论和技术将为推动车路协同技术的发展和落地示范应用提供技术参考。

图书在版编目(CIP)数据

现代车路协同系统:从泛在感知到智能管控/惠一龙等著.—武汉:华中科技大学出版社,2023.2
(智能网联汽车关键技术丛书)
ISBN 978-7-5680-9197-8

Ⅰ.①现… Ⅱ.①惠… Ⅲ.①交通运输管理-智能系统-研究 Ⅳ.①U495

中国国家版本馆 CIP 数据核字(2023)第 034643 号

现代车路协同系统:从泛在感知到智能管控	惠一龙 李长乐 付宇钏 著
Xiandai Chelu Xietong Xitong:Cong Fanzai Ganzhi Dao Zhineng Guankong	岳文伟 承 楠 毛国强

策划编辑:俞道凯 胡周昊
责任编辑:程 青
封面设计:原色设计
责任监印:周治超
出版发行:华中科技大学出版社(中国·武汉)　　电话:(027)81321913
　　　　　武汉市东湖新技术开发区华工科技园　　邮编:430223
录　排:武汉市洪山区佳年华文印部
印　刷:湖北新华印务有限公司
开　本:710mm×1000mm　1/16
印　张:16.5
字　数:280千字
版　次:2023年2月第1版第1次印刷
定　价:158.00元

本书若有印装质量问题,请向出版社营销中心调换
全国免费服务热线:400-6679-118　竭诚为您服务
版权所有　侵权必究

智能网联汽车关键技术丛书
编审委员会

名誉主编　　李　骏　李德毅

编委会主任　　王飞跃　邓伟文　杨殿阁

编　委（按姓氏笔画排列）

马芳武　王建强　毛国强　田大新　白　杰
朱　冰　那晓翔　孙　超　李升波　李必军
李克强　李灵犀　张　辉　陈　龙　陈　虹
徐　昕　殷国栋　殷承良　曹东璞　熊　璐
潘之杰　薛建儒

作者简介

惠一龙，西安电子科技大学通信工程学院副教授，入选西安市科学技术协会"青年人才托举计划"。主持国家自然科学基金、陕西省自然科学基金、西安市青年人才托举计划项目、中国博士后科学基金特别资助（站前）及一等资助项目等5项课题项目。以子课题负责人身份参与智慧交通和车联网相关的国家重点研发计划项目2项。担任 IEEE Journal on Selected Areas in Communications、IEEE Transactions on Industrial Informatics、IEEE Transactions on Wireless Communications 等十余个权威期刊审稿人。在 IEEE Transactions on Intelligent Transportation Systems、IEEE Wireless Communications、IEEE Network 等权威期刊上发表学术论文60余篇，6篇论文入选ESI高被引论文。获得国际会议最佳论文奖2项，并在施普林格（Springer）出版车联网领域著作 The Next Generation Vehicular Networks, Modeling, Algorithm and Applications。

李长乐，西安电子科技大学二级教授，博导，IET 会士，IEEE 高级会员，陕西省中青年科技创新领军人才，西安电子科技大学通信工程学院副院长，智慧交通研究院副院长，信息与通信工程一级学科方向及交通运输工程一级学科负责人。发表学术论文逾百篇、2个著作章节、译著1部，授权国家发明专利逾40项，申请国际专利7项，制定陕西省地方标准1项。主持国家重点研发计划项目、国家自然科学基金项目等多项，相关成果转化应用于多家上市公司的智能交通、智慧城市等国计民生重点产业。担任 IEEE Transactions on Intelligent Transportation Systems、IEEE Transactions on Vehicular Technology、IEEE Transactions on Mobile Computing 等国际学术期刊审稿人。

作者简介

付宇钏,西安电子科技大学副教授,入选西安市科学技术协会"青年人才托举计划"。于2018年9月至2019年9月赴加拿大卡尔顿大学于非教授(IEEE Fellow)团队联合培养。在国际通信、智能交通领域主流学术期刊和会议发表论文31篇,入选ESI高被引论文1篇。申请国家发明专利10项,授权5项;申请国际专利3项,授权1项。主持并作为骨干参与国家重点研发计划项目、国家自然科学基金项目等多个研究与合作项目。获2020年度中国电子教育学会优秀博士学位论文奖、2022年度陕西高等学校科学技术研究优秀成果奖特等奖、ADHOCNETS 2018国际会议最佳学生论文奖。

岳文伟,西安电子科技大学通信工程学院准聘副教授。于2017年2月至2019年2月赴澳大利亚悉尼科技大学毛国强教授(IEEE Fellow)团队联合培养。在车联网、智能网联车、交通控制理论、人工智能等领域发表论文20余篇,申请国家发明专利十余项,获得授权专利4项,申请国际专利2项。主持国家自然科学基金青年科学基金项目1项,参与多项国家自然科学基金重点项目和国家重点研发计划项目。成果支持的项目获2022年度陕西高等学校科学技术研究优秀成果奖特等奖。

作者简介

承楠，西安电子科技大学通信工程学院教授，博士生导师，入选国家高层次青年人才，陕西省高层次人才，IEEE通信学会亚太地区杰出青年。主要研究方向为空天地一体化网络、车辆通信网络，以及智能网络等。主持国家自然科学基金面上项目1项、国家重点研发计划项目1项，先后参与863项目、国家自然科学基金项目、国家自然科学基金重点项目、加拿大自然科学与工程研究委员会基金重点项目多项。曾获IEEE ICC 2019、IEEE GLOBECOM 2014、IEEE WCSP 2015、IEEE ICCC 2015 最佳论文奖。出版英文学术专著1部和2个专著章节，在IEEE系列会刊和主流通信学术会议上发表/录用论文80余篇。担任 *IEEE Transactions on Vehicular Technology* 编委、*IEEE Open Journal of Vehicular Technology* 编委、*Peer-to-Peer Networking and Applications* 编委，担任IEEE VTC'17分会主席，IEEE ICC、GLOBECOM等国际会议程序委员会成员。

毛国强，西安电子科技大学领军教授，博士生导师，入选国家高层次人才，IEEE 会士，IET 会士，西安电子科技大学智慧交通研究院院长。主持智慧交通和车路协同相关的国家重点研发计划项目和国家自然科学基金重点项目各1项。出版专著3部、3个著作章节，在 *IEEE Transactions on Intelligent Transportation Systems*、*IEEE Transactions on Vehicular Technology*、*IEEE Transactions on Wireless Communications* 等国际高水平期刊发表学术论文250余篇，Google Scholar统计引用次数13 000余次。2013—2018年，担任IEEE智能交通系统学会网络通信技术委员会联合主席；从2017年起，担任 *IEEE Transactions on Intelligent Transportation Systems* 编辑；2014—2019年，担任 *IEEE Transactions on Wireless Communications* 编辑；从2010年起，担任 *IEEE Transactions on Vehicular Technology* 编辑，并于2011、2014和2015年分别获得 *IEEE Transactions on Vehicular Technology* "杰出编辑"奖。

前言

智能交通系统可以显著提高交通运行效率,降低事故发生率并减少能源消耗。因此,随着物联网技术及车联网技术的快速发展和广泛应用,智能交通系统的理论研究和实际部署受到了学术界和工业界的高度关注。作为实现智能交通系统的核心技术,车路协同的研究和示范已经成为未来世界各国在交通领域的战略制高点。

面对我国复杂多变的交通场景,当前的车路协同系统存在以下关键问题。① 交通数据感知难:现有的感知设备难以实现复杂交通系统中数据的全天候全息感知。② 异构网络数据传输难:车联网中异构的网络具有不同的适用场景,现有的研究缺乏对异构网络场景及模式选择的研究。③ 多源大数据分析难:不同的感知设备采集的多源交通数据缺乏有效的处理策略及高效的分析手段。④ 交通智能管控决策难:目前的智能管控策略难以实现交通流高效的诱导和调度。因此,亟须从泛在交通数据感知到智能管控进行全面研究,建立系统、完备、可示范的现代车路协同系统。

本书依托作者团队承担的国家重点研发计划课题的相关研究成果,以智能交通构建为背景对国内外车路协同现状、应用场景、体系架构与发展方向进行详细的总结与讨论。在此基础上,引出交通数据感知技术、V2X 通信技术、大数据分析技术、智能管控技术等车路协同关键使能技术。其中在交通数据感知技术介绍中对车路协同系统中多样化感知设备的基本原理、应用场景及感知方案的优缺点进行分类讨论。在 V2X 通信技术介绍中对车路协同系统中 V2P、V2V、V2I 原理及发展历程进行梳理。结合不同通信技术的优缺点,对比讨论不同 V2X 通信技术及其在车路协同系统中的性能。在大数据分析技术介绍中阐述大数据分析在车路协同中的精准服务、交通信息规划及管控决策制定等应用。对于智能管控技术,介绍了面向不同应用时车路协同系统中采用的管控技术并结合现阶段世界各国实际部署的应用案例,讨论了信息化对传统交通系统中智能管控的赋能。

本书提出的方法、理论和技术可为广大企业、科研院所、高等院校进一步深入研究车路协同提供理论基础，为推动智能交通及车路协同技术的发展和落地示范应用提供技术参考，对提升我国车路协同技术的国际竞争力及交通垂直行业的综合实力具有重要意义。

本书由国家重点研发计划"高速公路智能车路协同系统集成应用"项目2019YFB1600100资助，主要面向智能交通研究者和交通从业人员，其中包括将要进行智能交通及车路协同方面研究的学者和工业界中期望实现传统交通智能化改造的从业人员。本书也可作为信息与通信工程、交通运输工程、物联网工程、控制科学与工程、电子科学与技术、计算机科学与技术等相关专业的研究生和高年级本科生的教材和参考书。

作　者
2022 年 10 月

目录

第1章　绪论　/1
  1.1　国内外车路协同现状　/1
    1.1.1　国外研究现状　/1
    1.1.2　国内研究现状　/3
  1.2　车路协同应用场景　/4
    1.2.1　交通安全预警场景　/4
    1.2.2　交通信号灯场景　/5
    1.2.3　公交运营管理场景　/6
    1.2.4　自动驾驶场景　/6
  1.3　车路协同体系架构　/7
    1.3.1　美国　/8
    1.3.2　欧盟　/9
    1.3.3　日本　/10
    1.3.4　中国　/12
  1.4　车路协同感知技术　/13
    1.4.1　传感器概述　/13
    1.4.2　传感器融合　/16
  1.5　V2X通信技术　/17
    1.5.1　V2X概述　/18
    1.5.2　技术分类及演进　/19
  1.6　大数据分析技术　/22
    1.6.1　交通大数据战略　/22
    1.6.2　大数据分析技术　/25

1.6.3 交通大数据应用 /26
1.7 智能管控技术 /27
本章参考文献 /29

第 2 章 物联网感知技术 /32
2.1 行人检测 /32
　2.1.1 引言 /32
　2.1.2 研究现状 /33
　2.1.3 多传感器数据融合 /34
　2.1.4 行人检测系统集成与构建 /36
　2.1.5 基于多传感器数据融合的行人检测算法 /39
　2.1.6 实验结果与分析 /48
2.2 基于微波的车流检测 /52
　2.2.1 引言 /52
　2.2.2 研究现状 /53
　2.2.3 车辆检测基础理论及系统设计 /54
　2.2.4 微波传感器原理及车辆数据采集分析 /56
　2.2.5 双检测模块协作式车辆检测算法 /57
　2.2.6 实验结果与分析 /68
2.3 基于地磁的车流检测 /73
　2.3.1 引言 /73
　2.3.2 研究现状 /74
　2.3.3 地磁车辆检测原理及其系统设计 /74
　2.3.4 地磁车辆检测算法 /76
　2.3.5 实验结果与分析 /82
2.4 道路健康检测 /83
　2.4.1 引言 /84
　2.4.2 研究现状 /84
　2.4.3 振动传感器道路裂缝检测系统架构 /84
　2.4.4 道路裂缝检测算法 /86
　2.4.5 实验结果与分析 /91

本章参考文献 /93

目录

第3章 V2X通信技术 /101

3.1 V2X通信技术及应用场景 /101
- 3.1.1 V2X通信技术 /101
- 3.1.2 车路协同技术应用 /102

3.2 V2V /103
- 3.2.1 引言 /103
- 3.2.2 研究现状 /104
- 3.2.3 系统模型 /105
- 3.2.4 网络性能分析 /109
- 3.2.5 仿真结果与分析 /113

3.3 V2I /117
- 3.3.1 引言 /117
- 3.3.2 研究现状 /118
- 3.3.3 系统模型 /119
- 3.3.4 基于拍卖博弈的卸载机制 /121
- 3.3.5 基于拥塞博弈的卸载机制 /124
- 3.3.6 卸载潜力预测 /126
- 3.3.7 仿真结果与分析 /128

3.4 案例分析——车辆碰撞避免 /130
- 3.4.1 应用V2V的追尾事故分级预警 /130
- 3.4.2 应用V2I的交叉路口碰撞避免 /135

本章参考文献 /143

第4章 大数据分析技术 /152

4.1 大数据分析技术及应用场景 /152
- 4.1.1 大数据信息采集 /152
- 4.1.2 大数据分析平台 /153
- 4.1.3 大数据分析特征 /153
- 4.1.4 大数据技术变革 /154

4.2 应用实例——城市交通瓶颈识别 /155
- 4.2.1 交通瓶颈识别技术 /155
- 4.2.2 拥塞传播图及最大生成树 /158
- 4.2.3 交通瓶颈识别 /160

4.2.4　仿真结果与分析　/162
　4.3　应用实例——交通拥塞成因分析　/167
　　　4.3.1　拥塞传播　/168
　　　4.3.2　因果拥塞树　/169
　　　4.3.3　拥塞成因识别　/170
　　　4.3.4　交通拥塞成因预测方法　/173
　　　4.3.5　仿真结果与分析　/174
　本章参考文献　/182

第5章　智能管控技术　/187

　5.1　智能管控技术及应用场景　/187
　　　5.1.1　智能管控技术　/187
　　　5.1.2　智能管控尺度　/189
　　　5.1.3　智能管控方式　/191
　　　5.1.4　智能管控事件　/193
　　　5.1.5　智能管控交通场景　/194
　5.2　宏观交通管控分析　/198
　　　5.2.1　交通运行管理　/199
　　　5.2.2　特殊事件交通管理　/200
　　　5.2.3　单路口交通信号控制　/200
　　　5.2.4　干线交叉口信号联动控制　/201
　　　5.2.5　区域交通信号控制　/202
　5.3　微观交通管控分析　/203
　　　5.3.1　车辆行为决策　/204
　　　5.3.2　车辆控制决策　/210
　5.4　智能管控案例　/211
　　　5.4.1　宏观控制案例　/211
　　　5.4.2　微观控制案例　/225
　本章参考文献　/232

第6章　未来展望　/237

　6.1　车路协同发展　/237
　6.2　关键使能技术　/240
　本章参考文献　/242

第 1 章
绪论

本章在介绍国内外车路协同现状的基础上,探讨车路协同的应用场景和发展方向并详细介绍感知、通信、大数据分析及智能管控等车路协同相关技术。

1.1 国内外车路协同现状

经历了 20 多年的发展历程,车路协同在世界各国政府持续的推动和引导下正在逐渐从研究阶段向示范落地阶段转变。本节从车路协同在各国的发展和应用谈起,涵盖主要国家车路协同的应用示范。

1.1.1 国外研究现状

车路协同系统(cooperative vehicle infrastructure system,CVIS)的概念起始于 21 世纪初。作为车路协同系统的前身,美国于 1989 年制定了智能车路系统(intelligent vehicle highway system,IVHS)战略计划,希望大力发展智能交通系统(intelligent transportation system,ITS)和信息设施等新兴产业。受到 IVHS 战略计划的影响,以通过优化交通调度来提升安全性为目标,美国和欧盟于 2003 年开始全面建设车路协同系统。2006 年 12 月,美国交通部与 5 家厂商签署合作协议,旨在利用全球定位系统(global positioning system,GPS)和专用短程通信(dedicated short range communication,DSRC)技术提高车路安全应用性能。2009 年,美国交通部开展 IntelliDrive 研究计划,致力于建立车-车之间及车-路之间的无线通信网络,实现更安全、更智能、更环保的交通方式。通过开发和集成各种车载和路侧设备及通信技术,IntelliDrive 研究计划向驾驶员提供了安全辅助控制或全自动控制支持,使得驾驶员可以做出更好更安全的驾驶决策。相比于前期的探索,2014 年是美国车路协同发展最具有里程碑意义的一年。该年 2 月,美国交通部在发表的声明"决定推动 V2V 技术在轻型车上的应用"中强调了 V2V(vehicle to vehicle)技术在避免车辆碰撞、提高行车安全等方面的突出作用,并表示该技术的应用能解决大部分车辆碰撞问题。次年7月,位于美国密歇根州的专门用于测试智能互联驾驶技术的封闭式实验街区——Mcity正式开放。作为世界上第一个为测试V2V/V2I(vehicle to infrastructure)技术建设的模拟小镇,Mcity标志着车路协同技术从实验研究向市场大规模推广迈出了坚实的一步。至2019年7月,车路协同技术已经覆盖了美国50%的州和城市。2020年2月,美国弗吉尼亚州交通运输部和奥迪公司共同试验了蜂窝V2X(vehicle to everything)技术,表明美国的车路协同技术正逐渐向V2X+5G转变。

为推动综合交通运输系统和安全技术的实用化,欧盟基本与美国同期启动了车路协同研究,旨在建立道路交通安全的体系框架和标准,实现交通通信标准化并开发综合运输协同技术。2003年,欧洲智能交通协会(ERTICO)提出eSafety计划。该计划的目的是利用先进的信息与通信技术(information and communication technology,ICT)加快安全系统的研发与集成应用,为道路交通提供全面安全的解决方案。除自主式的车载安全装置外,eSafety计划还重点考虑了车路协同合作方式,有效地评估了潜在危险并优化了车载安全系统的功能。2006年,欧盟又提出合作型车路系统项目,其研究成果于2010年在荷兰阿姆斯特丹进行了展示。该项目于2014年发展为"地平线2020"计划,旨在结合先进的通信技术,促进交通智能化、汽车自动化、汽车网联化及产业应用。此外,欧盟还启动了COOPERS、SEVECOM、Drive C2X及PRE-DRIVEC2X等相关车路协同计划,希望通过这些计划的研究和实施,扩展车载设备和路侧基础设施的功能,最终提升交通效率、缓解交通拥堵、改善交通安全、提高交通控制和管理水平。

日本车路协同研究最具代表性的项目是Smartway计划。Smartway计划于2006年启动,由日本政府与23家知名企业共同发起,旨在为日本的车路协同发展提出明确的体系框架和目标。通过开发功能高度集成的车载单元并建立以DSRC为主的多模式车路通信方式,Smartway计划使日本实现了全国范围内车路协同接入点的高度覆盖,并进一步提供了多样化的车路协同应用与服务。在此基础上,日本于2015年正式提供ETC2.0(electronic toll collection 2.0)服务。ETC2.0是首个通过DSRC实现高容量双向通信的车路协同系统。该系统由车辆导航系统、道路交通信息通信系统及ETC整合而成,通过车辆与道路设施双向通信协作,实现不停车收费、道路实时路况分析及安全预警等功能。ETC2.0还依托路侧基础设施和车载装备收发大量信息,实现道路信息实时交互及最佳出行线路规划等功能,为交通拥堵、交通安全、道路收费等相关政策的制定提供了坚实的技术支撑。2016年至今,在《车路协同汽车道路测试指南》《车路协同汽车安全技术指南》等文件的指导下,日本通过开展车路协同道路测试和部署工作,大幅提升了道路交通管控和服务能力。

1.1.2 国内研究现状

得益于政策的大力支持,我国的车路协同研究发展迅速。2006年,《国家中长期科学和技术发展规划纲要(2006—2020年)》等战略性文件提出了"发展交通系统信息化和智能化技术,提高运网能力和运输效率,提升交通运营管理的技术水平"等目标,为我国智能车路协同系统的发展指明了方向。2011年,科技部在863计划中设立智能车路协同关键技术研究项目,我国对车路协同技术的正式研究亦肇始于此。2016年起,我国陆续发布了《推动"互联网+"便捷交通促进智能交通发展的实施方案》《节能与新能源汽车技术路线图》《推进智慧交通发展行动计划》等,确认了车路协同技术在未来交通发展历程中的核心支撑地位。2017年,国务院发布了《"十三五"现代综合交通运输体系发展规划》,其中明确提出建设新一代国家交通控制网、建设智慧公路试点、示范推广车路协同技术、应用智能车载设备建设智能路侧设施等目标。2018年,工信部发布《车联网(智能网联汽车)产业发展行动计划》,指出以融合发展为主线,推动形成深度融合的车联网产业新生态,以车路协同相关技术助推安全、高效、绿色的交通出行服务。2019年7月,交通运输部发布《数字交通发展规划纲要》,指出要推动自动驾驶与车路协同技术研发,开展专用测试场地建设。该纲要计划到2025年,实现我国交通运输基础设施和运载装备全要素、全周期的数字化升级,基本形成数字化采集体系和网络化传输体系。2020年2月,国家发改委、工信部、科技部等11个部门联合印发《智能汽车创新发展战略》,再次明确到2025年,我国要实现以下目标:① 智能汽车的技术创新、产业生态、基础设施、法规标准、产品监管和网络安全体系基本形成;② 智能交通系统和智慧城市相关设施建设取得积极进展;③ 车用无线通信网络(LTE-V2X等)实现区域覆盖;④ 新一代车用无线通信网络(5G-V2X)在部分城市、高速公路实现应用;⑤ 高精度时空基准服务网络实现全覆盖。2021年,我国的车路协同及智慧公路的建设进程逐渐向测试和示范转变。《交通运输领域新型基础设施建设行动方案(2021—2035年)》《"十四五"信息通信行业发展规划》《交通领域科技创新中长期发展规划纲要(2021—2035年)》等文件相继发布。上述文件指明了促进智慧公路技术研发、测试和标准化,推进车联网产业研发与跨行业融合,大力推进智慧公路发展与示范应用的发展方向和目标。

在国家政策的大力推动下,我国的车路协同研究呈现出了百花齐放的新局面。2018年10月29日,长沙市宣布与百度公司达成合作,携手打造基于Apollo开放平台的国内首家"自动驾驶与车路协同创新示范城市"。同年12月,百度Apollo自动驾驶全场景车型在长沙完成首例L3及L4级别的自动驾驶车路协同演示。2020年9月,由百度Apollo支持建设的中国首条支持高级别自动驾驶车路协同的高速公路G5517长常北线高速长益段正式通车。此外,浙江也正在建设国内首条超级高速公路——杭绍甬高速公路。该路段全长约161 km,通过构建人、车、路协同系统从而全面支持自动驾驶。此外,多家机构及公司也正在助力车路协同系统的实际部署和应用:西安电子科技大学联合深圳戴升智能科技有限公司成功研发了国内首款商业化的高速公路智慧物联网无线信标并在全国多个省份成功落地;阿里云推出了智能高速公路解决方案,致力于构建车路协同生态并利用车路协同技术打造全新的"智能高速公路";华为推出了基于移动蜂窝网络的C-V2X(Cellular-V2X)智慧车路协同解决方案,全方位赋能高速公路的智能化及网联化建设,其研发的首款支持Uu+PC5并发的路侧单元(road side unit,RSU)产品将进一步加快车路协同业务的发展;腾讯的5G车路协同开源平台则聚焦基于边缘计算的车路协同领域,通过人、车、路、云互联助力5G时代智能网联汽车应用的快速落地。

1.2 车路协同应用场景

车路协同主要涉及车端、路侧端和云端三个端口。结合新兴互联网和传感器网络技术,三个端口互相协作,在全时空动态交通信息采集和融合的基础上,构建智慧交通场景下的协同感知与协同决策系统从而充分实现人、车、路的有效协同,保证交通安全,提高通信效率,最终形成安全、高效和环保的道路交通系统。根据车路协同的概念,本节对车路协同的应用场景进行简要介绍。

1.2.1 交通安全预警场景

1. 行人检测与安全预警

当路侧摄像机、雷达等感知设备识别到有行人进入道路时,如果存在碰撞风险则立即向路侧设备发送安全预警,路侧设备迅速给车辆发送警告信息,提醒驾驶员存在碰撞风险,并建议减速避让。

2. 车辆检测与防碰撞预警

在车辆行驶过程中，驾驶员注意力不集中、视线不佳、存在视觉盲区等多种因素都可能会导致交通事故的发生。路侧设备可以通过综合考虑车速、方向、加速度等信息推算车辆碰撞发生的概率，并当碰撞的风险较高时及时向车辆发送安全警告。

3. 桥隧水浸监测与危险预警

当路侧水浸传感器监测到异常后，其向路侧设备发送安全预警。路侧设备收到预警后通过V2X等方式及时提醒过路的车辆。同时，该检测信息可以通过管理平台向周边路侧设备发送环境异常提醒，跨区域提示驾驶员注意安全。

4. 交叉口辅助驾驶

由于存在障碍物遮挡视线，交通系统中的交叉口是安全事故的频发地。通过交叉口辅助驾驶监测实时交通状态，可以在追尾、超速、异常变道等危险行为出现前及时提醒驾驶员。此外，交叉口控制还可以合理分配冲突点的时空资源，最优化车辆在交叉口处的等待和驾驶时间，从而显著提高交通效率。

1.2.2 交通信号灯场景

1. 交通信号灯相位提醒

交通信号灯相位提醒可以辅助行车安全。路侧设备接收红绿灯状态信息后，驾驶员屏幕和后方播报屏上可进行信息发布，从而提醒驾驶员和后方跟车的驾驶员，合理调节驾驶速度。

2. 公交车信号优先通行

公交车信号优先通行可以提高路口通行效率。经过交叉口时，公交车发送优先通行请求，使信号灯主动调整当前状态，路侧系统识别优先通行请求后进行授权，使路口信号灯通过相位触发"信号优先"干预。信号优先策略的方式为红灯早断和绿灯延长。公交车通过交叉口后，车载系统识别并将结束信息发送给路侧系统，信号灯恢复常态。

3. 道路交通状况提示

驾驶员通过车路协同技术可以实时接收由交通信号灯发布的有关前方道路、天气、交通状况的信息，例如道路事故、道路施工、路面湿滑程度、绕路行驶、交通拥堵、团雾、停车限制和转向限制等。根据接收到的信息，驾驶员可以制定最优的驾驶路径及驾驶速度，从而提高驾驶安全性。

1.2.3 公交运营管理场景

1. 智慧公交应用

由于市区中公交专用车道上车辆较多,安全和效率问题十分突出。可将路侧单元(RSU)部署在公交专用道,并在车辆上部署车载单元(onboard unit,OBU),从而建立智能公交车联网,实现沿线的网络覆盖。在智能公交车联网中,对公交车辆的位置信息进行检测,使得车辆组成车队协同驾驶,从而可减小车辆之间的间隔,提高公交车辆的通行能力。

2. 公交车车速智能引导

车速智能引导可以减少公交车辆的延误及停车次数,提升公交系统运行效率。在不改变交通信号控制方案的前提下,借助端-边-云的协同计算,可为当前环境下的车辆提供最优的行驶速度。

3. 公交车进出场站联动管理

公交车进出停车场出入口时,通过进出口的路侧设备与车载设备之间的通信,后台自动记录该车辆的详细信息,如驾驶员、车辆编号、发车计划时间等。根据这些信息,可判断该公交车是否具有进出权限,并对具有权限的车辆控制进出口放行。

4. 站台泊位引导与信息服务

当公交车尚未到达站台时,车辆与站台路侧设备进行交互,感知车辆实时位置及车速并预测到站时间。车站根据站台泊位的占用情况,为进来的车辆指定停靠位置,并将停车信息发送至车载终端。与此同时,后台提前在站台显示屏上展示或通过广播播报相关泊位信息,以便乘客提前做好准备。公交车进站后,按照系统指示停车,从而避免进站后发生乘客追车行为,并有效降低站台拥堵情况。

1.2.4 自动驾驶场景

1. 共享汽车

共享汽车在我国已经实现商业化,目前我国已经有很多汽车租赁平台。由于车辆移动的方向、距离等有随机性,因此需要较多的人力资源来移动车辆。通过车辆协同辅助的自动驾驶可以实现自动调度和泊车,减少人工费用并降低运输成本。此外,当大批车辆需要移动时,可以采用跟车自动驾驶的方式组成车队,其中头车和尾车采用人工驾驶,中间车辆使用无人驾驶模式,从而显著降低移车成本。

2. 园区、机场、港口

机场、码头、货运场站等相对简单的封闭环境是目前无人驾驶落地的主要应用场景。在上述场景中，通过安装路侧和车载单元，车与基础设施、车与车、车与云端可以互联互通，实现对无人驾驶车辆进行区域协同控制管理并优化驾驶路线，从而在提高货运效率及服务质量的同时降低物流成本。

3. 货运车队

在固定线路上利用自动驾驶技术可以降低对车辆驾驶员的需求并降低运输成本。当前自动驾驶技术比较适用于以高速公路为主的干线运输。与城市主干道相比，高速公路路口简单且信号灯等设施较少，因此可以较为容易地预测车辆行驶轨迹。例如，在交通流量较少时可采用车队行驶的方式，由有人驾驶车和无人驾驶车组成协同车队，从而降低运输费用。

4. 智慧高速

智慧高速大规模推广与应用已成为未来全球道路交通发展的必然选择。目前，智慧高速建设方案的基本思想是利用智慧信标、摄像机及雷达等设备感知交通状态并部署路侧基站设备实现路网覆盖。在此基础上，采用车路协同、边缘计算等技术对高速公路的车路状态进行监控并对合流区、匝道等的车流进行高效管控。

5. 虚实结合自动驾驶

车辆在自动驾驶过程中，可以将实时状态反馈到平台端。平台端通过自动驾驶仿真器对复杂且极端的交通场景进行模拟，然后通过车路协同发送给车辆，使车辆及时做出最优的驾驶决策。通过车路协同赋能虚实结合的驾驶方式，不仅可以提高无人驾驶测试效率，而且可以模拟更复杂多变的交通场景。

1.3 车路协同体系架构

车路协同因其广泛的应用场景受到了世界各国政府的持续关注。不同的国家和组织结合对应的交通国情开发了不同的车路协同体系架构。如图1-1所示，本节重点介绍车路协同系统在美国、欧盟、日本和中国的建设体系架构与发展方向。

图 1-1　车路协同体系架构与发展方向

1.3.1　美国

1. 智能车路系统战略计划

美国于 1989 年制定了智能车路系统 IVHS 战略计划。该战略计划包含四个子系统：先进的交通管理系统（advanced traffic management system，ATMS）、先进的交通信息系统（advanced traveler information system，ATIS）、商用车运行管理系统（commercial vehicle operation system，CVOS）以及先进的车辆控制系统（advanced vehicle control system，AVCS）。根据上述系统，IVHS 战略计划明确了具体的研究目标。

（1）利用信息技术、计算机自动控制技术等高新技术，建立先进的交通管理系统，提高城市道路和城际高速公路网的运营效率。

（2）通过车内外信息系统，为驾驶员提供相关的交通状况、行车要求和行车路线引导信息，使车辆在最短的时间内到达目的地。

（3）使用车载安全报警系统，使驾驶员的注意力更加集中，提高行车安全性。

（4）使用安全报警系统、辅助驾驶系统、车辆识别系统等，提高卡车等商用车辆的运行效率、安全性和可靠性。

（5）利用出行信息系统，为出行者提供各类交通信息，提高交通服务水平，让出行变得方便、顺畅、舒适。

(6) 改善道路上车辆的运行状态,减少交通对环境的污染。

(7) 发展智能交通系统和信息设施等新兴产业。

2. 车辆基础设施集成车路协同系统项目

2003 年,负责美国交通部智能交通项目的研究人员和专家开始意识到 V2V 和 V2I 技术在提高道路安全性和解决一些交通难题方面具有关键作用。同年,美国交通部发布了车辆基础设施集成(vehicle infrastructure integration,VII)车路协同系统项目。该项目被分配了 5.9 GHz 作为专用短程通信频段并利用信息通信技术实现汽车与道路设施的一体化。此外,各州采用统一实施模式,使用测试车(probe vehicle)获取实时交通数据信息,从而支持动态路线规划和引导,提高安全性和效率。VII 计划主要包括智能车辆先导(intelligent vehicle initiative,IVI)计划、车辆安全通信(vehicle safety communication,VSC)计划和扩展数字地图(ED-map)计划。

3. IntelliDrive

2009 年,VII 项目正式更名为 IntelliDrive。IntelliDrive 集成了 CICAS 协同式交叉路口碰撞防止系统和 SafeTrip-21 两个独立项目。CICAS 项目主要开发和测试相关的技术应用,以减少有交通灯和停车标志交叉路口处的碰撞次数。例如,驾驶员试图通过路口时,汽车警告系统会通知驾驶员是否有行人通过路口以避免发生事故。相比之下,SafeTrip-21 的研究是通过一系列当前的车联网技术收集各种运营车辆(如出租车)的监控数据,并使用便携式设备发布交通流量数据,以便每个人都可以利用这些实时数据来规划外出时的合理路径及换乘方式。

4. 智能互联汽车研究

为明确研究目标,2011 年 IntelliDrive 再次更名为智能互联汽车研究(connected vehicle research,CVR)。CVR 重点强调了交通安全的重要性。此外,美国交通部下设部门研究和技术创新管理部(Research and Innovative Technology Administration,RITA)制定的《智能交通战略研究计划(2015—2019)》显示,CVR 的研究可以扩展至网联汽车、自动驾驶、新兴功能、企业数据、协同和加速产业扩张六大领域。

1.3.2 欧盟

1. eSafety 计划

2003 年,欧盟 ITS 组织 ERTICO 提出 eSafety 计划,旨在研究车路协同和车载安全模块的配置,以确保车辆驾驶安全。该计划的主要内容是应用通信技术开发安全系统,解决道路交通中的安全问题。同时,eSafety 聚焦于系统框架和标准、交通通信标准化、综合交通协同研究、综合交通系统和安全技术的实际应用等方面的推广。eSafety 计划有几个关键子项目:① PreVENT 项目,利用先进的信息通信技术和定位技术,开发一个自主协调的主动安全系统,从而降低事故的发生率和严重程度;② I-way 项目,提供实时环境车辆信息和路侧设备信息,以提高驾驶员对危险情况的感知和反应速度;③ Car2Car 项目,推动车-车和车-路通信技术及其接口、发展战略和商业模式的标准化,促进车-车通信技术的市场化。

2. 合作型车路系统项目和"地平线 2020"计划

合作型车路系统项目于 2006 年启动。项目研究的重点是合作型智能安全道路(COOPERS)、智能安全车路系统(SAFESPOT)和合作型车路系统。合作型车路系统项目的主要目标是开发标准化的网络终端,实现车-车、车-基通信;开发新技术获取增强型车辆位置信息和动态地图信息;使用车载和路侧设备检测事故,监控路网运行情况,加强基础设施与交通流的配合;开发用于辅助驾驶、交通管理、移动信息服务、商业和货运管理的协作应用系统。合作型车路系统项目结合 2.5G/3G、DSRC、WiFi 等异构通信技术,实现了较为灵活的车路协同。基于合作型车路系统项目的研究成果,欧盟在 2014 年推出的"地平线 2020"计划中明确提出了协同智能交通、汽车自动化、网联化及产业应用等核心目标。

1.3.3 日本

1. 车辆基础设施通信系统(VICS)项目

日本于 1996 年开始运营车辆基础设施通信系统(vehicle infrastructure communication system,VICS)项目。车辆基础设施通信系统是一种将收集、处理和编辑的文本与图形等道路交通信息通过通信和广播传输到汽车导航系统等车载设备的通信系统。车辆基础设施通信系统提供的道路交通信息包括交通拥堵信息和通过道路所需时间、事故、故障车辆、施工信息、限速、限行信息、停车场位置信息、服务区停车位信息等。车辆基础设施通信系统提供的信息来自日本道路交通信息中心,主要通过调频(FM)、无线电波和红外线三种方式传递信息。

2. Smartway 智能道路计划

随着车辆基础设施通信系统、电子收费系统(ETC)以及先进的安全车辆

(advanced safety vehicle，ASV)系统和智能公路系统(automated highway system，AHS)的快速发展，日本提出了 Smartway 智能道路计划。Smartway 的发展重点是整合日本各种 ITS 的功能，建立车载单元的通用平台，从而减少交通事故并缓解交通拥堵。该计划的主要目标是推动 V2X 技术的发展，并将其与自动驾驶相结合，促进 V2X 通信技术与 ETC 的无缝对接。该计划已于 2007 年初步在东京大都会快速道路部分公路完成试验并于 2009 年开始在日本三大都市圈进行试验。Smartway 提供各种车载及道路服务，具体总结如表 1-1 所示。

表 1-1 Smartway 涉及系统总结

服务	信息发布方式	目的	简介	测试地点
有关前方障碍的信息	音频和视频	（协助安全驾驶） （1）避免在能见度差的弯道与停止或缓慢行驶的车辆发生追尾事故 （2）减少二次事故	路侧传感器可检测到停放的车辆或能见度差的弯道外的拥堵情况，并通过视频和音频信息警告进入弯道的驾驶员	事故多发的弯道处
有关前方路况的信息	音频和视频	（协助安全驾驶） （1）减少靠近隧道、凹陷、路口等拥挤区域的事故发生率或避免与前方停止或缓慢行驶的车辆发生追尾事故 （缓解拥堵） （2）减少因事故等造成的拥堵	前方的路况以视频和音频的形式传递给驾驶员	预计出现拥堵的地点之前
道路汇车协助	音频和视频	（协助安全驾驶） （1）减少因车辆在汇合点接触而造成的事故 （2）减少追尾事故	路侧传感器检测接近汇合点的车辆。在汇合点之前，驾驶员会通过视频和音频信息收到预警信息	事故频发的汇合点
信息提供 （IP 数据连接）	音频和视频	（提高便利性） （1）更便捷 （2）提前提供信息以提高效率	使用 DSRC、无线局域网等为停在服务区、停车场等处的车辆提供互联网连接	停车区

续表

服　　务	信息发布方式	目　　的	简　　介	测试地点
通信媒体使用	—	（提高便利性） （1）更便捷 （2）提供信息以提高安全性及舒适性	使用各种通信媒体（包括公共无线局域网）	东京都高速公路
与地图相关的服务以引起注意并提供信息	视频	（协助安全驾驶） （1）减少进入弯道时因超速而导致的事故 （2）提前发布信息，以便在事故频繁发生的路段提高安全性	基于汽车导航系统中的地图数据库，在驾驶时提醒人们注意速度等 提供有关事故频繁发生地点的信息	事故频发地
智能停车	—	（提高便利性） （1）更便捷 （2）提供信息以提高效率	为使用 ETC 用户车辆提供基于 ETC 车载单元的停车费支付服务	停车场

1.3.4　中国

我国车路协同系统旨在通过研究一系列关键技术，建立车路智能协同系统，实现车路协同控制，增强交通安全并提高通行效率。我国的车路协同体系主要包括四个发展阶段。

1. 信息交互协同

利用先进的无线通信和新一代互联网技术，实现车路信息交互与共享，即 V2V 和 V2I 通信，主要体现为系统参与者对环境信息的采集、融合与发布。

2. 感知预测决策协同

在信息交互协同阶段的基础上，借助智能道路设施，感知全时空动态交通环境信息，结合后续的数据融合、状态预测和行为决策功能，实现道路协同感知、预测和决策，主要体现为系统参与者对环境信息的综合收集和驾驶决策。

3. 控制协同

在信息交互协同和感知预测决策协同的基础上，实现先进的车路协同控制功能，例如在高速公路、城市快速公路、自动泊车等限定场景中的应用，主要体现在系统参与者对环境信息的综合收集、驾驶决策和控制执行的整个层面上。

4. 车路全面协同

实现车路协同感知、车路协同预测决策以及车路协同控制一体化等完整系统功能，从而形成车辆和道路共同促进自动驾驶的一体化发展途径。车路全面协同的系统包括智能交通管理系统、智能路侧系统、智能车辆系统、智能通信系统四大关键子系统，以及感知模块、融合预测模块、规划决策模块和控制模块四大关键模块。根据上述系统和模块，通过灵活的组合和调配实现交通状态感知与检测、车辆定位、车辆状态轨迹预测、交通流分配、交通信号配时规划、车辆行为与运动规划、车辆路径控制、车队队列控制等应用。

1.4　车路协同感知技术

交通信息的精准感知是实现车路协同和构建智慧公路的前提和基础。智能感知技术，即通过广泛部署的物联网设备采集道路、环境及交通数据，并进一步应用车路协同技术，实现数据与决策结果在车辆端和平台端的高效传输。目前应用广泛的车路协同的感知设备有激光雷达、毫米波雷达、超声波雷达、微波雷达、摄像机、红外线传感器和地磁传感器等。

1.4.1　传感器概述

1. 激光雷达

激光雷达通过向目标发射激光束探测信号，然后将接收到的从目标反射回来的信号与发射信号进行比较，从而获得目标的距离、方位、高度、速度甚至形状等相关参数。激光雷达一般应用在车辆控制与安全系统、汽车主动避撞系统等智能交通系统的子系统中，动态地从路况、车况及驾驶员的综合信息中判断是否存在安全隐患。

激光雷达具有抗干扰能力强、体积小、重量轻、分辨率和精度高的优点。但是在极端天气条件下，激光雷达的探测距离显著降低。此外，激光雷达在识别颜色、图案时表现较差，而且价格昂贵。

2. 毫米波雷达

毫米波雷达是工作在毫米波波段（millimeter wave）的雷达。其根据发射信号和接收信号之间的频率差来计算目标的距离。毫米波雷达主要用于道路交通流量、速度、方向等参数的采集和监测，为交通管理提供准确、可靠、实时的交通信息。

毫米波雷达穿透雾、烟、灰尘的能力强，所以受雨、雪等天气的影响较小。此外，毫米波雷达器械体积较小，方便在车辆设备上普及应用。但是，面对行人或者反射界面较小的目标物体时，毫米波雷达容易误测，而且成本较高。

3. 超声波雷达

超声波雷达利用传感器中的发生器产生一定频率的超声波，然后接收探头接收障碍物的反射信号，根据接收时差计算出与障碍物间的距离。超声波雷达主要应用于自动泊车或倒车辅助等相关应用。

超声波传播距离远，穿透力强，成本较低，在短距离测量中，表现尤其优异。但超声波雷达的缺点也较为显著，表现为易受天气影响，无法测量车距的实时变化。此外，超声波散射角大，方向性较差，在测量远距离的目标时，回波信号较弱，因此测量误差较大。

4. 微波雷达

微波雷达是一种根据多普勒效应原理设计而成的非接触式移动物体检测设备。通过微波传感器发射天线向检测目标发射微波信号并接收反射信号，根据信号的频率变化判断是否有目标移动。微波雷达可用于测速，也可以用于汽车雷达防撞系统。

微波雷达的检测性能受自然环境的影响小，可屏蔽尘埃、烟雾和蒸汽的干扰。微波在空气中的损耗比超声波低，具有很强的穿透性，适用于远距离测距。此外，微波雷达仪器易制、价格低廉、稳定性好。但是在同等功能条件下，微波雷达体积大，抗干扰能力较差。

5. 摄像机

摄像机是基于可见光源的传感器。其采用视觉检测、识别、跟踪、分割等算法，对道路、道路参与主体、道路环境、道路异常事件等进行准确识别。由于其采集的像素点多、分辨率高、颜色丰富、动态范围大，因此被广泛应用于交通环境以反映道路的实景。

摄像机检测精细，视角范围大，很少出现漏检的情况，且结构简单、设计成熟。但是，摄像机工作在可见光波段，很容易被外界光线环境干扰，并且数据量大，对存储和计算资源需求较大。

6. 红外线传感器

红外线传感器是利用红外线的物理性质来进行测量和处理数据的传感器。在智能交通中，红外线传感器普遍应用于车辆测速系统以搜索和跟踪红外目标。

红外线传感器结构简单、成本低廉、反应灵敏、抗干扰能力强，便于近距离检测路面情况。但是，红外线传感器只能对路面情况做简单的黑白判别，加之其容易受到位置影响，因此检测范围和精度有限。

7. 地磁传感器

地磁传感器通过感知磁场强度的变化，对包含金属材料(如镍、铁、钢等)的车辆等进行识别。车辆经过地磁传感器的感知范围时，会引起磁场信号强度的扰动且扰动的强度与车辆的移动速度、尺寸大小、结构等参数有关。因此，地磁传感器可用于车辆检测、车型识别、车速估计等应用。

地磁传感器成本低，安装和维护方便，也不受天气因素影响，因此可以体系化大规模地在ITS中部署。但是，地磁传感器需要部署在道路中央或者道路两侧的车道线上，因此需要在路段施工建设时同时部署。

8. 红外热释电传感器

红外热释电传感器(passive infrared ray，PIR)由两个感应单元组成。传感器前端的菲涅耳透镜将检测物体的热成像聚焦在两个感应单元上。感应单元吸收此热成像后将其转化为热能并由热释电晶体材料转化为微弱的电流信号。当发出红外光的物体通过传感器检测区域时，传感器就能识别并做出反应。

在车路协同系统中，人体可视为一个分布式的红外源。人体运动时，红外辐射将影响红外热释电传感器的输出信号。通过对传感器输出信号的分析，可以提取出人体运动的特征数据，实现对不同人、不同运动状态的识别。

9. 振动传感器

振动感知设备可以检测道路的健康状况(是否存在坑洼、裂缝等)，指导城市管理者对城市道路路面进行养护，从而延长路面使用寿命，保持道路完好率和平整度。

当车辆在路面上行驶时，将对路面施加一定的激励。对于非刚体的地球介质，这种激励引起的地球介质的变形在地球介质中传播即形成振动信号——地震波。振动传感器可用于实时检测并收集振动信号，并通过信号处理和分析完成道路健康检测等工作。

10. 结冰传感器

路面结冰会导致路面摩擦系数明显降低，极易出现车辆打滑、侧滑或车轮空转，诱发严重的交通事故。因此，智慧交通中通常需要部署结冰传感器来时刻检测道路的结冰状态。结冰传感器可根据检测机理分为光学式、电学式、机械式等。

通过路面结冰传感器对路面状态信息进行采集分析,可以识别出路面的环境信息,如积水量、结冰厚度、结冰类型等,从而辅助预警中心向车载用户发布预警信息并协助车载用户安全驾驶。

1.4.2 传感器融合

在 ITS 中,单一的传感器有着诸多的局限性,例如,摄像机虽然是识别道路、阅读标志和识别车辆的理想选择,但在远距离探测及速度估计方面,激光雷达明显更胜一筹。因此,在 ITS 中,多传感器的广泛融合应用成为必然趋势。表 1-2 直观展示了用于交通数据采集的各类传感器的优缺点。

表 1-2 各类传感器优缺点对比

性能	激光雷达	毫米波雷达	超声波雷达	微波雷达	摄像机	红外线传感器	地磁传感器
成本	很高	适中	很低	低	适中	适中	低
远距离探测能力	强	弱	弱	一般	弱	一般	弱
环境适应性	弱	强	一般	强	弱	弱	强
温度稳定性	强	强	弱	强	强	一般	强
车速测量能力	强	一般	一般	一般	弱	一般	一般
优点	获取信息丰富、分辨率和精度高	穿透力较强、受天气影响小	测距原理简单、成本低且穿透力强	穿透力强且稳定性好	检测精细、视角范围大且结构简单	结构简明、反应灵敏	成本低、体积小、使用寿命长
缺点	易受天气影响、价格昂贵	目标识别准确性较低	只能近距离探测	体积较大、抗干扰能力弱	易受干扰且处理复杂	检测距离和精度有限	嵌入路面部署

多传感器融合定义为对不同传感源的有用数据进行获取、积累、滤波、关联、综合,用以评估态势和环境、策划、检测、验证、预报。其包括数据融合、信息融合以及数据和信息融合三个层面。简而言之,多传感器融合能够把多个源得到的数据结合,从而获得更多的信息量和更好的信息质量。其优势具体包括以下三个方面。

(1) 提高数据质量:多传感器数据中有不少冗余和互补信息,多传感器融合处理可以提高测量数据的质量,降低数据的错误率。

（2）挖掘潜在信息：在传感器获取目标信息后，利用数据融合处理能够得到单个传感器无法提取的信息。

（3）提高系统可靠性：在多传感器融合系统中，各传感器可以自主工作，也可以集成融合工作。在单一传感器出现故障时，具有容错能力的融合系统可以继续工作，从而提高可靠性。例如，微波传感器和视频传感器的融合检测和分类技术可以优势互补，获得车辆更全面的信息，提高车辆的检测率，增强系统的抗干扰能力。

针对部分复杂交通场景，边缘基站或平台可以通过多源数据融合技术实现更多参数的检测以满足更丰富的应用需求。特别地，西安电子科技大学智慧交通研究院联合深圳市戴升智能科技有限公司开发了国内首套路侧感知设备——智慧物联网信标。该信标集成在智慧公路物联网系统中，通过小型、低功耗地磁传感器实现车道级的车辆事件检测，并通过灯光实现视觉诱导、车道示廓、车间距预警等功能。多个智慧物联网信标的数据通过低功耗通信技术汇集到边缘基站或平台处，可以进一步实现车道级的车流量、车速、车辆轨迹的估计以及各种交通事件如异常停车、超速、缓行、拥堵等的检测。边缘基站或平台可以根据事件检测的结果对智慧物联网信标下发指令，通过灯光示警的方式实现对事件的智能联动响应。总体来说，泛在部署的智慧物联网信标，可以根据具体的场景应用，融合在重点部位部署的激光雷达、毫米波雷达、摄像机等设备的数据，以较低的成本和较高的效益实现公路信息的全面充分感知，以视线诱导的方式为有人驾驶车辆提供信息服务及行车诱导，并为未来智能网联车和无人驾驶车等提供感知、定位、通信支撑奠定基础。

未来，电子技术的更新换代将使得传感器不断向微型化、低功耗化的方向发展。多种传感器可以通过集成装配至一个物联网设备，实现多种恶劣环境中路况、交通状况等多维信息的全面、充分、实时、无缝感知并提高检测精度，从而进一步支持交通数字孪生系统的构建，充分实现道路的智慧化及数字化，为智能交通管理奠定坚实的基础。

1.5　V2X 通信技术

本节对车路协同系统中 V2X 通信技术的发展及应用进行介绍。首先，对车路协同系统中 V2X 通信技术的 V2P、V2V、V2I 原理及发展历程进行梳理。然后，结合不同通信技术的优缺点，进一步对比讨论不同 V2X 通信技术的细节及其在车路协同系统中的性能。

1.5.1　V2X 概述

V2X 通信技术是构建车路协同系统的关键通信技术。通过 V2X 通信技术，在实现车辆自身对环境及交通状态检测的基础上，还可以实现数据在交通实体之间的高效交互。V2X 技术的推广奠定了车联网及自动驾驶车辆的应用基础，并且从提高交通安全性、增强信息服务能力等多个方面提高了智慧交通的应用服务能力。

根据通信主体的不同，V2X 通信技术可分为车辆和车辆之间的通信（V2V）、车辆和基础设施之间的通信（V2I）、车辆和行人之间的通信（vehicle to pedestrian，V2P）三种方式。

1. V2V

V2V 通信是指车辆和其他在一定通信范围内的车辆直接进行信息交互，或将其作为中继节点与目标车辆进行信息传递的通信方式。通过 V2V 通信，车辆不仅可以向邻近车辆传递其位置、速度、驾驶意图等信息，并且可以获取其视距范围外的车辆信息，这些信息能有效帮助车辆进行环境状况判断，提高道路交通安全性。

2. V2I

V2I 通信是指车辆与其行驶过程中遇到的包括信号灯、无人机、路侧单元、蜂窝基站等在内的所有基础设施之间的通信。由于 V2V 通信受到通信范围的限制和障碍物的影响，无法大范围传递信息，而路侧基础设施具有更广的覆盖范围，因此，V2I 通信可以更加有效地为车辆提供信息服务。

3. V2P

V2P 通信是指车辆和道路用户之间的直接通信。在驾驶员有监控盲区或疲劳驾驶时，车辆可通过 V2P 通信及时侦测到周围的行人或其他弱势道路使用者，进而提醒驾驶员采取减速刹车等措施。此外，车辆可以根据周围弱势道路使用者的位置、速度等信息对其行为进行预测，提前感知风险，降低交通事故发生率。

综合了 V2V、V2I、V2P 的 V2X 技术可以将车辆、驾驶员、行人、基础设施等各类交通实体联合在一起，促进信息交互和数据共享，从而构建智能交通管理控制、车辆智能化控制和智能动态信息服务的一体化网络，使车辆具备复杂环境感知、智能决策、协同控制等功能，从而实现更安全、更高效、更舒适、更节能的驾驶体验。

1.5.2 技术分类及演进

实现 V2X 通信需要多种无线接入技术的支持,目前主流的技术包括专用短程通信(DSRC)技术及 C-V2X 技术。

1. DSRC 技术

DSRC 指在短距离内进行 V2V 和 V2I 通信以实现信息交互。DSRC 由车载单元(OBU)、路侧单元(RSU)以及控制中心等部分组成,利用射频通信技术在车用环境中提供短距离的信息传输通信服务。DSRC 的概念及技术雏形由美国联邦通信委员会(FCC)提出,并且其为车联网通信分配了 5.9 GHz 频段的 75 MHz 的专用频谱。这段频谱被划分为 7 个 10 MHz 的信道和一段 5 MHz 的保护带宽。如图 1-2 所示,这 7 个信道中一个信道为控制信道(control channel,CCH),用来传输控制数据包和实时性极高的紧急数据包,应用场景一般为碰撞、追尾等紧急事故预警的交通情况。该信道周期性地广播包含车辆自身位置、速度、加速度等状态信息的消息,同时会发送事件驱动型消息。其他信道为服务信道(service channel,SCH),用于交通管理、娱乐服务等非安全应用或低安全性的信息服务。车辆会在控制信道和服务信道之间切换,以保障及时获取与安全相关的信息。

性能	车车安全	服务信道	服务信道	控制信道	联合服务信道		路口安全
EIRP	33 dBm	33 dBm	33 dBm	44.8 dBm	23 dBm	23 dBm	40 dBm
预留	Ch172 SCH	Ch174 SCH	Ch176 SCH	Ch178 CCH	Ch180 SCH	Ch182 SCH	Ch184 SCH

5.850 GHz　5.855 GHz　5.865 GHz　5.875 GHz　5.885 GHz　5.895 GHz　5.905 GHz　5.915 GHz　5.925 GHz

图 1-2 DSRC 信道分配

在 DSRC 标准架构中,IEEE 发布的 802.11p 标准规定了物理层和数据链路层,IEEE 1609 系列标准则规范了网络层、传输层、表示层、会话层和应用层。IEEE 发布的 802.11p 标准是 1609 协议栈的基础,从 2010 年实现标准化后一直在不断进行技术修正。802.11p 在物理层采用与 802.11a 相同的正交频分复用(OFDM)调制技术,同时针对车联网环境的特点进行了改进,使其更适用于需要快速建立连接和连接频繁切换的场景。表 1-3 展示了 802.11p 协议主要的技术参数。

表 1-3　802.11p 技术参数

参　　数	数　　值
调制方式	BPSK,QPSK,16QAM,64QAM
数据速率	3,4,5,6,9,12,18,24,27 Mbit/s
子载波数量	52
OFDM 符号长度	8 μs
保护间隔长度	1600 ns
训练序列长度	32 μs
子载波间隔	156.25 kHz

IEEE 1609 协议簇主要包括 1609.1~1909.4 和 1609.11 协议。其中 1609.1 为资源管理协议,该协议主要为车辆用户提供资源管理服务与接口;1609.2 为安全协议,该协议主要用于用户的隐私保护,其定义了安全格式,可防止重要信息被窃听;1609.3 为网络服务协议,该协议对应网络层和传输层,可支持 V2V 及 V2I 通信,同时也支持接入互联网的车载信息娱乐等服务;1609.4 为多信道管理协议,其增强了 802.11p 介质访问控制(MAC)层的功能,可支持多信道间无线连接,并支持多信道切换。

2. C-V2X 技术

C-V2X 是基于蜂窝网通信技术演进形成的车用无线通信技术,包括 LTE-V2X、LTE-eV2X 和 NR-V2X 三种。

LTE-V2X 服务的标准化已经在 2016 年和 2017 年的 3GPP Release 14 中完成,主要确定了增强道路安全的车联网标准。3GPP Release 15 对 LTE-V2X 的增强标准化工作主要为直连通信接口 PC5 添加了载波聚合、高阶调制等功能。

LTE-V2X 和 LTE-eV2X 这两种技术均可使用传统的 LTE 空中接口 Uu 和侧链路空中接口 PC5。Uu 接口是基站与用户设备之间的空中接口,用户设备在上行链路中向基站发送消息,并由基站在下行链路中发送给目的用户设备。PC5 是支持用户设备之间直接通信的接口。如图 1-3 所示,集中式调度中 V2V 通信使用的资源由基站集中调度,只有在基站覆盖范围内才可使用。不同于集中式调度,如图 1-4 所示,分布式调度中 V2V 通信使用的调度方式为分布式,无论是否有基站覆盖其都可以工作。

由于 LTE-eV2X 的最小时延为 10 ms,无法在时延、可靠性等方面满足 V2X 的一些增强业务需求,于是业界开始研究基于 5G 的 NR-V2X 技术。NR-

V2X 需要支持更高级的 V2X 业务、更灵活的通信方式、更低的时延、更高的可靠性和更快的数据速率。3GPP 于 2018 年 8 月开始了 NR-V2X 的标准化工作并于 2020 年 7 月发布标准 3GPP Release 16。3GPP Release 16 重点研究了 5G NR 的 PC5 直连接口对 Uu 接口的功能增强。

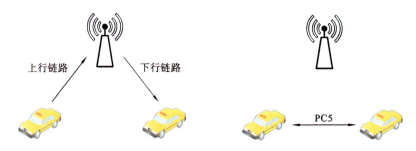

图 1-3　基于 Uu 接口的 V2V 通信　　　图 1-4　基于 PC5 接口的 V2V 通信

与 LTE 帧结构相比,NR-V2X 的帧结构可分为固定部分和灵活部分,其中固定部分与 LTE 一致,每个帧长均为 10 ms,可划分为 10 个 1 ms 的子帧;灵活部分取决于子帧中的时隙结构。NR-V2X 的子帧中包含的时隙数与子载波间隔有关,不同子载波间隔情况下每个子帧中所包含的时隙数不同。与 LTE-V2X 系统相比,NR-V2X 系统的无线帧结构具有更短的时隙和取值更多样的子载波间隔。因此对 NR-V2X 系统而言,当采用较大子载波间隔时,数据包的传输时间间隔会更短,空口的传输时延会降低,调度的灵活性会更高,因此更容易满足车联网业务对时延的严格要求。表 1-4 给出了 NR-V2X 和 LTE-V2X 的技术对比。

表 1-4　NR-V2X 与 LTE-V2X 的技术对比

特　　征	LTE-V2X	NR-V2X
通信类型	广播	广播、组播、单播
调制编码机制	QPSK、16QAM	QPSK、16QAM、64QAM
波形	SC-OFDM	OFDM
物理层信道	PSCCH、PSSCH	PSCCH、PSSCH、PSFCH
子载波间隔/kHz	15	6 GHz 以下:15,30,60 毫米波:60,120
调度间隔	1 个子帧	slot,mini-slot,multi-slot
Sidelink 模式	Mode3 和 Mode4	Mode1 和 Mode2
Sidelink 子模式	—	Mode2(a),Mode2(b)

1.6 大数据分析技术

交通大数据,顾名思义,即利用新兴的大数据技术,辅以各种互联网技术,对交通运输产业的各类数据进行加工、分析和处理,从而优化产业结构并提高交通系统的承载力和运行效率。本节从交通大数据的战略视野、大数据分析技术及大数据应用出发研讨交通大数据对车路协同和智慧交通的关键作用。

1.6.1 交通大数据战略

近年来,我国对交通网络的建设使得交通面貌焕然一新,各类交通信息获取、存储和共享的平台也如雨后春笋般涌现。政策的导向、资金的支持和诸多科研人员的投入使得交通大数据的发展如火如荼。

大数据与交通的结合绝非偶然。交通数据类型多样,可供发掘的数据资源极为丰富。在不同的交通运输方式,如公路、铁路、水路、航空等中,已有大量数据涌现,而智慧交通需要从道路类型、环境特征、终端类型、服务类型等多维度细化,海量交通数据可见一斑。上述多样化的数据,可以为相关政府部门、企业、科研团队等提供数据支撑。具体来说,公安部门可以对车辆、道路和交通整体状态进行实时分析和管控;相关企业可根据交通大数据调整自身的产业布局;高校可以利用交通大数据,对诸如交通拥塞、交通事故、交通效率低下等交通痛点问题,进行分析并提出应对措施。此外,交通大数据有望孕育新的交通产业,并助力实现智能交通管控系统。

纵观国际交通发展,交通大数据日益成为各国争夺的技术战略高地。欧美等发达国家在该领域的起步较早,技术深度和产业结构日趋完善,其相关领域的先进理论和实践成果有较高的借鉴价值。近年来,我国的交通大数据发展势头强劲,加之国家、产业和高校的大力支持和投入,使得我国交通大数据研究取得了一定的成效。在此基础上,需要结合我国交通特征和道路现状,进一步充分发挥交通大数据的战略优势,改善交通出行环境,优化交通运行系统。

1. 美国交通大数据

美国是最早发展交通大数据的国家,其理论和技术水平在国际居于领先地位。美国该领域相关技术的发展,不仅由于交通大数据发源于美国,还归因于美国完善的交通基础设施和网络建设以及相关政策和充裕资金的支持。

从全局角度来看,美国遵循市场主导及政府指引的策略,促进交通大数据在规范中发展。美国国内技术、产业的发展,离不开资本的投入,市场的主导对美国交通大数据的发展非常关键。然而,仅有市场和资本是不够的,放任的发展容易导致诸多消极的效应,所以政府的政策规范和计划支持也是极为重要的一环。美国政府于2016年5月出台了《联邦大数据研发战略计划》,除此之外大量相关政策也已出台并发挥效用,这些政策为多方发展交通大数据提供了全面的政策规范。按照这些规范,企业和高校可以平稳推进交通大数据的发展和落地。

美国强大的交通路网来源于其多年的交通基础设施建设,这也是交通大数据得以发展的必要载体。美国从20世纪90年代开始就开展信息高速公路计划,丰富的建设和治理经验极大地推动了美国路网的完善。此外,美国拥有世界上最大的数据中心,在促进大数据技术应用于各个领域的同时也积淀了深厚的技术基础,从而助力美国交通大数据的发展。值得一提的是,美国针对数据应用和产业进行大力度的规范和立法,尤其在信用、隐私等方面进行严格的管控。这使得其大数据技术的发展更为合理和可靠。

美国在数据的开放方面也取得了卓越的进展。数据的开放有利于数据的共享,使得政府在获得更佳的交通管控效果的同时,兼顾企业的交通业务需求和用户的交通服务需求。美国于2009年推出Data.gov数据开放平台。该平台包含多达40万项数据条目,包含人口、医疗、交通、就业、经济、气象等门类。其中,交通领域的信息开放尤其具有现实意义。企业可凭借这些数据扩展商业版图,为民众提供更为优质的服务。同时,民众也可以利用针对性的信息,获得便利的出行方式和出行体验。

2. 欧洲交通大数据

欧洲交通路网纵横,交通基础设施发达,在交通大数据领域也居于世界前列。此外,欧盟成员国紧密联系合作,使得其交通建设更为统一,规划也更为一致,这对交通大数据在欧洲的进一步发展具有重要意义。

智能交通在欧洲大城市的普及率很高。其民众在出行之前,便可了解周边各种车辆及相应基础设施的供应情况。在公共交通方面,许多城市已将公共车站改造为智能公交车候车点,配备智能触控系统、高速广覆盖的无线接入以及智能大屏。此外,公共交通的支付方式也更为智能化,许多城市政府推出线上快速支付通道,真正意义上实现了轻松乘车,轻松支付,在节约大量时间的同时提高了交通运行效率。

智能交通灯也是欧洲交通大数据发展的一大特色,交通灯不再只承担传统红绿灯的工作,而是面向更多场景和需求,如通过语音提示盲人通行以及在紧急突发状况下提供实时指引。这种智能化的设计,具有更广泛的适用性,也更加人性化。

与此同时,欧洲对新型信息产业的建设也十分重视。德国作为欧盟的典型代表,在城市各地部署了大量设备,收集海量数据汇入大数据中心。数据中心对数据进行清洗、分类、分析,并根据需求将结果发送至各方。此外,德国很重视信息基础设施的建设,这也是交通大数据和智慧城市发展的重要基础。德国通过立法应用统一的地形图、统一的地形图坐标系统,并统一信息采集和存储标准。此外,还设置统一的数据交换格式,这样不同渠道的数据也能够进行便捷的转换,很大程度上促进了数据共享和使用。

综上所述,欧洲的交通大数据发展更加人性化,以满足居民日常需求为出发点,所以在公共交通方面的投入也更多。此外,数据统一也值得各国学习,统一的数据标准减少了因数据格式问题导致的资源浪费。

3. 中国交通大数据

交通大数据在我国的发展具有显著的特征和优势。首先是极快的发展建设速度。从 21 世纪初开始,在政府的支持下,我国大力兴建交通基础设施、规划路网结构、完善交通系统。目前,交通强国是我国提出的重要战略。在政策的指导下,我国交通承载力和鲁棒性显著提高。海量交通数据的涌入成为显著特征。

其次,我国交通数据类型丰富。我国地大物博,公路、铁路、水路、航空线路等道路类型及交通状况纷繁多样。此外,城市、乡村,甚至同一地区的不同路口交通特征各异。上述情况产生了海量的异构交通数据。这些数据资源,包含由各类传感器收集的图像、速度、压力、温度等信息,收费、上网等服务数据,以及厂家提供的各类应用信息。这些海量异构且动态变化的数据直接决定了大数据中心的分析结果及交管部门管控策略的制定和部署。

然而,我国各省、市、区等发展不平衡,交通特征差异巨大,导致难以进行统一的规划和推进,无法形成全国统一的管控设置。同时,产、学、研等各部门接口关系不明确,交流障碍较多导致合作困难,进一步造成数据资源难以共享的尴尬处境。数据资源丰富的优势难以充分发挥,反而成为自身的桎梏。因此,我国在结合国内交通现状的基础上,积极借鉴和吸取发达国家在大数据交通方面的宝贵建设经验,不封闭,不盲从,取其精华、去其糟粕,充分发挥我国在大数据交通领域的后起优势,对先进技术进行快速转化和应用。技术本土化带来的产业创新激励着我们在辩证学习的基础上探索中国特色社会主义交通的发展方向。未来,我们应当开阔大数据交通的战略视野,继续发挥我国的交通优势,并着力攻坚大数据交通发展过程中存在的问题,促进我国交通大数据良性、全面、可持续发展。

1.6.2 大数据分析技术

1. 云计算

交通大数据带来了海量数据的存储和分析需求。参考城市交通场景,每天仅用于导航的数据就数以亿计,加之交通领域诸如交通管控、车辆识别等所生成的数据量,对数据进行存储和计算的压力难以估量。因此,传统交通数据处理方法已无法满足海量交通大数据的发掘和利用需求。此外,数据共享和计算方面也面临巨大的阻力。传统的交通方案难以对海量交通数据进行全面的采集和处理,进而无法实现对交通信息的实时掌控和全局统筹,导致严重的"信息孤岛"。

大数据可以改变信息分散、孤立、杂乱等问题。然而,要对海量的交通数据进行获取、存储、分析和共享,还需要强大的计算平台提供支持。云计算技术具备强大的运算能力,为解决上述问题提供重要技术保障。云计算技术可以对海量数据进行高效计算,计算的结果可以辅助交通系统进行宏观的管控和微观的调节。具体来说,云计算技术有助于建立综合性的立体交通信息体系。交通体系中的任何一个节点都可以高效地进行信息计算和数据调用,从而发挥出交通的整体性功能。比如在提供基础设施建设、交通信息发布、交通企业增值等服务时,大数据和云计算都能够进行十分高效的决策及仿真模拟。同时,用户可根据自身需求面向不同应用进行数据计算,实现真正意义上的按需计算。

2. 人工智能

交通领域每时每刻都在产生数据,这些海量数据通过人工智能的分析和消化,有助于更准确地对交通参与者进行定位。不论是政府交通部门,还是铁路、航空、旅游等机构,都能从中精准找到客户群体,从而提供更加个性化的服务。

人工智能作为重要的技术手段,有望为交通注入新鲜血液。当前的交通系统无法脱离人的管控,因而也无法摆脱人为管理的局限性。如果能赋予机器人的思考方式,那么将很大程度上提高交通运行效率并节约人力成本。同时,交通大数据系统也亟须随着交通系统的演进实现自适应、自优化和自组织,人工智能在该领域的应用显得更为关键。因此,全国各地相关部门和产业都在探索如何利用人工智能改善交通环境并提高交通效率。

整体来说,人工智能还处于发展阶段,目前的人工智能大多停留在辅助人进行分析和决策的层面,还无法真正替代人类。然而,我们可以预见未来人工智能的广阔发展前景,尤其是面向交通大数据,人工智能可以敏锐且精准地对海量数据进行有侧重的处理和分析,进而为用户提供定制的策略和反馈,为交通参与者提供沉浸式的服务体验。

1.6.3 交通大数据应用

1. 精准需求

交通大数据的重要作用之一是实现交通服务需求的精准匹配。而实现需求精准匹配的前提是对交通大数据的精准分析,这就要求我们对数据进行合理归类,并明确各类数据间的关联。

交通大数据服务需求的精准匹配包含诸多类型。具体来说,可以利用交通大数据对用户需求进行预测,并针对预测结果提前为用户制定服务应对方案;也可以通过对大数据的挖掘分析,找到当前交通瓶颈中的主要影响因素,并针对主要因素制定相应的措施;还可以通过对当前交通系统状态的分析,优化交通资源的配置策略,减少资源浪费。

2. 高效便捷

帮助交通管理者实现高效智能的交通管控是交通大数据面临的关键任务,也是相较于传统交通的优势所在。智能化的交通平台和系统需要依赖各种各样的物联网传感器获取交通路网的数据。结合历史数据和采集的新数据对复杂天气、事故、各种突发事件进行实时分析,可以使得交通管理部门实时掌握交通状况,并对异常事件及时做出高效应对。

对交通大数据的合理分析和应用可以显著提高交通运行效率,节省交通参与者的时间,改善交通参与者的体验。此外,大数据的分析和预测可助力交通管理系统自优化、自诊断、自恢复,从而为交通运营节省大量成本。

3. 实时掌控

对交通信息的实时掌控是众多新型技术应用的落脚点。对交通信息的实时掌控意味着决策的实时性和对突发交通状况的及时规避。根据可靠的实时交通信息,用户可以更合理地进行出行选择,同时有空间调整自身的出行行为。对交通信息的实时掌控重点体现在以下五个方面。

(1)交通环境实时掌控:掌握出行过程中的道路状况,推荐潜在的出行路线并预测前方路段是否发生拥堵、维修、灾害等突发状况。

（2）交通载体及其运载时刻实时掌控：选择交通出行工具并掌控此种交通工具的精确运载时刻表，方便用户对出行做具体的安排。

（3）交通安全和交通成本实时掌控：交通安全一直是交通领域不可忽视的问题，掌握交通工具的实时信息，有利于第一时间获取乘客的交通安全状况。此外，交通成本也是交通大数据中为人所重视的一个重要方面，只有实时掌控了交通成本的变化，才能实现更适宜的按需服务。

（4）交通状况实时掌控：此处的交通状况主体主要面向相关政府部门，如交管部门对当前交通的管制。只有掌握了实时的交通状态信息，才能更好地设计交通运行体制，合理配置基础设施资源，并在遇到突发状况时制定高效的交通疏导策略。

（5）交通服务实时掌控：未来交通将出现更多的新型需求和服务，交通大数据可以对某种需求或服务进行预测和分析，助力企业对相关产业和交通服务进行调整和优化。

1.7 智能管控技术

智能交通管控旨在将控制理论和高新技术应用在交通系统中，根据交通需求和交通特点采取有效措施引导交通参与者的通行从而提高道路通行能力。本节从交通管控和信息发布两个角度对目前可用的交通管控技术进行探讨。

1. 交通管控

广义的交通管控涉及交通法规管理措施、工程技术管理措施，以及交通灯控制、出行服务系统、路网交通应急系统、道路智能开放/封闭系统、匝道合流出入管理系统、可变限速系统、预警系统等智能控制技术。因此，智能管控可视为在道路交通信息采集、处理、发布、决策等过程中，运用各种先进技术和科学方法，实现交通管理的自动化及智能化。

传统的交通控制系统受限于交通信息收集的效率和智能化的水平。例如，传统的信号灯控制在获取车辆信息方面存在不足，操作效率低且耗费人力物力。引入车路协同可以很好地解决数据不足及智能化水平低下等问题。通过对智慧公路物联网系统、车辆控制系统、通信系统等关键技术的研究，车路协同环境下的智能交通管控将通过数据的实时采集、可靠传输、精确分析计算，改变现有的交通管控模式，实现更加全面的信息获取、更加精确的分析决策、更加及时的路网资源调动,从而实现智能化交通管控。

2. 信息发布

在智能交通系统中,交通的智能管控不仅包括对可用物理资源如信号灯、应急车道、专用道等的管控,还包括对系统中的信息发布设备的管控。通过灵活地控制信息发布设备对交通状态和异常事件进行传播,可以助力系统中交通流的引导并降低事故风险。

目前交通系统中发布设备的主要目的是将复杂信息以多种不同的形式显示出来,如颜色、频率、语音、文字等。如图 1-5 所示,发布设备主要包含智慧物联网信标、车载 OBU 及情报板。

图 1-5　发布设备

(1) 智慧物联网信标:智慧物联网信标主要以不同颜色和不同频率实现多功能预警。智慧物联网信标内置的超亮 LED 发光单元,主要用于夜间或者能见度较低情况下的交通引导。此外,不同的灯光颜色能够实现车辆预警、异常事件发布及恶劣天气下的道路轮廓标显示等信息发布。

(2) 车载 OBU:车载 OBU 主要以语音播报的方式将感知设备检测到的异常停车、前方车辆变速、前方车辆变道、前方有逆行车辆等信息播放给车载用户。具体地,当路侧设备监测到道路上的异常事件时,会向覆盖范围内的车辆广播异常交通事件的信息。装载 OBU 设备的车辆进入路侧设备的通信覆盖范围内时,将会收到路侧设备发送的预警信息,从而使驾驶员及时做出驾驶决策。

(3) 情报板:情报板是较为直观的信息发布手段,主要通过不同文字、不同颜色与图案等直观的方式发布交通信息。情报板与车载 OBU、智慧物联网信标等发布设备配合联动,可以实现智能交通监测、安全预警及交通诱导,有效改善交通状况,保证交通安全,提高通行效率。

本章参考文献

[1] 吴建清,宋修广.智慧公路关键技术发展综述[J].山东大学学报(工学版),2020,50(4):52-69.

[2] 杨健荣,孙璐.新基建背景下的智慧道路建设实践分析[J].价值工程,2021,40(21):20-24.

[3] 陈超,吕植勇,付姗姗,等.国内外车路协同系统发展现状综述[J].交通信息与安全,2011,29(1):102-105,109.

[4] 张毅,姚丹亚,李力,等.智能车路协同系统关键技术与应用[J].交通运输系统工程与信息,2021,21(5):40-51.

[5] HUI Y L,SU Z,LUAN T H. Unmanned era:A service response framework in smart city[J]. IEEE Transactions on Intelligent Transportation Systems,2022,23(6):5791-5805.

[6] 熊小敏,杨鑫,刘兆璘,等.车路协同的云管边端架构及服务研究[J].电子技术应用,2019,45(8):14-18,31.

[7] MA Y C,CHOWDHURY M,SADEK A,et al. Real-time highway traffic condition assessment framework using vehicle-infrastructure integration (VII) with artificial intelligence (AI)[J]. IEEE Transactions on Intelligent Transportation Systems,2009,10(4):615-627.

[8] HUI Y L,CHENG N,SU Z,et al. Secure and personalized edge computing services in 6G heterogeneous vehicular networks[J]. IEEE Internet of Things Journal,2022,9(8):5920-5931.

[9] HUI Y L,MA X Q,SU Z,et al. Collaboration as a service:Digital twins enabled collaborative and distributed autonomous driving[J]. IEEE Internet of Things Journal,2022,9(19):18607-18619.

[10] 李然,姚艳南,吕吉亮.高职院校智能网联汽车专业建设方案探究[J].职业教育研究,2019,21(10):49-53.

[11] 甄文媛.2018年智能网联汽车产业盘点[J].汽车纵横,2019(2):32-34.

[12] 严新平,吴超仲.智能运输系统——原理、方法及应用[M].武汉:武汉理工大学出版社,2006.

[13] 周颖.自动驾驶和车路协同系统中通信技术现状分析[J].智能网联汽车,2021(1):92-96.

[14] 孙海娟.美国的智能车辆公路系统(IVHS)[J].江苏交通工程,1994(5):31-40.

[15] PARK H,SMITH B L. Investigating benefits of IntelliDrive in freeway operations:Lane changing advisory case study[J]. Journal of Transportation Engineering,2012,138(9):1113-1122.

[16] MAO G Q, HUI Y L, REN X J,et al. The internet of things for smart roads:A road map from present to future road infrastructure[J]. IEEE Intelligent Transportation Systems Magazine,2022,14(6):66-76.

[17] 汪卫东.国外汽车安全新理念和安全技术新进展[J].汽车与配件,2006(14):36-39.

[18] 杨帆,云美萍,杨晓光.车路协同系统下多智能体微观交通流模型[J].同济大学学报(自然科学版),2012,40(8):1189-1196.

[19] 刘思,张亚.欧盟"地平线 2020"规划中有关欧盟交通运输的介绍及启示[J].交通世界,2017(1):18-19.

[20] XU H L, DING J S Y, ZHANG Y,et al. Queue length estimation at isolated intersections based on intelligent vehicle infrastructure cooperation systems[C]//Proceedings of 2017 IEEE Intelligent Vehicles Symposium (IV). New York:IEEE,2017:655-660.

[21] HUI Y L, SU Z, LUAN T H. Collaborative content delivery in software-defined heterogeneous vehicular networks[J]. IEEE/ACM Transactions on Networking,2020,28(2):575-587.

[22] 王云鹏.国内外 ITS 系统发展的历程和现状[J].汽车零部件,2012(6):36.

[23] 祝月艳,赵琳.国内智能网联汽车测试示范区发展现状分析及建议[J].汽车工业研究,2018(11):36-43.

[24] DING J S Y, LI L, PENG H,et al. A rule-based cooperative merging strategy for connected and automated vehicles[J]. IEEE Transactions on Intelligent Transportation Systems,2019,21(8):3436-3446.

[25] 陈山枝,葛雨明,时岩.蜂窝车联网(C-V2X)技术发展、应用及展望[J].电信科学,2022,38(1):1-12.

[26] 王云鹏,罗渠元,李长乐,等.基于智慧公路的行人检测技术研究与实现

[J].物联网学报,2019,3(3):84-89.
[27] 邓晨.微波视频融合车辆检测与分类技术研究[D].武汉:武汉理工大学,2010.
[28] 胡金辉.基于多源融合的行人检测方法研究[D].长春:吉林大学,2013.
[29] 中国公路学会自动驾驶工作委员会.车路协同自动驾驶发展趋势及建议[J].智能网联汽车,2019(4):50-60.
[30] 缪立新,王发平.V2X车联网关键技术研究及应用综述[J].汽车工程学报,2020,10(1):1-12.
[31] 李斌,刘文峰,郝亮.中国应用智能交通改善道路交通安全现状分析[J].公路交通科技,2012,29(S1):21-25.

第 2 章 物联网感知技术

本章结合智慧交通物联网感知设备对行人检测、基于微波的车流检测、基于地磁的车流检测、道路健康检测等车路协同数据感知方案和性能进行讨论和分析。

2.1 行人检测

本节主要介绍车路协同系统中行人检测的实现方案。考虑复杂的车路协同环境，本节综合运用多普勒微波雷达传感器、红外热释电传感器、地磁传感器等物联网传感设备，设计多传感器数据融合算法，提高行人检测准确率以及适应复杂道路环境的能力。最后，通过实际场景实验测试对系统的检测性能进行分析。

2.1.1 引言

我国交通结构复杂，交通混行状况相对严重，行人、骑行者等弱势交通群体极易在交通事故中受到伤害。公安部数据表明，道路交通事故在国家安全生产事故中占比超过80%，其中60%以上的受害者为行人及骑行者。因此，随着智能交通技术的发展，行人及骑行者等弱势群体的出行安全受到越来越多的关注。

针对上述问题，世界各国先后提出智慧公路的建设需求。智慧公路综合运用云计算、大数据、人工智能和物联网等新一代互联网技术，实现对城市道路及高速公路实时精准且全面透彻的信息感知。海量的异构感知数据通过先进通信技术的传输，可以以较低的响应延迟全力高效地支撑智慧公路的发展要求并满足智慧公路运行中接入对象种类多、信息精度要求高的场景需求。

作为智慧公路的重要组成部分，行人检测系统一直被视为提升道路安全性的重要手段。然而，现有的行人检测系统方案单一。在车载设备方面，大多利用摄像机、激光雷达、红外探测仪等；在道路设施方面，也仅仅采用交通检测设备进行区域性检测，如利用红外对射装置提醒横穿马路的行人，极易产生误判和漏判从而影响检测效率。同时，由于红外线装置及摄像机等设备的抗干扰能力较弱，在雨天、雾天等恶劣天气条件下，检测效率会显著降低。除此之外，现有检测设备价格昂贵，并不适合大规模部署，且现有设备多安装在人流较为密集的区域，降低了此类设备的适用性和渗透率。由此可见，现有技术难以满足交通状况复杂多变的场景中行人检测的可靠性和安全性需求。

为了实现对行人的准确检测与识别，基于多传感器数据融合的行人检测算法是一个重要的研究方向。运用于行人安全检测方面的传感器，除了满足准确实时的要求外，更重要的是满足可靠性要求。而多传感器数据融合技术能够克服单一传感器在复杂多变的工作环境中的局限，在提高检测信息的可靠性和安全性的同时支持全天候、全路段的行人检测。因此，结合不同传感器的优势，采用多传感器数据融合技术已成为行人安全检测和状态识别的核心方案。

此外，科技的发展使得传感器在产品性能、种类规模以及生产成本等方面获得了极大的改善。在大规模传感器设备规模化部署过程中，需要综合考虑设备的探测感知区域、通信范围以及部署成本等因素，合理部署系统设备，使得在保证检测系统设备检测效率的基础上，最优化系统的覆盖能力并最小化部署成本。

针对以上问题，在道路交通结构成分复杂、混行状况严重的情况下，亟须设计一种成本低、可靠性高、覆盖范围广、适应能力强的行人检测算法和部署策略来满足智慧公路发展的需求，为智能交通系统的发展以及智能驾驶技术的普及保驾护航。

2.1.2 研究现状

随着智能监控和智能辅助驾驶技术的不断发展和应用，基于多传感器数据融合的行人检测技术成为研究者关注的热点问题之一。谭铁牛院士等通过视觉技术在图像序列中对移动的行人目标进行检测、跟踪、识别，并对其姿态进行理解和描述。西北工业大学研究者提出了基于单目传感器的动态多阈值行人检测技术，此技术依靠特征融合实现对行人的检测及跟踪。上海交通大学的学者将行人的感兴趣区域分为头部、腿部和身躯等，并以此为特征，利用机器学习方法训练得到行人检测模型。浙江大学研究团队利用多激光雷达搭建检测系统，此系统通过扫描行人脚踝位置的平面来计算行人的位置信息，之后再将多个传感器获取的信息进行综合处理与分析，最终得到统一坐标体系下的行人步态特征模型,实现对行人的检测。

行人检测在国外高等院校和科研机构中的研究也取得了显著成果。Braun等人采用视觉传感器搭建出了一套多预警视觉系统用于实时行人检测与跟踪,但该视觉系统易受光线等因素影响,在大雾天气、夜间等环境下检测效果较差。Premebida 等人提出根据人体热红外分布进行检测的行人识别与跟踪系统,可实现对车辆前方行人的识别。意大利帕尔马大学与德国大众公司共同研制开发的行人识别跟踪系统以及美国密歇根大学设计的智能夜视系统均利用红外热成像技术识别行人,但由于红外传感器受环境温度因素的影响较大,在温度较高的室外环境和强光照天气条件下很难实现准确的检测。Michael 等人采用微波雷达技术进行行人检测,但单一微波雷达在检测目标多样的场景中识别率较低。

由于单一传感器容易受环境因素影响,无法实现全天候检测。因此,利用多传感器数据融合技术已成为行人检测的发展趋势。英国的 Moxey 等人利用三个雷达传感器和一个红外传感器搭建了主动行人保护系统。此系统利用雷达滤波器进行三角测量,获取行人的速度、移动方向、位置等数据信息,同时将此信息与红外传感器采集的跟踪信息进行融合,从而实现对行人的检测及跟踪。法国的 PAROTO 项目将雷达与红外传感器组合进行多传感器数据融合,同时利用基于特征提取的方法对行人进行运动特性分析,从而得出可能对驾驶产生影响的相关信息,实现对危险状况的提前预警。该保护系统可在少量行人且无遮挡的条件下实现对行人及车辆等障碍物的检测。2002 年欧盟提出的 SAVE-U 计划采用单目彩色摄像机、红外热成像仪和雷达传感器搭建传感器阵列,依靠此阵列研发高性能的信息同步传感平台,从而实现车辆的预警控制系统。此系统旨在主动保护道路上易受伤害的行人或骑行者。然而,当行人与车辆的距离较远或部分被附近物体遮挡时,车载传感器可能无法识别道路中移动的行人。此外,许多与行人检测相关的研究使用了机器学习方法。但是,其中大多数需要从摄像机捕获的视频数据中寻找有意义的特征向量。为了从中提取特征向量数据,需要相对较长的处理时间,严重影响了系统的性能。

根据上述讨论,本节旨在设计一种低成本、低功耗、高可靠性、强适用性的行人检测方法,实现部署区域的智能化行人检测,为 ITS 的建设提供技术支撑。

2.1.3 多传感器数据融合

数据融合是一个结合了信号处理、信息理论、统计估计和推理以及人工智能等多学科的研究领域。多传感器数据融合能够提高检测数据的可靠性和可用性。其中,可靠性主要体现为通过降低数据歧义提高系统的检测能力、置信度和真实性。可用性主要表现为扩展了系统的时空覆盖范围。

1. 多传感器数据融合策略

面向行人检测的多传感器数据融合是将部署在道路中的低成本检测设备获取的数据信息进行系统处理和分析,并以此来判别道路中行人的行为,提高道路环境下行人检测的可靠性和安全性。为了减少多个传感器同步工作时产生的冗余数据,同时提高系统处理结果的准确性,依据融合过程中处理层级的不同,可将数据融合策略划分为三个等级:数据级融合、特征级融合和决策级融合。

(1) 数据级融合(data-level fusion,DaLF):如果原始传感器数据是对称的,则可以将原始数据直接进行合并。在此过程中,首先对传感器的数据进行关联处理,之后再对数据进行融合。原始数据级融合策略通常涉及经典的检测和估计方法。相反,如果两个传感器数据是非对称的,则必须在特征级或决策级进行数据融合。

(2) 特征级融合(feature-level fusion,FeLF):特征级融合将从传感器数据中提取出具有代表性的特征,特征提取的一个典型应用是使用人脸的特征来表示人的图像。研究表明,人类亦是利用基于特征的认知来识别现实世界的物体的。在特征级融合中,多个从传感器数据中提取的特征向量被关联,并融合产生多维特征向量,然后将此多维特征向量输入基于神经网络、聚类算法或模糊逻辑等模式识别分类器中进行检测处理。

(3) 决策级融合(decision-level fusion,DeLF):当每个传感器初步确定检测目标的位置、属性和身份等信息后将进行决策级信息的融合。在此融合过程中,系统首先对采集的数据进行特征提取和决策,之后再将决策信息进行关联,最终将关联的决策信息进行融合处理。常用的决策级融合方法包括加权决策法、经典推理法、贝叶斯估计法和D-S证据理论等。

2. 多传感器数据融合算法

多传感器数据融合算法的设计决定了对检测目标特征进行描述的性能。对多传感器数据融合系统来说,系统传感器获取的信息具有多样性和特异性。因此,系统对各类信息的鲁棒性就成为融合方法选取的基本要求。融合方法的运算能力和处理精度、与前后处理系统的接口、与其他技术和算法的协调能力、对基本信息样本的要求等也是重要的参考因素。因此,根据各类领域中的具体应用场景,多传感器数据融合的方法大致可概括为随机类方法和人工智能类方法。其中,卡尔曼滤波法、贝叶斯估计法、加权平均法等属于随机类的融合方法;而神经网络、模糊推理等属于人工智能类的融合方法。各种融合方法的特点如表2-1所示。

表2-1 多传感器数据融合算法比较

算法名称	运动环境	信息类型	信息表示	不确定性	融合技术	适用范围
加权平均法	动态	冗余	原始数值	—	加权平均	低层融合
卡尔曼滤波法	动态	冗余	概率分布	高斯噪声	模型滤波	低层融合
贝叶斯估计法	静态	冗余	概率分布	高斯噪声	贝叶斯估计	高层融合
统计决策	静态	冗余	概率分布	累加噪声	极值决策	高层融合
证据推理	静态	冗余互补	命题	—	逻辑推理	高层融合
模糊推理	静态	冗余互补	命题	隶属度	逻辑推理	高层融合
神经网络	动/静态	冗余互补	神经元	学习误差	神经网络	低/高层融合
产生式规则	静态	冗余互补	命题	置信因子	逻辑推理	高层融合

2.1.4　行人检测系统集成与构建

根据上述介绍的融合策略,本小节介绍行人检测系统的硬件集成及软件架构。

1. 行人检测系统硬件集成

面向行人检测的多传感器数据融合系统包括嵌入式微控制器、传感器单元、电源管理单元、无线通信单元、智能预警单元以及大数据采集平台等。其中,本系统考虑低成本、低功耗、广覆盖的设计要求,开发了基于物联网技术的无线感知节点——智能行人检测模块。此模块被封装在一个耐压的外壳中并通过锂电池和太阳能电池板采集和储存能量。通过将该模块大规模间隔部署在车道的边界线上,可以实现道路边界区域的全覆盖。此外,该智能行人检测模块通过LoRa无线通信技术完成系统的组网和通信。智能行人检测模块的硬件电路板如图2-1所示。

从图中可以看出,智能行人检测模块主要由五部分组成,即嵌入式微控制器、电源管理单元、传感器单元、智能预警单元以及无线通信单元。

1) 嵌入式微控制器

智能行人检测模块的微控制器选用32位高性能单片机,搭载ST公司最新Cortex-M3内核,CPU最快处理速度可达72 MHz,拥有256 KB Flash存储器、

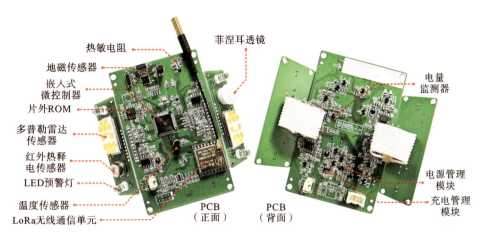

图 2-1 智能行人检测模块硬件电路板

USB 全速接口以及其他多种外围接口。

2）电源管理单元

智能行人检测模块的电源管理单元由锂电池、太阳能电池板、充放电管理器等组成。模块采用 3.7 V/1200 mA·h 锂电池供电，能很好地满足便携式设备的工作需求。此外，模块的电量监测器采用 MAX17043 芯片来实时监测锂电池的充放电情况，从而防止锂电池过度放电或充电。为了保证模块能够持续不断地工作，模块外壳表层安装了一块高性能的太阳能电池板来为模块提供持续的能量。

3）传感器单元

为实现全面全天候的行人检测，智能行人检测模块的核心传感器包括多普勒微波雷达传感器、红外热释电传感器、地磁传感器以及温度传感器。其中，多普勒微波雷达选用 InnoSenT 公司生产的 24 GHz 微波雷达 SMR-313 作为行人检测数据采集器。此传感器天线的辐射功率可达 12.7 dBm，相应的天线波束宽度可达 121°（E 平面）×111°（H 平面）。红外热释电传感器为通用的双元热释电传感器 KP500B-P，其能在环境温度变化、振动或光学噪声等异常外部环境下有效监测人体活动。地磁传感器采用的是高灵敏度的三轴地磁监测器 RM3100，该传感器具有分辨率高、抗干扰性强、动态范围大、采样率高等特点。此外，为避免在温度较高的环境中产生误判，智能行人检测模块还采用单个热敏电阻和 DS18B20 温度传感器作为外部环境温度的采集器来监测环境温度。

4）智能预警单元

智能行人检测模块的智能预警单元由四个高亮的白色 LED 组成。此预警单元的主要功能是当模块检测到发生行人闯街行为时,通过灯光闪烁的方式提醒该区域行驶的车辆注意当前路面状况,从而减速避让路面行人。

5）无线通信单元

智能行人检测模块中的无线通信功能由 LoRa 无线通信单元完成。当模块检测到发生行人闯街行为时,除了智能预警单元的提醒功能之外,系统还将利用模块的无线通信单元及时通知簇内模块进行联动预警闪烁。同时,模块也会将预警信息通过 LoRa 发送到附近部署的基站,为大数据平台提供数据来源。在此过程中,采用时分多址(time division multiple access,TDMA)技术完成簇内模块间的通信从而避免模块信息分组的碰撞。其中簇分组规模的大小可以根据不同的部署场景需求进行设置。

2. 行人检测系统软件架构

如图 2-2 所示,行人检测系统场景架构主要包括智能行人检测模块、LoRa 无线基站、车载接收终端、测试车辆以及相应的嵌入式软件算法。为了保证检测系统运行的实时性及高效性,该架构采用模块化的设计思路,对于某一个处理模块,可以根据实际的部署场景灵活地进行相应的修改。此外,该架构还开发了可视化图像显示界面,对检测结果进行实时显示和播报,实现对道路行人的有效检测和预警。

行人检测系统的架构主要分为以下几个部分。

图 2-2 系统场景架构

1) 数据采集模块

数据采集模块主要完成交通数据的实时采集。具体地,采用各种低成本传感器实现原始数据的采集和初步处理。

2) 数据处理模块

数据处理模块作为行人检测系统架构的核心部分,包含了设计的所有算法程序,从而完成多普勒微波雷达、红外热释电传感器、地磁传感器、温度传感器等传感器数据的预处理、融合以及数据计算等任务。

3) 信号输出模块

信号输出模块根据感知数据的处理和决策结果,控制相应的输出设备进行结果展示和预警发布。例如,在进入监测状态时,当最终检测到发生行人闯街行为时,智能预警单元中的 LED 灯开始闪烁。同时,无线通信单元进行无线信号的发送实现簇内通信。此外,网关节点将检测的信号传输到车载接收终端,终端通过图像显示行人标志并以语音播报的方式提醒驾驶员注意避让行人。

2.1.5 基于多传感器数据融合的行人检测算法

依据上述融合策略以及行人检测系统的软硬件结构设计,本小节首先对行人检测模块采用的传感器的工作原理进行阐述,为接下来的传感器数据特征提取提供依据。

1. 微波探测模块工作原理

多普勒微波雷达是一种利用多普勒效应来探测目标速度信息的检测设备。雷达通过发送低能量的连续信号将微波能量辐射到目标并接收信号频率的变化从而完成对运动目标的判别和检测。

雷达的本地振荡器(local oscillator,LO)被信号发射端(transmitter,TX)和信号接收端(receiver,RX)所共享以实现短距离的目标检测。在 TX 链路中,LO 产生的原始信号被放大并被传输到发射天线。当传感器的检测范围内有移动目标时,信号将在运动目标处被反射。在此过程中,由移动目标引起的衰减的 LO 信号(同时伴随相位调制信息)被接收天线所接收。在 RX 链路中,反射的连续波(continuous wave,CW)信号由正交混频器转换为 I 和 Q 通道信号,反射的 LO 信号被转换为直流(direct current,DC)偏置,此偏置量将通过交流耦合消除。I/Q 混频器输出的 $IFI(t)$ 和 $IFQ(t)$ 可以表示为

$$\begin{cases} IFI(t) = DC_I + A_{IFI}\cos[2\pi f_d + \phi(t)] \\ IFQ(t) = DC_Q + A_{IFQ}\sin[2\pi f_d + \phi(t)] \end{cases} \quad (2\text{-}1)$$

式中：DC_I——I 通道中的 DC 偏置量；

DC_Q——Q 通道中的 DC 偏置量；

A_{IFI}、A_{IFQ}——相对于目标运动的正交输出的相应幅值；

f_d——由运动目标得出的多普勒频率；

$\phi(t)$——由检测距离 d_0 和 ϕ_0 在反射面引起的固定相位变化。

$$\phi(t)=4\pi d_0/\lambda+\phi_0 \tag{2-2}$$

式中：ϕ_0——常数。

f_d 可以通过以下公式得出

$$f_d \approx 2v\frac{f_t}{c} \tag{2-3}$$

式中：f_t——雷达确定的原始频率；

c——光速；

v——检测目标速度。

基于正交基带 I/Q 通道信号，混合重构信号可以通过下式得出

$$s(t)=\text{IFI}(t)+j\cdot\text{IFQ}(t) \tag{2-4}$$

为了获得多普勒频率 f_d，需要执行 $s(t)$ 上的短时傅里叶变换（short time Fourier transform，STFT），有

$$S(t,f)=\int s(t')\cdot e^{-\left(\frac{t-t'}{2\sigma^2}\right)}\cdot e^{j2\pi f(t-t')}dt'=|\chi|e^{j\theta} \tag{2-5}$$

式中：σ——高斯窗口的时间宽度。

在 STFT 中，频域分辨率与时间窗口大小成反比。为了提取频谱图中目标的多普勒信号的独有特征，需要确定适当的时间窗口大小 σ 和步长 t'。由于行人运动速度相对较慢，因此 STFT 不会存在严重的频间串扰。

2. 红外探测模块工作原理

随着嵌入式系统和物联网技术的迅猛发展，红外热释电传感器作为一种低成本的运动检测传感器受到了越来越多研究者的青睐。如图 2-3 所示，红外热释电传感器由两个感应单元组成。传感器前端的菲涅耳透镜将检测物体的热成像聚焦在两个感应单元上。之后，感应单元吸收此热成像并将其转化为热能。最终，这种热能被热释电晶体材料转化为微弱的电流信号。

红外热释电传感器利用菲涅耳透镜扩大其检测区域，这主要是由于菲涅耳透镜可以在材料的尺寸和质量没有显著变化的情况下提供大孔径和短焦距。在装配过程中，红外热释电传感器的感应单元被精准地放置在透镜的焦点上，选用不同的透镜可以使得锥形光学区域变长、变窄或变短、变宽。本小节中采

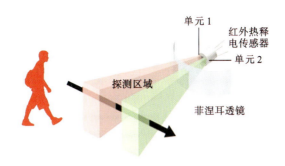

图 2-3　红外热释电传感器感应模型

用透镜的检测区域如图 2-4 所示。此传感器的检测区域被划分为 11 个扇区，检测角度为 $-50°\sim +50°$，探测距离为 $2\sim 6$ m，每一个扇区的检测视角为 $8°$。

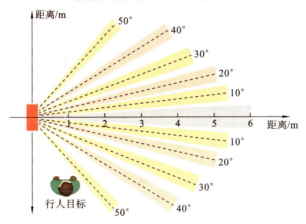

图 2-4　红外热释电传感器检测区域

由以上对红外热释电传感器工作原理的介绍可以看出模拟红外热释电传感器的输出取决于以下参数：

（1）传感器检测目标成像在两个感应元件上重叠区域 a 的差异；

（2）检测目标与传感器的距离 d；

（3）检测目标经过传感器检测扇区消耗的时间 t；

（4）检测目标经过扇区的中心角 δ。

当目标横穿第 i 个检测扇区（中心角为 δ_i）时红外热释电传感器的输出电压为

$$V_{\text{out}}^i = \beta \cdot a \cdot t \cdot d^{-\alpha}\left(1+\frac{|\delta_i|}{10}\right)^{-\gamma} \tag{2-6}$$

式中：β——比例因子；

α、γ——传感器模型的调节参数。

3. 地磁检测模块工作原理

地磁传感器用于测量由金属运动引起的地球磁场的变化,例如经过的车辆、附近的手机和金属设备等。其检测的基本原理是车辆具有大量的高渗透性黑色金属材料(如镍、铁、钢等),这些材料会对地球磁场的磁通量产生扰动,如图 2-5 所示。扰动的大小和方向取决于多种因素,包括移动速度、尺寸大小和车辆结构的渗透性等。

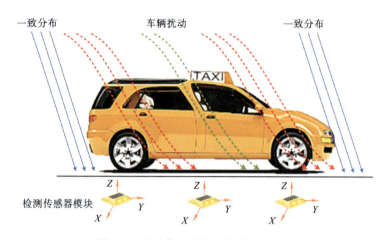

图 2-5 移动车辆引起的地磁通量变化

在检测启动过程中,传感器的校准状态首先被触发,此时地磁传感器对一段时间内无车经过的地磁通量进行采样。参考磁通量 $F_{Mr}(k)$ 可用下式表示:

$$F_{Mr}(k) = \sqrt{F_{Xr}(k)^2 + F_{Yr}(k)^2 + F_{Zr}(k)^2} \tag{2-7}$$

式中:$F_{Xr}(k)$——没有车辆经过时地磁通量在 X 轴的参考分量;

$F_{Yr}(k)$——没有车辆经过时地磁通量在 Y 轴的参考分量;

$F_{Zr}(k)$——没有车辆经过时地磁通量在 Z 轴的参考分量。

完成校准后,地磁传感器保持监测状态,直到 $F_M(k)$ 不小于车辆检测阈值 D_{TH},即检测区域中的车辆判别条件被触发。$F_M(k)$ 可以表示为

$$F_M(k) = \sqrt{(F_X(k) - F_{Xr}(k))^2 + (F_Y(k) - F_{Yr}(k))^2 + (F_Z(k) - F_{Zr}(k))^2}$$

$$\tag{2-8}$$

式中:$F_X(k)$——传感器在 X 轴的瞬时地磁通量采样值;

$F_Y(k)$——传感器在 Y 轴的瞬时地磁通量采样值;

$F_Z(k)$——传感器在 Z 轴的瞬时地磁通量采样值。

为了降低信号波动的影响,同时提高地磁传感器的信噪比(signal noise ratio,SNR),增益为 ω 的滑动平均滤波器(moving average filter,MAF)被用作检测算法的输入参数,其计算过程为

$$F_{M_{gain}}(k) = \frac{\omega}{N}\sum_{i=0}^{N-1}F_M(k-i); \quad \omega = 4, N = 5 \qquad (2\text{-}9)$$

4. 传感器数据特征分析及融合

在完成传感器工作原理介绍后,本小节对不同传感器数据的特征进行分析并设计多传感器数据融合算法以实现行人检测。

1) 微波雷达传感器数据特征分析

为了能从多普勒信号中区分行人,需要从信号的频谱信息中提取明显的特征数据。微波雷达传感器数据特征提取过程如图 2-6 所示。首先,对传感器 I/Q 通道的输出信号利用中值滤波器去除其各自的直流偏置分量;之后,基于行人的移动速度将滤掉直流分量的检测信号输入一个带通滤波放大器(通频带:10~1600 Hz)进行信号放大处理;最后,对放大的原始信号进行 STFT 操作使得原始的时域检测信号被映射到时频域。

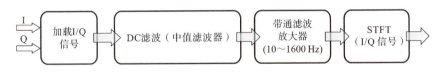

图 2-6 多普勒信号特征提取过程

通过大量的分辨率测试,STFT 的时间窗口大小 σ 设定为 256 个数据点,时间步长 t' 选为 64 个数据点。根据上述参数,利用微波雷达传感器采集了四种状况(① 行人;② 车辆;③ 风扇;④ 环境噪声)下的多普勒原始信号并进行了 STFT 处理。图 2-7 分别给出了相应的原始信号以及 STFT 信号(图中信号幅值单位为 0.1 mV,后同)。

由上述分析结果可以看出,行人与车辆的多普勒信号具有明显的特征,其多普勒频带宽度存在明显差异(行人频宽约为 200 Hz,车辆频宽约为 800 Hz)。造成以上差异的主要原因为普通行人与车辆的移动速度存在较大差别。此外,以采集的风扇多普勒信号模拟环境中风对传感器检测产生的影响。从图中可以看出,其多普勒频域信号存在明显的间隔差异,且各频带信号能量较小。因此,该信号可通过设置相应的能量门限滤除。环境噪声信号中存在较低频率的

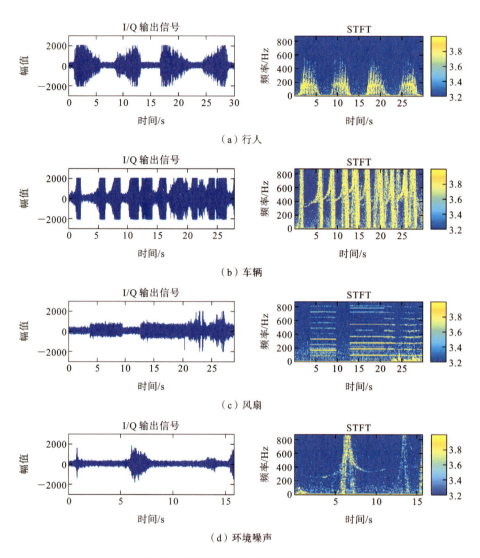

图 2-7 多普勒信号及 STFT 频谱结果

多普勒信号,频带较窄且不存在周期性。因此,噪声信号也可以通过设置能量门限去除。

2）红外传感器数据特征分析

在红外传感器工作过程中,检测目标发出的红外光辐射会被周围环境逐渐吸收,因此随着 d 的增大,最终落在传感器感应单元上的红外辐射强度将减小,输出电压随之降低。此距离引起的变化可以用衰减因子 $d^{-\alpha}(\alpha \geqslant 0)$ 来模拟。将检测目标模拟为光度为 L 的光源,其通量密度由 $F=L/A$ 给出,其中 A 为被照射的表面积。假设其为一个全向点光源,则 $A=4\pi r^2$,其中 r 为光源到传感器表面的距离。因此,可以得出 $F \propto r^{-2}$。此公式说明参数 α 近似为 2。

传感器输出信号的振幅也取决于检测目标当前穿越的扇区。菲涅耳透镜是一个球形的外壳,其焦距大约为毫米级,因此所有入射到透镜上的光线几乎都是平行的。通过菲涅耳透镜中心部位并落在感应单元上的光线不会发生任何弯曲,而透镜中心以外的光线会发生折射,并且造成额外的功率衰减。与中心光线相比,这些光线对感应元件的作用较小,本小节将此作用对 V_{out} 的影响建模为 $(1+|\delta|/10)^{-\gamma}$。

通过将模拟模型输出与实验得出的传感器输出进行匹配,可以得到调节参数 α、β 和 γ 的经验值。则当移动的物体穿过扇区 i 时,传感器输出电压为

$$V_{\text{out}}^i = 11a \cdot t \cdot d^{-1.5} \left(1 + \frac{|\delta_i|}{10}\right)^{-10} \quad (2\text{-}10)$$

相应地,整个传感器的输出被认为是各扇区输出信号的叠加。

3)地磁传感器数据特征分析

车辆经过时对地磁场的扰动可以通过地磁传感器采集。如图 2-8 所示,本小节采集了三种道路常见车辆(① 轿车;② 面包车;③ 皮卡)行驶过程中引起的地磁场变化并将采集的原始地磁数据滤除了基线值。

由图 2-8 可以看出,当不同类型的车辆经过地磁传感器的感知范围时,车辆能够明显引起传感器附近地磁场的变化,且不同的车辆经过时的波形差异较为明显。根据此处理结果,对不同车辆引起的三轴地磁场数据进行融合,三轴数据融合结果如图 2-9 所示。

由三轴地磁数据融合结果可以看出,传感器采集的不同类型车辆的数据在经过滤波和融合之后,数据变化较为明显且趋势基本一致。因此,通过实验数据确定相应的判别阈值即可实现道路车辆的检测。

4)数据融合算法设计

面向行人检测的多传感器数据融合算法主要利用多普勒微波雷达传感器、红外热释电传感器、地磁传感器等采集的检测数据进行上述分析处理,提取各传感器检测行人及车辆的数据特征并进行决策级数据融合。在数据融合判别道路行人过程中,主要设计思路是通过分析各类传感器检测行人存在的优势及不足,通过传感器之间的优势互补,提高整个检测系统的准确率及可靠性。

在融合算法设计过程中,将多普勒微波雷达传感器和红外热释电传感器作为主要的检测传感器。根据上述的特征分析,可以得出利用多普勒微波雷达传

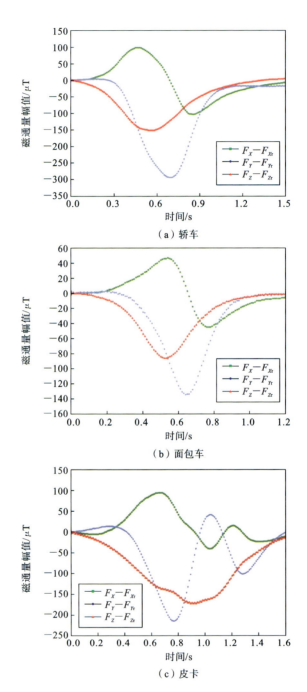

图 2-8 地磁传感器数据滤波结果

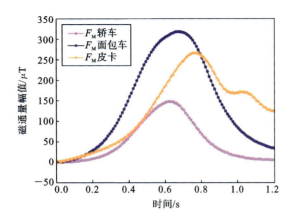

图 2-9 三轴地磁数据融合结果

感器通过频谱分析能有效检测道路行人及车辆。然而,其在正常工作过程中容易受功耗的限制。此外,雨天等环境因素也会对传感器检测数据的处理产生影响。红外热释电传感器作为一种低功耗的行人检测传感器,其在检测过程中主要受到环境温度的影响。当环境温度较高时,传感器容易产生误判。因此,在设计数据融合算法过程中,将环境温度作为判别条件。当环境温度低于预先设定的判别阈值时,系统将红外热释电传感器作为主传感器;当环境温度高于预先设定的阈值时,系统将微波雷达传感器作为主传感器进行检测判别。此外,由于行人检测模块工作在室外道路环境中,因此需要将车辆作为主要的判别目标进行滤除,从而降低车辆对行人检测的影响。地磁传感器作为一种重要的辅助传感器可以用来判别当前位置有无车辆经过。通过将地磁传感器的检测结果与微波雷达传感器、红外热释电传感器的检测结果进行融合,可以显著提高行人检测的可靠性。多传感器数据融合算法步骤具体如下。

步骤 1:设置定时器 Timer 初始值为 0、温度缓存器 Temp 初始值为 0;定时器阈值 $Timer_0 = 30$ min、温度阈值 $Temp_0 = 40$ ℃。同时,设置相应的参数,即地磁场判别阈值 D_{TH}、多普勒频率 f_d、红外热释电传感器输出电压 V_{out}。定时器开始计时。

步骤 2:当定时器的值小于定时器阈值时,温度传感器采集当前的环境温度值,并存入温度缓存器。

步骤 3:将温度缓存器的值与温度阈值 $Temp_0 = 40$ ℃进行比较,当温度缓存器的值大于温度阈值时,转到步骤 4,反之,算法流程转至步骤 5。

步骤 4:微波雷达传感器和地磁传感器连续采集数据,并判别;当 $f_d > 0$,且

$F_M(k) < D_{TH}$ 时,转至步骤 6,反之,算法流程继续执行步骤 4。

步骤 5:红外热释电传感器和地磁传感器连续采集数据,并判别:当 $V_{out} = 1$,且 $F_M(k) < D_{TH}$ 时,转至步骤 6,反之,算法流程继续执行步骤 5。

步骤 6:系统输出检测结果,并转至步骤 2,继续执行。

2.1.6 实验结果与分析

本小节对提出的面向行人检测的多传感器数据融合算法的检测性能进行测试分析。首先对系统的实验设置进行介绍,然后搭建相应的实验测试场景,最后对设计的行人检测模块的检测距离及检测准确率等性能参数做出量化评价,从而验证所提算法的有效性。

1. 实验设置

1) 传感器性能参数

实验采用西安电子科技大学智慧交通研究院自主研发的智能行人检测模块作为主要的硬件平台,模块实物如图 2-10 所示。传感器的相关性能参数如表 2-2 所示。

图 2-10 智能行人检测模块实物

表 2-2 模块传感器参数设置

性 能 参 数	规 格
多普勒微波雷达传感器	
工作频率	24.0 GHz
天线方向(−10 dB)	121°×111°
输出功率(EIRP)	12.7 dBm
IF 带宽(−3 dB)	1 MHz
工作电压	3.3 V

续表

性 能 参 数	规 格
红外热释电传感器	
红外接收电极尺寸	2 mm×1 mm
窗口尺寸	3 mm×4 mm
接收波长	7～14 μm
输出信号峰值	≥3500 mV
地磁传感器	
磁场测量量程	±800 μT
噪声	15 nT
灵敏度	26 nT
工作电流	260 μA
温度传感器	
型号	DS18B20
嵌入式微控制器	
型号	STM32F103RCT6

2）实验场景

在本实验中，主要测试嵌入多传感器数据融合算法的智能行人检测模块的检测性能，主要包括：多普勒微波雷达传感器与红外热释电传感器的可靠检测距离以及系统整体的检测准确率。因此，在实验场景搭建过程中，首先将单个智能行人检测模块部署在路面，通过调整模块的仰角，对传感器的角度与检测距离进行测试。在此基础上，沿车道线边缘将3个组成局域网的智能行人检测模块部署在实际道路中。在该场景下，进行6组实验，每组进行30次行人与车辆的检测判别，共计180次测试，确定系统整体的检测准确率，测试场景如图2-11所示。

2. 实验结果分析

图2-12所示为多普勒微波雷达传感器安装仰角与其有效检测距离的关系，图中中轴线表示传感器的检测距离，虚线表示传感器检测的水平方位角。从图中可以看出，微波雷达传感器的最远检测距离随着仰角的增大而增加。同时，检测方位角也随之增大，最大可达到120°左右。当仰角为60°时，最远检测距离

（a）测试场景1

（b）测试场景2

图 2-11　实验场景搭建

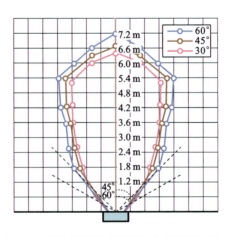

图 2-12　微波雷达传感器仰角与检测距离关系

可达到 7.2 m。相比之下，当仰角为 30°时，检测距离约为 6.3 m。由此可以确定微波雷达仰角与检测距离的关系，此关系可以作为设备部署的重要参考依据。

图 2-13 所示为红外热释电传感器安装仰角与其有效检测距离的关系。与图 2-12 类似，中轴线表示传感器检测距离，虚线表示传感器的水平方位角。由测试结果可以看出，传感器的检测距离随着仰角的增加有所增加。当仰角达到 68°时，传感器的最远检测距离可达到 5.4 m，此时最远检测点位于传感器的正前方，方位角为 0°。随着仰角的减小，传感器检测距离也随之减小。当仰角为 45°时，传感器的最远检测距离为 4.2 m，最大方位角可达到 120°左右。此外，从曲线的变化趋势可以看出，当传感器的检测距离达到 3 m 时，传感器的方位角明显减小，此原因主要是环境因素的影响，当检测目标与传感器的距离较远时，环境吸收了较多的人体发射的红外光能量。因此，传感器的可检测区域缩小。鉴于以上两个传感器仰角与检测距离的变化关系，最终确定传感器安装仰角为 45°。

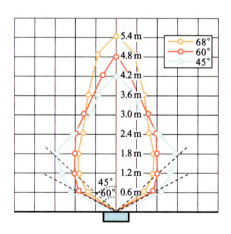

图 2-13　红外热释电传感器仰角与检测距离关系

图 2-14 所示为本节提出的行人检测系统的检测准确率，共进行了 6 组实验，每组进行 30 次测试。由实验结果可以看出，系统的检测准确率基本保持在 90% 以上，最大值为 96.7%，最小值为 86.7%。最终，得到系统的平均检测准确率为 91.7%。测试结果证明了系统能有效地区分当前路段的行人及车辆并有效判别行人的闯街行为，从而可及时对道路车辆进行预警，避免事故的发生。

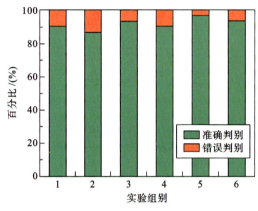

图 2-14 系统检测结果

2.2 基于微波的车流检测

本节针对道路交通中的车辆检测问题,提出基于微波的低成本车辆检测方案。该方案利用多普勒微波雷达传感器采集交通数据,提取平均能量和满意点数作为特征指标,设计多阈值状态机算法实现车流量统计和车速估计功能,并在车流量、车速和车型变化较大的不同交通场景下进行实验。实验结果表明,该算法可以实现 99.05% 的车流量统计精度和 95.78% 的车速估计精度。

2.2.1 引言

汽车工业的蓬勃发展使得我国汽车保有量与日俱增。车辆检测,作为 ITS 体系建设中不可或缺的重要环节,能够实时获取并分析道路上车辆的原始数据。通过设计相应的检测算法,提取车流量、车速及车型,可以为交通管控和驾驶决策提供不可或缺的道路交通信息。为获取上述道路交通信息,可以采用摄像机并利用日益成熟的图像处理技术对采集到的视频或图像数据进行分析处理,提取车流量、车速及车型信息。但是该方法系统复杂度和设备价格都很高,不适合大规模部署。此外,基于图像的方法检测范围有限且检测准确率受环境影响,尤其在大雨、大雾、夜晚场景下,检测准确率将大幅下降。相比于采用摄像机的车辆检测方法,采用微波雷达传感器的方法通常通过提取多普勒频率的方式实现车辆检测,这种方法的检测准确率主要取决于微波雷达传感器本身的性能,其优势在于成本相对较低、安装维护方便、抗干扰性能好,因此具有广阔的应用前景。

微波雷达传感器在实现检测单个车辆的基础上,同样广泛应用于实时获取特定路段或整条道路的车辆信息。通过部署多个检测传感器来有效扩大检测范围,实现对道路上交通信息的全局感知。虽然不同传感器的检测数据相互独立且存在噪声,但是通过对同一目标的检测数据进行分析,从含有噪声的多传感器检测数据中提取共有特征,能够有效提高数据的可信度,获得可靠的车辆检测结果。因此在大规模车辆检测应用场景中,如何设计多传感器协作式车辆检测策略,获取特定路段或整条道路的交通信息,并保持鲁棒性和可靠性是一个值得研究的重要问题。

针对上述问题,在现有道路智能化程度低、无人驾驶技术发展受限的情况下,亟须设计一种低成本、高准确率的多微波传感器协作式车辆检测算法,以获取实时、可靠的车辆检测信息,从而在满足ITS发展需求的同时助力未来的无人驾驶。

2.2.2 研究现状

车辆检测技术大致分为两个主流的发展及研究方向。一方面,图像处理技术的日益成熟使得基于视频图像的车辆检测技术迅速发展,国内外已开展了大量采用如深度学习、神经网络、支持向量机等技术的相关研究;另一方面,传感器制造技术的迭代革新使得基于微波、地磁、环形线圈、超声波等传感器的车辆检测方案凭借成本低、性能稳定等优势也逐渐发展为主流。

在基于视频图像的车辆检测方案中,北京大学的研究团队针对公路车辆计数和分类问题,提出了一种基于级联回归的车辆检测算法,避免了对单个车辆进行显式分割或跟踪的步骤,显著提高了检测准确率。中国科学技术大学的学者们提出了基于层次分类的回归模型,利用压缩域的低层次特征对高速公路上的车辆数量进行估计。香港大学的研究团队基于特征点的跟踪和聚类,分别统计每条车道中的车辆数量,最终实现车流量统计。电子科技大学的研究人员结合无人机技术,利用所设计的检测框架从无人机拍摄的视频图像中实现车辆计数。韩国的Giseok等人设计了一套驾驶辅助系统算法,依据图像的边缘特征,实现车辆检测及车辆间距估计。Diogo等人采用视频帧特征追踪的方法,构建了一种基于视频的城市道路车速估计系统。基于视频图像的车辆检测方案能够高效采集多个车道的车辆数据,利用较为成熟的模型和方法对数据进行处理和分析,实现高准确率的车辆检测。但是摄像机等设备的成本难以降低,设备安装需要较为严苛的施工条件,难以满足大规模部署的需求。

此外，数据处理算法复杂，需要高性能处理器的配合，车辆检测的实时性难以得到保证。

在基于传感器的车辆检测方案中，Taghvaeeyan 等人提出了一种多地磁传感器协作的方案来统计单个车道中车辆的数量并估计车辆速度，但是该方案需额外的地磁传感器辅助，以降低相邻车道中的车辆造成的检测误差。瑞典的 Niklas 等人利用地磁传感器，设计了一种基于测量值非线性变换的高效算法，在实现车型分类的同时检测车辆的行驶方向。华南理工大学的路新宇融合单点式激光测距传感器与环形线圈传感器数据，设计出基于随机森林分类器的车型识别方案。Alberto 等人利用调频连续波微波雷达，在对传感器数据进行快速傅里叶变换处理后，实现了高达 98% 的车辆检测准确率，但是传感器本身性能的优劣严重影响了该方案的检测准确率且系统成本难以降低。Misans 等人基于连续波微波传感器，使用过零算法和最小二乘法来估计车速，但是仅得到软件仿真结果。清华大学的研究人员设计了一种基于连续波微波传感器的车辆检测系统，能够实现车流量统计、车速估计及车型分类，但是车流量统计的准确率仅达到 95%。越南的 Nguyen 等人利用低成本的连续波微波传感器估计车辆速度。尽管他们只对车速低于 40 km/h 的车辆进行检测，但是也只能实现 80% 以上的检测准确率。由上述讨论可知，基于微波传感器的车辆检测方案多采用在频域对微波传感器数据进行处理的方法，其车辆检测的准确率严重受到传感器本身性能的影响与制约。

2.2.3　车辆检测基础理论及系统设计

本小节首先对设计的车辆检测模块及整体系统架构进行介绍，最后阐述微波传感器数据采集原理及过程。

1. 车辆检测模块设计

本小节采用的车辆检测模块包括数据采集器、信号放大器、数据处理器、无线通信单元、电源管理单元等。针对大规模交通应用场景，将多个车辆检测模块部署于城市道路路侧，获取道路上车辆的原始数据，经信号放大器处理后将信号传输到数据处理器。之后，设计多状态机车辆检测算法对数据进行分析处理，从而实现对道路上车辆的实时检测。其中，各模块之间通过无线通信单元以 LoRa 无线通信技术实现组网。

1）数据采集器

车辆检测模块以微波传感器 CDM324 为数据采集器。该传感器为一款低成本 24 GHz 波段单通道雷达收发传感器,采用平面微带天线结构,波束角度为 $80°×32°$,具有独立的发射和接收通道以及单路中频输出。在车辆检测模块部署于道路单边路侧的情况下,该微波传感器能够对两个车道的车辆进行有效检测。

2) 信号放大器

车辆检测模块部署于道路路侧,通过数据采集器进行原始信号采集。该原始信号电平较低,难以直接进行相关处理。因此,需要将采集的数据经过放大电路处理后传输到数据处理器,进行数据分析及特征提取。

3) 数据处理器

数据处理器选用 32 位高性能单片机,搭载 ST 公司最新 Cortex-M3 内核,CPU 最快处理速度可达 72 MHz,拥有 256 KB Flash 存储器、USB 全速接口以及其他多种外围接口。放大后的信号经过模数转换后传输到数据处理器,进行信号特征提取并利用设计的多状态机检测算法实现车辆检测。

4) 无线通信单元

多个车辆检测模块根据实际部署需求进行分簇,各簇内模块通过无线通信单元以 LoRa 无线通信方式组成局域网。在局域网内,采用时分多址技术避免通信过程中的分组碰撞。

5) 电源管理单元

电源管理单元由锂电池、太阳能电池板、电量监测器等组成。通过 3.7 V/1200 mA·h 锂电池为车辆检测模块供电。此外,采用 MAX17043 芯片作为电量监测器来实时监测锂电池的充放电情况及剩余电量,防止锂电池的过度放电或充电。为了保证检测模块持续工作,各检测模块搭配太阳能电池板以满足长期续航的工作需求。

2. 车辆检测系统构成

本小节设计的车辆检测系统架构如图 2-15 所示。该架构由多个车辆检测模块、无线接入基站及云端数据处理平台等构成。其中,车辆检测模块实现对道路上车辆的实时检测。无线接入基站作为各车辆检测模块的数据接收设备,以 LoRa 无线通信的方式获取各模块的检测信息,并将各检测模块的检测数据上传,实现与云端数据处理平台的通信与交互。云端数据处理平台用于收集无线接入基站上传的车辆检测数据,对多模块数据进行统一化融合分析处理,并对整个系统进行监测与管控。

图 2-15 车辆检测系统架构

2.2.4 微波传感器原理及车辆数据采集分析

1. 微波传感器数据采集原理介绍

微波传感器发射天线向检测目标发射微波信号,当检测目标和微波传感器之间产生相对运动时,经检测目标反射回来的信号频率将发生变化。微波传感器接收天线接收到反射信号后,通过分析反射信号,即可根据信号的频率变化判断是否存在移动目标。微波传感器主要分为连续波传感器、调频连续波传感器和脉冲传感器,常用频段有 10 GHz、24 GHz、35 GHz 及 77 GHz,其中 24 GHz 和 77 GHz 微波传感器在空气中的衰减较小,因此常用于交通检测。

微波传感器的本地振荡器产生频率固定的原始信号,并由信号发射天线发射,若存在移动的检测目标,则发射信号被反射回来并由接收天线接收。接收到的反射信号与本地振荡器产生的信号进行混频后被微波传感器输出。接收到的反射信号的频率 f_r 为

$$f_r = f_t \left(\frac{1+v/c}{1-v/c} \right) = f_t \left(\frac{c+v}{c-v} \right) \tag{2-11}$$

式中:f_t——发射信号的频率;

v——检测目标与微波传感器的相对运动速度。

根据式(2-11),多普勒频率 f_d 可以表示为

$$f_d = f_r - f_t = 2v \cdot \frac{f_t}{c-v} \tag{2-12}$$

2. 车辆数据采集过程分析

以单车道为例,如图 2-16 所示,将车辆检测模块部署于道路路侧,与地面间的距离 H 高于汽车底盘高度,以保证能够有效利用微波传感器波束中心进行数据采集。微波波束中心线垂直于道路,所形成的检测区域近似为一个扇形区域,微波波束的最远检测距离为 D,最大宽度为 W,且足以覆盖两个车道的横截面。当行驶中的车辆以速度 V 进入微波波束时,车辆行驶方向与微波波束的夹角为

$$\theta(t)=\begin{cases}\arctan\left(\dfrac{D}{W/2-Vt}\right), & Vt\leqslant\dfrac{W}{2} \\ \pi-\arctan\left(\dfrac{D}{W/2-Vt}\right), & Vt>\dfrac{W}{2}\end{cases} \quad (2\text{-}13)$$

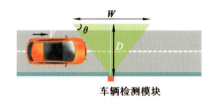

图 2-16 车辆数据采集示意图

随着车辆的运动,多普勒频率为

$$f_d(t)=2V\cos\theta(t)\cdot\dfrac{f_t}{c} \quad (2\text{-}14)$$

微波传感器接收到的信号会随车辆运动而发生变化,直到车辆离开微波波束为止。该信号可以表示为

$$s(t)=A(t)\cdot\sin(2\pi f_d(t)\cdot t) \quad (2\text{-}15)$$

式中:$A(t)$——微波传感器接收到的信号的幅值。

2.2.5 双检测模块协作式车辆检测算法

面向城市道路场景中对道路车辆进行实时、准确检测的需求,本小节对双检测模块协作式车辆检测算法进行设计。首先对车辆检测模块采集到的车辆数据进行处理,并提取数据特征;其次,利用单个车辆检测模块实现车流量统计并利用双模块设计车速估计算法及车型分类算法;最后,在不同场景中通过实际测试验证车辆检测算法的有效性及可靠性。与现有基于微波传感器的车辆检测方案相比,本小节的方案并未采用对微波传感器信号进行频域处理的经典

方式,而是在时域对低成本微波传感器的信号进行分析,提取数据特征并利用所设计的基于状态机的检测算法实现实时、准确的车辆检测,弥补了低成本传感器本身性能造成的影响。

1. 道路车辆数据处理

1)信号分析

车辆检测模块采集到的车辆经过时的微波原始信号波形如图 2-17 所示。从图中可以看出,数据点大致对称分布在信号基线的上下两侧。无车经过时,微波传感器采集到的是背景噪声。当车辆经过时,微波传感器采集到的是车辆引起的扰动信号和背景噪声的叠加信号,即

$$s(k)=v(k)+n(k) \tag{2-16}$$

式中:$s(k)$——微波传感器采集到的原始信号;

$v(k)$——车辆经过时引起的扰动信号;

$n(k)$——背景噪声。

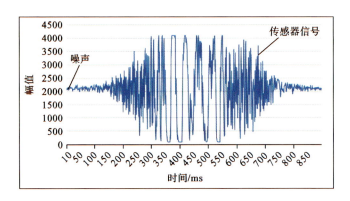

图 2-17 微波传感器原始信号波形

随着车辆的经过,车辆引起的扰动信号的幅值和频率都将发生变化。具体来说,车辆进入检测模块的检测范围时,微波信号幅值不断增大,数据点逐渐稀疏,即信号频率降低,直到车辆到达波束中心;之后车辆驶离微波波束中心,信号幅值逐渐降低,数据点逐渐密集,即信号频率升高,直到车辆完全离开微波波束。

图 2-18 为不同的车辆检测模块在同一地点不同时刻采集到的背景噪声。从图中可以看出,对于不同检测模块,其背景噪声在同一时间段内的整体幅值存在差异;对于同一检测模块,在不同时间段内,其背景噪声整体幅值基本稳

定,但也存在细微差异。由于温度等环境条件变化等因素的影响,背景噪声将会产生波动,引起 $s(k)$ 的基线幅值变化,因此需要对基线幅值进行实时更新。

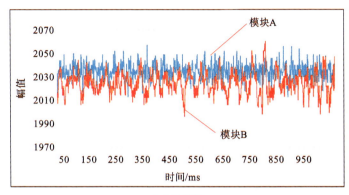

（a）时间段一

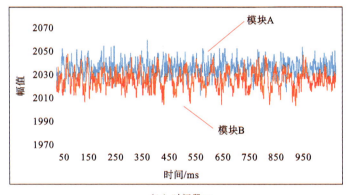

（b）时间段二

图 2-18　不同时间段的背景噪声波形

2）数据预处理

为准确提取车辆的检测信号,需要对无车经过时的背景噪声进行处理。在本小节中,定义一个长度为 L 的滑动窗口,对背景噪声数据进行采集。当滑动窗口内数据点个数增大到 L 时,基线 $B(k)$ 可以表示为

$$B(k) = \frac{1}{L}\sum_{k=1}^{L}s(k) \qquad (2-17)$$

之后窗口继续滑动,并对基线幅值进行实时更新。获取基线后,即可对车辆经过时的波形进行处理,即

$$y(k) = |s(k) - B(k)| \qquad (2-18)$$

式中：$y(k)$——将原始信号沿基线翻转处理后的信号。

此后，利用低通滤波器滤除信号中的高频分量，以降低噪声的干扰。

$$w(k+1)=\alpha y(k+1)+(1-\alpha)w(k) \quad (2-19)$$

式中：$w(k)$——滤波处理后的信号；

α——滤波系数。

滤波后的微波传感器信号波形如图 2-19 所示。

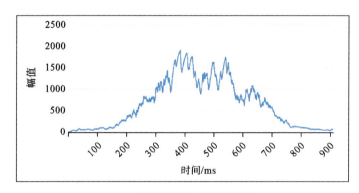

（a）本车道车辆经过时的信号波形

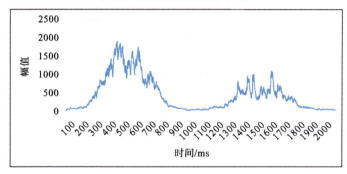

（b）不同车道车辆经过时的信号波形

图 2-19 预处理后的微波传感器信号波形

在基线 $B(k)$ 的更新过程中，若存在数据点的信号大于或等于车辆检测触发阈值 Th_L，即

$$w(k) \geqslant Th_L, \quad k=K \quad (2-20)$$

式中：K——计数常量。

则暂停基线幅值更新。同时，利用大小为 L 的滑动窗口，对滤波后的信号 $w(k)$ 的数据进行采集。当滑动窗口内数据点个数增大到 L 时，计算滑动窗口内数据

点幅值的均值 $\overline{w}$ 并统计滑动窗口内幅值达到 Th_L 的数据点数 N，有

$$\overline{w} = \frac{1}{L}\sum_{k=K}^{K+L-1} w(k) \tag{2-21}$$

$$N = \sum_{k=K}^{K+L-1} \delta(k) \tag{2-22}$$

式中：$\delta(k)$ 满足

$$\delta(k) = \begin{cases} 1, & w(k) \geqslant Th_L \\ 0, & w(k) < Th_L \end{cases} \tag{2-23}$$

此外，统计滑动窗口内幅值达到车道判断阈值 Th_H 的数据点数 N_H，并计算这些数据点的均值 $\overline{w}_H$：

$$N_H = \sum_{k=K}^{K+L-1} \delta_H(k) \tag{2-24}$$

$$\overline{w}_H = \frac{1}{N_H}\sum_{k=K}^{K+L-1} w(k)\delta_H(k) \tag{2-25}$$

式中：$\delta_H(k)$ 满足

$$\delta_H(k) = \begin{cases} 1, & w(k) \geqslant Th_H \\ 0, & w(k) < Th_H \end{cases} \tag{2-26}$$

对道路车辆数据进行预处理后，就可以利用两个车辆检测模块，实现车流量统计、车速估计和车型分类。具体来说，利用其中一个车辆检测模块，基于状态机设计车辆检测算法，判断车辆的到达及离开状态，并判断车辆所在车道，以实现车流量统计。在此基础上，利用两个相邻的检测模块实现车速估计与车型分类。

2. 车流量统计及车道判别算法设计

为了对一段时间内经过检测模块的车流量进行统计，需要准确识别与判断每辆车的经过，即判断每辆车是否进入并离开车辆检测模块的检测范围。为了避免车辆经过检测模块的检测范围时出现漏检与误检，如图 2-20 所示，本小节设计了车流量统计状态机。

该状态机分为五种状态，即初始化状态（initialization）、检测状态（detection）、车辆到达状态（arrival）、车辆离开状态（departure）和异常处理状态（exception）。

1）初始化状态

在该状态下无车到达，持续进行基线幅值更新，并进行其他预处理，得到信号 $w(k)$。车辆检测模块利用滑动窗口持续对滤波后信号 $w(k)$ 的数据点进行

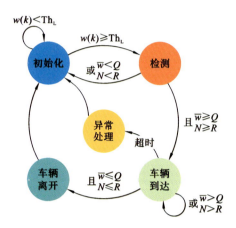

图 2-20 单检测模块状态转移图

采集。若 $w(k)<Th_L$,则保持该状态;若 $w(k) \geqslant Th_L$,则转移到检测状态。

2)检测状态

当 $w(k) \geqslant Th_L$ 时状态机进入该状态,对车辆是否到达检测模块的检测范围进行判断。具体来说,滑动窗口继续滑动,并计算得到 $\overline{w}$、N、N_H 和 $\overline{w}_H$。定义 Q 为车辆到达或离开微波波束的幅值阈值,R 为车辆到达或离开微波波束的数据点数阈值。若 $\overline{w} \geqslant Q$ 且 $N \geqslant R$,则认为车辆到达,状态机跳转到车辆到达状态;否则,认为并没有车辆到达,而是环境背景噪声等引起的扰动,状态机退回到初始化状态。

3)车辆到达状态

若状态机处于该状态,则表明车辆已经到达检测范围,需要在该状态下对车辆的离开进行检测。滑动窗口继续滑动,并分别计算得到 $\overline{w}$、N、N_H 以及 $\overline{w}_H$,并将 N_H 和 $\overline{w}_H$ 每次的计算结果进行累积。若 $\overline{w} \leqslant Q$ 且 $N \leqslant R$,则认为车辆离开检测范围,状态机跳转到车辆离开状态;否则,认为车辆仍位于微波波束中而尚未离开,状态机保持车辆到达状态,继续检测车辆的离开。

4)车辆离开状态

该状态下车辆已经离开微波波束,车辆检测模块统计到的车辆总数加一。将 N_H 的累积结果记为 N_{HS},$\overline{w}_H$ 的累积结果记为 $\overline{w}_{HS}$,定义 Q_H 为本车道车辆信号幅值阈值,R_H 为本车道车辆数据点数阈值。若 $\overline{w}_{HS} \geqslant Q_H$ 且 $N_{HS} \geqslant R_H$,则判断该车辆所在车道为本车道;否则,判断该车辆所在车道为邻车道,以此实现对车辆所在车道的判断,并统计本车道及邻车道的车流量。最后,状态机跳转回初始化状态,开始新一轮的车流量统计。

5）异常处理状态

当系统处于车辆到达状态，即车辆已经到达微波波束时，系统会对该状态的持续时间进行统计，若长时间未检测到车辆离开微波波束，则认为出现异常。定义城市道路车辆速度范围为 $[v_{\min}, v_{\max}]$，车辆经过处的微波波束最大宽度为 L_b，则车辆经过微波波束所需的时间间隔最大为 $L_b/v_{\min}$。若状态机在车辆到达状态下持续时间超过 $L_b/v_{\min}$，则状态机将会跳转到异常处理状态，终止本轮检测并跳转到初始化状态，开始新一轮车辆检测。

3. 车速估计及车型分类算法设计

在车流量统计算法的基础上，本小节提出一种基于两个相邻车辆检测模块的车速估计及车型分类算法。检测场景如图 2-21 所示。以所示单车道为例，将车辆 1 号检测模块和车辆 2 号检测模块沿车辆行驶方向分别部署于道路路侧。检测模块与地面间的距离高于汽车底盘高度，以保证能够有效利用微波传感器波束中心进行数据采集。微波波束中心线垂直于道路且所形成的检测区域足以覆盖两个车道的横截面。检测模块信号波形如图 2-22 所示。

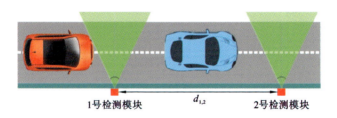

图 2-21　车速估计场景

根据两个检测模块之间的距离以及车辆经过两个模块所需的时间，可以对该车辆的速度进行计算，有

$$V=\frac{d_{1,2}}{\Delta t_{1,2}}=\frac{d_{1,2}}{[(t_{2,A}-t_{1,A})+(t_{2,D}-t_{1,D})]/2} \tag{2-27}$$

式中：$d_{1,2}$——两个相邻车辆检测模块之间的距离；

$\Delta t_{1,2}$——车辆经过两个相邻检测模块的时间差；

$t_{1,A}$——车辆到达 1 号检测模块的时刻；

$t_{1,D}$——车辆离开 1 号检测模块的时刻；

$t_{2,A}$——车辆到达 2 号检测模块的时刻；

$t_{2,D}$——车辆离开 2 号检测模块的时刻。

接下来，对车型的分类进行讨论。GB/T 3730.1 和 GB/T 15089 是我国车

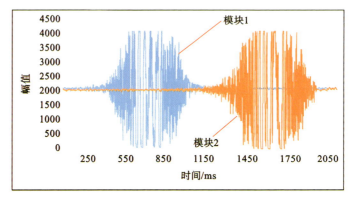

(a)原始信号波形

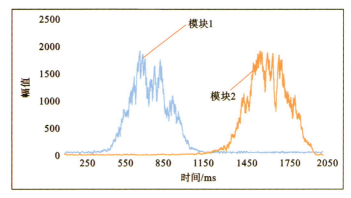

(b)预处理后的信号波形

图 2-22 检测模块信号波形

辆分类的两个标准。GB/T 3730.1 将机动车分为汽车列车、挂车和汽车三大类。其中汽车列车细分为 8 小类,挂车细分为 9 小类,汽车细分为 30 小类。GB/T 15089 将机动车分为 5 大类,分别是 L 类、M 类、N 类、O 类和 G 类。其中 L 类为两轮车或三轮机动车,分为 5 小类;M 类为四轮载客机动车,分为 11 小类;N 类为四轮载货机动车,分为 3 小类;O 类为挂车,分为 4 小类。

参考上述两个标准,考虑城市道路上的常见车辆,本小节将城市道路车辆大致分为小型车、中型车、大型车三类。具体来说,小型车长度小于 6 m,宽度小于 2 m;大型车长度大于 9 m,宽度大于 3 m;其余车辆为中型车。其中,小型车包括两轮车、小汽车、运动型多功能汽车(SUV)、面包车等,中型车包括厢式货车、载重货车等,大型车包括公交车、大型客车、单层巴士、双层巴士等。

如图 2-23 所示,车辆经过检测模块时通过的距离可以表示为

$$\Delta L = L_v + L_b = V[(t_{1,D} - t_{1,A}) + (t_{2,D} - t_{2,A})]/2 \quad (2\text{-}28)$$

式中:L_v——车辆长度;

L_b——车辆经过处微波波束最大宽度。

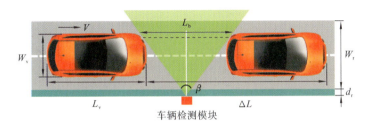

图 2-23 车辆经过检测模块示意图

有

$$L_b = 2(d_r + W_r/2 + W_v/2)\tan\frac{\beta}{2} \qquad (2\text{-}29)$$

式中:d_r——检测模块与道路间的距离;

W_r——道路宽度;

W_v——车辆宽度;

β——检测模块的微波波束角,$\beta\in(0,\pi)$。

根据式(2-29),式(2-28)可以重写为

$$\Delta L = L_v + \tan\frac{\beta}{2}W_v + 2\tan\frac{\beta}{2}d_r + \tan\frac{\beta}{2}W_r \qquad (2\text{-}30)$$

由式(2-30)可以看出,ΔL 越大代表车辆长度和车辆宽度越大,则车型越大。因此将 ΔL 作为车型分类特征。

为便于分析,本小节将两个检测模块作为整体进行考虑。由于每个检测模块处只存在有车辆或无车辆两种情况,因此双微波检测系统会存在四种情况,即两个检测模块均有车辆(A1A2)、两个检测模块均无车辆(D1D2)、1 号检测模块有车辆且 2 号检测模块无车辆(A1D2)、1 号检测模块无车辆且 2 号检测模块有车辆(D1A2)。以此为据,如图 2-24 所示,本小节设计车辆检测状态机以实现车流量统计、车道判别、车速估计与车型分类。该状态机分为七种状态,即初始化状态、检测状态、A1A2 状态、D1D2 状态、A1D2 状态、D1A2 状态以及异常处理状态。

1) 初始化状态

在该状态下无车到达,更新基线幅值并进行预处理得到信号 $w(k)$。车辆检测模块利用滑动窗口持续对滤波后信号 $w(k)$ 的数据点进行采集。若 $w(k)$

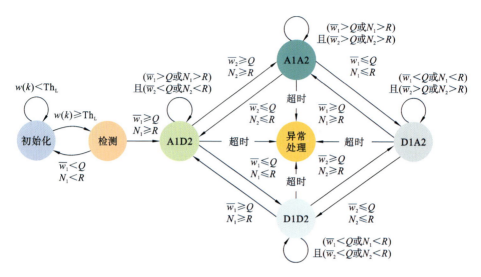

图 2-24 双检测模块状态转移图

$<Th_L$,则保持该状态;若 $w(k) \geqslant Th_L$,则转移到检测状态。

2) 检测状态

当 $w(k) \geqslant Th_L$ 时进入该状态,在该状态下判断 1 号检测模块处是否有车辆到达。具体来说,滑动窗口继续滑动,计算得到 $\overline{w}_1$ 和 N_1。若 $\overline{w}_1 \geqslant Q$ 且 $N_1 \geqslant R$,则认为 1 号检测模块处有车辆到达,记当前时刻为 $t_{1,A}$,状态机跳转到 A1D2 状态;否则,认为没有车辆到达,而是环境背景噪声等引起的扰动,状态机退回到初始化状态。

3) A1D2 状态

若状态机处于该状态,则 1 号检测模块处有车辆到达且 2 号检测模块处无车辆到达,此时需要同时判断 1 号检测模块处的车辆是否离开以及 2 号检测模块处是否有车辆到达。滑动窗口继续滑动,并分别计算得到 $\overline{w}_1$、N_1、$\overline{w}_2$ 和 N_2。若 $\overline{w}_1 \leqslant Q$ 且 $N_1 \leqslant R$,则认为 1 号检测模块处的车辆离开,记当前时刻为 $t_{1,D}$,状态机跳转到 D1D2 状态;若 $\overline{w}_2 \geqslant Q$ 且 $N_2 \geqslant R$,则认为 2 号检测模块处有车辆到达,记当前时刻为 $t_{2,A}$,状态机跳转到 A1A2 状态;否则,认为 1 号检测模块处的车辆仍未离开且 2 号检测模块处无车辆到达,状态机保持 A1D2 状态,继续进行检测。

若系统上一状态不是检测状态,则 A1D2 状态下车辆已经离开 2 号检测模块微波波束。接下来对车速和车型进行判断。对于本车道车辆,定义 $\Delta L_{1,S}$ 为小型车阈值,$\Delta L_{1,l}$ 为大型车阈值;对于邻车道车辆,定义 $\Delta L_{2,S}$ 为小型车阈值,

$\Delta L_{2,1}$ 为大型车阈值。在此基础上,计算车辆速度和 ΔL。对于本车道车辆,若 $\Delta L < \Delta L_{1,s}$,则判断经过车辆为小型车;若 $\Delta L_{1,s} \leqslant \Delta L < \Delta L_{1,1}$,则判断经过车辆为中型车;若 $\Delta L \geqslant \Delta L_{1,1}$,则判断经过车辆为大型车。对于邻车道车辆,若 $\Delta L < \Delta L_{2,s}$,则判断经过车辆为小型车;若 $\Delta L_{2,s} \leqslant \Delta L < \Delta L_{2,1}$,则判断经过车辆为中型车;若 $\Delta L \geqslant \Delta L_{2,1}$,则判断经过车辆为大型车。

4) A1A2 状态

若状态机处于该状态,则 1 号检测模块及 2 号检测模块处均有车辆到达。在该状态下检测 1 号检测模块或 2 号检测模块处的车辆是否离开。滑动窗口继续滑动,并计算得到 $\overline{w}_1$、N_1、$\overline{w}_2$ 和 N_2。若 $\overline{w}_1 \leqslant Q$ 且 $N_1 \leqslant R$,则认为 1 号检测模块处的车辆离开,记当前时刻为 $t_{1,D}$,状态机跳转到 D1A2 状态;若 $\overline{w}_2 \leqslant Q$ 且 $N_2 \leqslant R$,则认为 2 号检测模块处的车辆离开,记当前时刻为 $t_{2,D}$,状态机跳转到 A1D2 状态;否则,认为 1 号检测模块及 2 号检测模块处的车辆均尚未离开,状态机保持 A1A2 状态,继续检测车辆的离开。

5) D1A2 状态

若状态机处于该状态,则 1 号检测模块处无车辆且 2 号检测模块处有车辆到达。在该状态下检测 1 号检测模块处是否有车辆到达以及 2 号检测模块处的车辆是否离开。滑动窗口继续滑动,并计算得到 $\overline{w}_1$、N_1、$\overline{w}_2$ 和 N_2。若 $\overline{w}_1 \geqslant Q$ 且 $N_1 \geqslant R$,则认为 1 号检测模块处有车辆到达,记当前时刻为 $t_{1,A}$,状态机跳转到 A1A2 状态;若 $\overline{w}_2 \leqslant Q$ 且 $N_2 \leqslant R$,则认为 2 号检测模块处的车辆离开,记当前时刻为 $t_{2,D}$,状态机跳转到 D1D2 状态;否则,认为 1 号检测模块处仍无车辆到达且 2 号检测模块处车辆尚未离开,继续进行检测。

6) D1D2 状态

该状态下 1 号检测模块及 2 号检测模块处均无车辆。在该状态下检测 1 号检测模块或 2 号检测模块处是否有车辆到达。滑动窗口继续滑动,计算得到 $\overline{w}_1$、N_1、$\overline{w}_2$ 和 N_2。若 $\overline{w}_1 \geqslant Q$ 且 $N_1 \geqslant R$,则认为 1 号检测模块处有车辆到达,记当前时刻为 $t_{1,A}$,状态机跳转到 A1D2 状态;若 $\overline{w}_2 \geqslant Q$ 且 $N_2 \geqslant R$,则认为 2 号检测模块处有车辆到达,记当前时刻为 $t_{2,A}$,状态机跳转到 D1A2 状态;否则,认为 1 号检测模块及 2 号检测模块处均无车辆到达,状态机保持 D1D2 状态,继续检测车辆的到达。该状态下车辆已经离开 2 号检测模块微波波束,按照 A1D2 状态中的方法,对车速进行计算并对车型进行判断。

7) 异常处理状态

若在车辆检测过程中出现异常情况,如车辆抛锚后停在两个检测模块之间,或者出现电路、程序故障等,会导致状态机长时间处于同一状态而无法正常检测。因此当状态机跳转到 A1D2、D1D2、A1A2 或 D1A2 状态时,对状态机在该状态下的停留时间进行计时。城市道路车辆速度范围为 $[v_{\min}, v_{\max}]$,则车辆经过两检测模块所需的时间间隔最大为

$$T_{\max} = \frac{d_{1,2}}{v_{\min}} \tag{2-31}$$

若状态机在 A1D2、D1D2、A1A2 或 D1A2 状态下持续时间超过 $T_{\max}$,则状态机将会跳转到异常处理状态,停止本轮检测,清空全部操作,并跳转到初始化状态,开始新一轮的车辆检测。

2.2.6 实验结果与分析

本小节首先对实验设置进行简要介绍,然后对本节设计算法的车流量统计、车道判别、车速估计及车型分类准确率得出量化的结果,从而验证所提算法的有效性。

1. 实验设置

针对城市道路场景中车辆检测的实际需求,如图 2-25 所示,在不同场景下对设计的双模块协作式车辆检测算法进行测试验证。道路测试场景包括双向双车道和同向三车道,单条车道宽度约为 3.75 m。测试场景中车辆类型繁多,包括两轮车、小汽车、SUV、洒水车、清扫车、面包车、厢式货车、载重货车、公交车、大型客车、单层巴士、双层巴士等。车辆速度在 15 km/h 到 80 km/h 之间,车流量为每分钟经过 5 辆车到 40 辆车不等。

图 2-25 实验场景

测试中首先利用单个检测模块对车流量统计及车道判别算法进行测试验证。将单个检测模块部署于道路路侧,距离地面 0.5 m,统计实际经过的车辆数

量及所在车道,并记录检测模块正确检测到的车辆数量及车辆所在车道,以及车辆漏检、误检数量。其次,利用两个检测模块对车速估计及车型分类算法进行测试验证。将两个检测模块间隔 10 m 部署于道路路侧,距离地面 0.5 m,利用标准测速仪 Bushnell 101921 和检测模块同时对经过的车辆进行检测,将标准测速仪的测速结果作为经过车辆的实际速度并记录车型,同时记录检测模块检测到的车辆速度及车型。

2. 实验结果分析

1) 车流量统计

车流量统计实验共测试了 2000 辆车,其中本车道车辆和邻车道车辆各 1000 辆,各分 10 组进行测试,每组测试 100 辆车。图 2-26 为每组测试中漏检车辆数和误检车辆数。从图中可以看出每组测试中漏检车辆少于 3 辆,误检车辆少于 2 辆。本车道漏检车辆总数为 5 辆,误检车辆总数为 2 辆;邻车道漏检

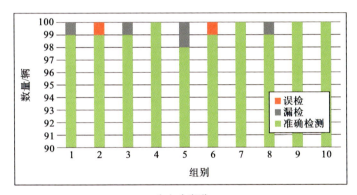

(a) 本车道

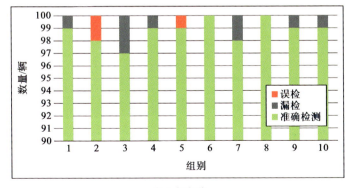

(b) 邻车道

图 2-26 车流量统计测试结果

车辆总数为9辆,误检车辆总数为3辆;整体漏检车辆为14辆,误检车辆为5辆。通过对结果进行分析,发现漏检主要是由于两轮车、三轮车等小型车偏离车道线,远离检测模块行驶,尤其是邻车道车辆漏检较多。误检则是由于公交车等大型车辆经过时,长时间引起信号多次波动,导致检测模块判断为两辆车经过,从而造成错误检测。

漏检和误检均被看作错误检测,则本车道各组测试中车流量统计的准确率最低为98%,10组测试中共有7辆车被错误检测,本车道整体检测准确率为99.3%;邻车道各组测试中车流量统计的准确率最低为97%,10组测试中有12辆车被错误检测,邻车道整体检测准确率为98.8%。相比于邻车道,本车道的检测准确率更高,这是因为本车道的车辆经过时其距离检测模块更近,信号的平均幅值更大,因此更容易被检测到。20组测试中共有19辆车被错误检测,车流量统计的准确率为99.05%。

2)车道判别

车道判别实验和车流量统计实验同时进行,即在统计车流量的同时对经过车辆的所在车道进行检测与判别。车道判别结果如表2-3所示。对于本车道的10组测试,车流量统计共正确检测到993辆车,其中车道判别正确的车辆数为987辆,车道判别的准确率为99.4%;对于邻车道的10组测试,车流量统计共正确检测到988辆车,其中车道判别正确的车辆数为984辆,车道判别的准确

表 2-3　车道判别测试结果

组别	本车道			邻车道		
	车流量统计正确数量/辆	车道判别正确数量/辆	准确率	车流量统计正确数量/辆	车道判别正确数量/辆	准确率
1	99	99	100%	99	99	100%
2	99	98	98.99%	98	98	100%
3	99	99	100%	97	97	100%
4	100	100	100%	99	97	97.98%
5	98	98	100%	99	99	100%
6	99	99	100%	100	99	99%
7	100	98	98%	99	97	98.98%
8	99	99	100%	100	100	100%
9	100	98	98%	99	99	100%
10	100	99	99%	98	99	100%
总计	993	987	99.4%	988	984	99.6%

率为99.6%;对于全部的20组测试,车流量统计共正确检测到1981辆车,其中车道判别正确的车辆数为1971辆,车道判别的准确率为99.5%。

此外,对于本车道的10组测试,车流量统计正确并且车道判别正确的车辆数为987辆,准确率为98.7%;对于邻车道的10组测试,车流量统计正确并且车道判别正确的车辆数为984辆,准确率为98.4%;对于全部的20组测试,车流量统计正确并且车道判别正确的车辆数为1971辆,准确率为98.55%。

3)车速估计

车速估计实验同样测试了2000辆车,其中本车道车辆和邻车道车辆各1000辆,各分10组进行测试,每组测试100辆车。在测试过程中,将标准测速仪的测速结果作为车辆的实际速度,同时记录检测模块检测到的车辆速度。每组车辆的平均实际速度与平均检测速度对比如图2-27所示。

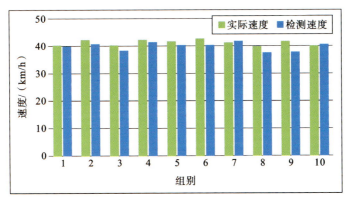

(a)本车道

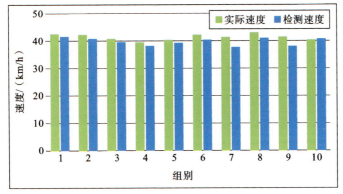

(b)邻车道

图2-27 车速估计测试结果

由图中数据可以得出,本车道速度估计准确率最低为90.42%,最高为99.2%,10组速度估计测试的平均准确率为96.13%;邻车道速度估计准确率最低为89.82%,最高为99.1%,10组速度估计测试的平均准确率为95.44%。20组速度估计测试的平均准确率为95.78%。本车道车速估计准确率略高于邻车道,这是因为本节设计的双模块协作式车辆检测算法中使用的微波传感器成本很低,不同传感器形成的微波波束存在一定的差别。虽然微波波束能够覆盖两个车道,但是随着距离的增大,微波波束的差异会更明显,导致对车辆到达及离开时刻的检测误差增大。即便如此,本节设计的协作式车辆检测算法依然能够实现95.78%的平均检测准确率,证明了设计的车速估计算法能够有效克服传感器本身性能造成的影响,实现低成本、高准确率的速度估计。

4)车型分类

由于城市道路实际场景中主要为小型车,中型车及大型车数量较少,因此车型分类实验共测试了700辆车,其中本车道车辆和邻车道车辆各350辆,分别对200辆小型车、100辆中型车和50辆大型车进行车型分类。车型分类的结果如表2-4所示。

表2-4 车型分类测试结果

车型	本车道			邻车道		
	实际数量/辆	检测数量/辆	准确率	实际数量/辆	检测数量/辆	准确率
小型车	200	183	91.5%	200	179	89.5%
中型车	100	92	92%	100	89	89%
大型车	50	48	96%	50	47	94%
总计	350	323	92.29%	350	315	90%

从表2-4中可以看出,本车道小型车、中型车和大型车的分类准确率分别为91.5%、92%和96%,整体分类准确率为92.29%;邻车道小型车、中型车和大型车的分类准确率分别为89.5%、89%和94%,整体分类准确率为90%。从上述结果可以看出本车道车型分类准确率高于邻车道,其原因与车速估计误差原因相同,即受微波传感器性能影响,随着距离的增大,对车辆到达及离开时刻的检测误差增大,最终导致不同车道的车型分类准确率存在一定差异。

此外,从表中可以看出大型车分类准确率高于小型车及中型车,这是因为大型车的车辆长度和宽度与中小型车的差异明显。而部分中型车及小型车的车辆长度和宽度差异较小,一方面,车辆到达及离开微波波束时间的检测准确率将直接影响车型分类的准确率;另一方面,实验过程中存在车辆偏离车道中心线行驶的情况。例如车辆远离检测模块时,经过微波波束的时间间隔增大,导致检测模块将小型车错误分类为中型车。同理,车辆靠近检测模块行驶会导致将中型车错误分类为小型车的情况。整体上,车型分类实验共测试了700辆车辆,正确分类的车辆数为638辆,车型分类准确率为91.14%。

2.3 基于地磁的车流检测

本节提出一种基于路侧地磁传感器的车辆检测及车流量统计方案,用于采集复杂交通环境中的交通流量信息。具体地,首先分析复杂交通环境中地磁信号的变化,并对路侧传感器采集到的地磁信号进行处理。然后,结合采集信号的特征,设计集成算法对交通流量进行检测和统计。最后,对设计的算法进行实验以评估其性能。实验结果表明,复杂交通环境下车流量检测准确率为98.4%。

2.3.1 引言

当代社会经济高速发展,推动着我国通信技术、信息技术和汽车工业不断发展。目前汽车已经成为现代社会重要的交通工具,随着其数量的快速增长,汽车在给人们带来舒适和便利的同时使得交通安全、城市拥堵、环境污染等问题日趋严重。ITS,作为提升城市交通效率和驾驶安全性的有效手段,是全球创新和产业发展的重要制高点。

ITS需要大规模收集道路上的车流和车速信息。然而目前在重点区域部署摄像机和雷达的车流车速检测方案,难以实现大规模实地部署和数据收集。本节针对上述问题,提出了一种低成本、广覆盖的地磁传感器车辆信息检测系统,用于采集复杂交通环境中的交通流量信息,为未来无人驾驶、智能交通的发展提供理论指导和技术支撑。

在本节提出的系统中,通过对运动车辆产生的地磁扰动信息进行详细研究,根据其信息特征,提出基线动态更新的状态机车辆检测算法。基线动态更新能适应复杂多变的城市道路交通环境,因此状态机车辆检测算法能够快速高效地判断车辆的到达与离开。与现有的地磁车辆检测系统相比,本节研究的车辆检测系统,具有动态更新的基线和效率更高的状态机算法。

进一步,根据本节设计的基于地磁传感器的车辆检测方案,结合重点区域部署的摄像机及雷达,可以实现路侧感知设备的大规模密集化灵活部署,从而根据多样化的交通场景完成交通信息全息感知。

2.3.2 研究现状

苏州大学高涵等人提出了一种基于地磁信号的车辆位置检测方法。该方法利用两个各向异性磁阻传感器采集磁场数据。通过磁场叠加原理,给出了汽车经过磁传感器附近时产生磁场波动的理论模型并建立了车辆和传感器之间的位置与磁场强度的关系模型。南京理工大学黄泽红等人提出了一种有限状态机的地磁车辆检测系统。该系统将车辆检测的过程分为六个状态:无车、波形初变、拟驶入、有车、拟驶离、波形稳态。经过处理之后的车流检测的准确率为97%以上。长安大学的石文帅等人研究了基于动态阈值的车辆检测算法和基于数据融合的车型分类算法。江汉大学侯群等人在网关节点添加LoRa模块并组建了传感器网络。在此基础上,提出了一种基于LoRa技术的无线地磁传感器车辆检测系统。广东工业大学的陈嘉明等人对地磁传感器车辆检测中临近干扰、地铁干扰和车位锁干扰三种干扰情况进行了研究并分别提出了三种不同的算法来解决相应的问题。南京理工大学的吕鲜等人通过对地磁传感器单轴数据进行研究,提出了一种检测车流量、车速以及车型等车辆信息的算法。此外,该团队自主研发了单轴磁传感器并提出了固定阈值车辆状态机检测算法对车辆进行检测。在此基础上,通过双地磁传感器之间的协同对经过车辆的速度和车辆的长度进行检测。

从以上的研究工作中可以看出利用地磁传感器进行车辆检测仍然存在许多问题。首先,目前大部分研究通常将地磁传感器安装在道路中间。在安装的过程中需要对道路中间的路面进行破坏。其次,目前的车辆检测算法复杂度高、车辆地磁信号的提取方法烦琐等问题依然没有得到有效解决。再次,目前车辆检测算法中的基线更新并不能完美地提取无车经过时的波形,也不能应对路面的突发状况。因此,提取的车辆经过传感器检测区域时的地磁特征信息难以很好地反映车辆经过时的完整波形。

2.3.3 地磁车辆检测原理及其系统设计

1. 地磁车辆检测原理

本节所采用的地磁传感器为 PNI RM3100,其最大采样频率为 600 Hz。考虑到所采用单片系统(SoC)的算力,将采样频率设定为 200 Hz。在城市道路的场景下 200 Hz 的采样频率已经满足精度要求。PNI RM3100 主要由两个 Sen-XY-f(13104)传感器、一个 Sen-Z-f(13101)传感器和 MagI2C(13156)控制芯片组成。通过传感器的协作,能够实现三维空间中磁场大小的测量。PNI RM3100 地磁传感器具有功耗低、抗噪声能力强和采样率高等优点。其中磁场数据采集的分辨率和采样率可以通过软件的方式配置。

地磁场虽然广泛分布于地球的各个角落,但是在一定的空间范围内,例如在 1 km 范围内,地球本身的磁场强度和方向则可以认为是稳定不变的。在该假设下,经过的车辆会引起磁场中磁感应强度的变化,使磁场发生扰动。扰动的大小与铁磁材料的性质、大小以及质量有关,不同的铁磁材料引起的扰动波形不同。

如图 2-5 所示,当车辆经过空间区域时,车辆本身的铁磁性物质会引起这一区域内地磁场的扰动。扰动比较明显的区域集中在含铁磁性材料密度较大的地方,多见于车轴、发动机、变速箱等部件。利用地磁传感器采集车辆经过时的磁场数据,并设计相应车辆信息检测算法,可以通过波形的扰动程度获得车辆经过传感器时的车辆信息。

2. 地磁车辆检测系统搭建

地磁车辆检测系统的搭建是完成车流车速检测的基础。系统平台由多个地磁车辆检测模块、路侧基站、后端处理平台构成。为使系统的稳定性更强、系统硬件更为精简、系统配置更优,将传感器、处理器等设备统一封装在一个印制电路板(PCB)中。

1) 地磁车辆检测模块

如图 2-28 所示,地磁车辆检测模块主要由地磁传感器、微控制单元(microcontroller unit,MCU)、LoRa 通信模块、电源模块及外围电路构成。其中电源采用输出电压为 5 V 的锂离子电池;MCU 采用的是 32 位 ARM 微控制器,内核为 Cortex-M3 的 STM32F103RCT6 单片机。其最快处理速度为 72 MHz,能够保证较高的地磁采样率。LoRa 通信模块选用安信可公司的 SX1278 LoRa 扩频无线模块。该模块抗干扰能力强、可靠性高,能够显著降低电流消耗且支持长距离扩频通信。

2) 地磁车辆检测架构

地磁车辆检测架构由地磁车辆检测模块、路侧基站和云平台服务器构成。如图 2-29 所示,不同于常规的将传感器部署在道路中央的方案,在本节的方案

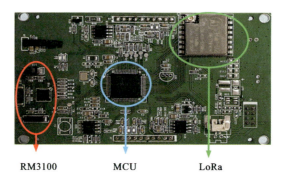

图 2-28　地磁车辆检测模块

图 2-29　车辆检测架构示意图

中,将传感器部署在道路的两侧车道线上,以完成基于单传感器的车流量检测。在此基础上,路侧基站接收地磁车辆检测模块发送的车辆数据并交由云平台进行数据处理,完成全局交通流的数据分析。

路侧基站采用 LoRaWAN 全双工物联网网关。该设备内部有 Linux 操作系统。网关可以通过 4G 网络连接到 LoRaWAN 云服务器。另外,基站内部配备了 GPS 模块,可以提供高精度的 PPS(pulse per second,每秒脉冲数)信号,用于各个地磁检测模块的时钟同步。

2.3.4　地磁车辆检测算法

1. 地磁传感器数据预处理

1) 原始数据滤波

由于采集的原始地磁信号中存在噪声干扰,影响后续信号特征提取和检测的精度,因此,需要对采集的地磁数据进行滤波。为此,本小节设计了一个滑动平均滤波器,对采集的数据进行平滑滤波。由于地磁数据采集处理需要很高的实时性,因此,设计的动态滑动窗口滤波器需要在实时追踪地磁信号的噪声干扰的同时进行平滑滤波。通过在不同的交通环境中采集不同时段的环境噪声数据,可发现噪声产生的毛刺波动范围较小。此外,SoC 有限的计算能力也使得要选择的滤波算法不宜太复杂。因此,本小节采用中位值平均滤波法。滑动滤波器的实现公式为

$$F_m(k) = \frac{f_m(1)+f_m(2)+\cdots+f_m(L)-\max\{f_m(l),1\leqslant l\leqslant L\}-\min\{f_m(l),1\leqslant l\leqslant L\}}{L-2}$$

(2-32)

式中:m——$\{x,y,z\}$;

$f_m(l)$——采集的原始信号;

$\max\{f_m(l),1\leqslant l\leqslant L\}$——滑动窗口中数据的最大值;

$\min\{f_m(l),1\leqslant l\leqslant L\}$——滑动窗口中数据的最小值;

L——滑动窗口的长度。

窗口值太小,滤波效果不明显。窗口值太大,则原始信号的幅度改变较大,需要计算的时间较长,滞后性会随之增大。考虑到滤波器的长度与采样频率的关系,本小节将窗口值设定为 $L=\frac{f}{10}$。滤波前的信号与滤波后的信号对比如图 2-30 所示。从图 2-30 中可以看出,滤波可以很好地消除背景噪声和毛刺现象。

2)初始基线获取

地磁场的基线,是指不存在移动金属物质干扰情况下传感器采集的磁场数据值。长期存在的金属对基线产生的影响是恒定的,时变的因素如气候变化对基线产生的影响是动态变化的。因此,地磁场基线的数值会随着环境的变化而变化。

如图 2-31 所示,图中标出部分为无车经过时的数据,初始基线的获取需要利用无车经过时的数据,从而能够更加精确地实现车辆检测。

以 z 轴为例进行分析。为了从连续检测的地磁数据中提取无车经过时的数据,本小节设定了一个长度为 W 的滑动窗口并求取滑动窗口中数据的极差 range:

$$\text{range}=z_{\max}-z_{\min}$$

(2-33)

式中:

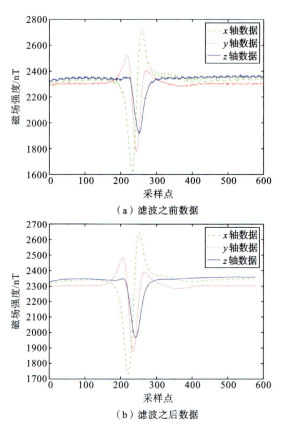

(a) 滤波之前数据

(b) 滤波之后数据

图 2-30　滤波效果对比

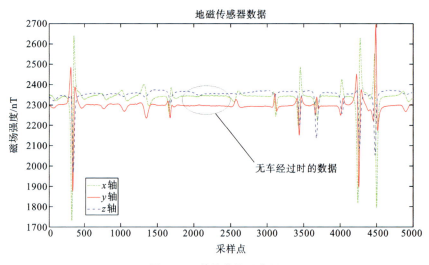

图 2-31　基线获取示意图

$$z_{\max}=\max\{z(1),\cdots,z(W)\} \qquad (2-34)$$

$$z_{\min}=\min\{z(1),\cdots,z(W)\} \qquad (2-35)$$

W 的取值可以根据实际情况进行调整,本节中将 W 设定为 20。如果极差 range 小于阈值,则说明这部分数据幅值较为稳定,可以用于更新基线。

3) 地磁数据融合

应用于车辆检测的地磁信号的特征应该能够很好地区分有车和无车时的状态,并且计算应尽可能简单,从而既能保证车辆检测的精度又能够保证决策的实时性。车辆经过 RM3100 传感器感知范围时会对磁场产生干扰并引起地磁信号的波动。该信号波动的幅值大小及方向在不同的轴呈现出不同的特征。因此先将传感器三轴的数据减去各自的基线,然后保留信号特征并平方后开根号,计算公式为

$$F(k)=\sqrt{(F_x(k)-F_{Bx}(k))^2+(F_y(k)-F_{By}(k))^2+(F_z(k)-F_{Bz}(k))^2}$$
$$(2-36)$$

式中:$F_{Bx}(k)$——x 轴本地磁场的基线;

　　　$F_{By}(k)$——y 轴本地磁场的基线;

　　　$F_{Bz}(k)$——z 轴本地磁场的基线。

2. 基线动态更新的状态机检测算法

1) 基线的动态更新

随着 RM3100 传感器对数据的采集,基线会随着例如天气、温度、车辆经过等外部因素的变化产生小范围漂移。因此,需要设计一个自适应机制来对基线进行必要的校正更新。由于对车辆的判定需要设定检测阈值,因此,在基线更新时可能会将阈值以下的部分数据判定为基线,如图 2-32 所示。图中的中间部分为有车经过时的数据,这部分数据不能用于更新基线。实际上只有图中两侧绿色方框中的数据满足基线更新的条件,此时为无车情况。基线更新时需要去掉绿色方框与基线之间的数据。从图中可以看出,可以通过数据的离散程度判断数据是否产生了较大的偏离,如果产生偏离则说明有车经过或者有其他的干扰,此时基线停止更新。如果偏离较小则说明数据较稳定,可以用来更新基线。

和获取初始基线类似,本节采用计算极差的方法判断数据是否适合进行基线更新。首先保存采集的数据并计算这一段保存的数据中最大值与最小值的差值。若该极差小于设定的阈值 RTH,则认为保存的数据为无车情况数据,此时进行基线更新。经过经验估计及实验测试,RTH 取值为 8。为了避免基线的幅值变化较大,需要对基线更新的强度进行控制,表示为

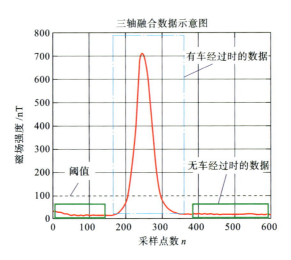

图 2-32 基线更新示意图

$$F_{Bi}(k)=\alpha F'_{Bi}+(1-\alpha)F_{Bi}(k-1), \quad i=x,y,z \tag{2-37}$$

式中：$F_{Bi}(k)$——采集第 k 次数据时基线更新的值；

F'_{Bi}——通过采集的数据计算出的基线值；

$F_{Bi}(k-1)$——采集第 $k-1$ 次数据时基线更新的值。

2）状态机检测算法

本节设计的车辆检测状态机转换如图 2-33 所示，其主要原理是没有车经过时，实时采集地磁数据，用于判断是否能够更新基线；有车经过时，精确判断车辆的驶入和离开。该状态机包含以下 5 个状态。

(1) S0：基线更新状态。在该状态下，采集无车辆经过时的数据，用于基线更新。具体地，如果采集的数据符合基线更新的要求则更新基线。否则，将数据丢弃继续采集新的数据。完成基线更新后跳转到 S1 状态。

(2) S1：检测状态。在该状态下，持续对采集的数据进行分析。如果采集的数据大于阈值，即 $F(k)>OTH$，则进入 S2 状态。如果 $F(k)\leqslant OTH$，则将数据保存，判断这部分数据是否可用于更新基线，如果符合基线更新的条件则进行基线更新。

(3) S2：车辆驶入状态。进入 S2 状态，说明检测到的数据满足 $F(k)>OTH$，此时可能有车辆到达。判断车辆是否真的进入传感器检测范围时还需要继续采集数据（避免因噪声引起的采样数据大于阈值）。具体地，采用计数器 counterA 对满足 $F(k)>OTH$ 的数据进行计数，如果计数器数值 CT-A$\geqslant N$，则

第 2 章 物联网感知技术

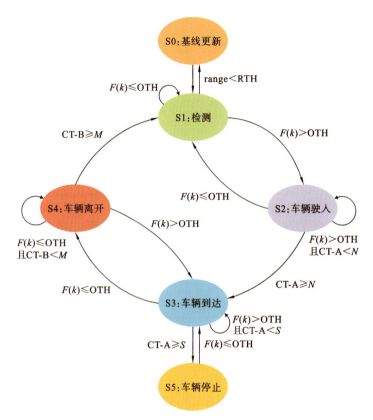

图 2-33 状态机转换示意图

说明确实有车辆经过,跳转到 S3 状态。若出现 $F(k)\leqslant\text{OTH}$ 的情况,则说明引起波动的是噪声干扰,并不是车辆到达,此时跳回 S1 状态。

(4) S3:车辆到达状态。S3 状态说明车辆已经到达传感器的检测范围内。在该状态要做的是检测车辆是否离开,如果离开则进入 S4 状态。否则判断车辆是否停在传感器附近,如果车辆停在传感器附近则进入 S5 状态。具体地,本状态下需要持续对传感器采集的数据进行判断。如果 $F(k)\leqslant\text{OTH}$,说明车辆准备离开,则进入 S4 状态,如果不满足 $F(k)\leqslant\text{OTH}$ 则说明车辆还未离开,需要判断车辆是否停止。如果 CT-A$\geqslant$S 则说明车辆停在传感器附近,跳转到 S5 状态。如果 CT-A$<$S 且 $F(k)>\text{OTH}$,则说明车辆没有离开,继续停留在 S3 状态,等待 $F(k)\leqslant\text{OTH}$ 或者 CT-A$\geqslant$S 的情况出现。

(5) S4:车辆离开状态。进入 S4 状态说明车辆即将离开传感器的感知范围。此时,持续对数据进行采集并用计数器 counterB 对 $F(k)\leqslant\text{OTH}$ 进行计数。如果计数器数值 CT-B$\geqslant$M 则说明车辆离开,跳转到 S1 状态,同时清空判断车辆到达时产生的临时数据,车辆计数加一。如果 CT-B<M 则说明车辆没有离开,继续判断,如果出现了 $F(k)>OTH$ 的情况,则跳转到 S3 状态继续判断,重新等待 $F(k) \leqslant OTH$ 的情况出现。

(6) S5:车辆停止状态。进入 S5 状态说明车辆停在了传感器附近,需要继续采集数据来判断车辆是否离开。如果出现 $F(k) \leqslant OTH$ 的情况则说明车辆准备离开,跳转到 S3 状态。

2.3.5 实验结果与分析

1. 实验场景

本小节对提出的车辆检测算法进行测试实验。如图 2-34 所示,实验路段为西安市内的城市道路。

图 2-34 实验测试场景

该道路上车速为 10 km/h 到 70 km/h 不等,道路上车流量为每分钟 5 辆至 40 辆不等,道路宽度为 3.5 m。此外,所选道路上的车型有两厢车、小轿车、面包车、SUV、货车、大型客车等多种车型。在实验中,地磁检测模块部署在车道线上。笔记本电脑上的串口调试助手用于接收传感器发送的数据。

2. 实验结果分析

为了测试车辆检测结果的准确性,本小节一共在同一路段采集了 6 次共 30 组数据。其中每次采集 5 组数据,每组数据包含 100 辆车,一共测试了 3000 辆车。通过摄像机统计实际经过的车辆数,将误检车辆数和漏检车辆数进行记录。每组传感器误检数以及漏检数如图 2-35 所示,其中误检代表一辆车经过被检测为两辆车经过,漏检指车辆经过传感器时没有被检测到。

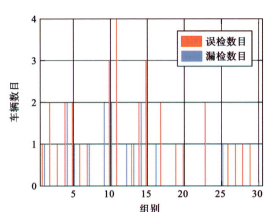

图 2-35　每组车辆检测情况分布

从图中可以看出,本节提出的车辆检测算法将一辆车检测为两辆车的概率略大于车辆经过时漏检的概率。具体地,一辆车被传感器检测为两辆车的数量为 33,概率为 1.1%。相比之下,车辆经过传感器附近时产生漏检的数目要少很多,只有 14 辆车,即产生漏检的概率为 0.47%。整体上,本小节共测试了 3000 辆车,所设计的车辆检测算法的准确率为 98.4%。

2.4　道路健康检测

物联网技术的快速发展可以显著促进国内外智慧公路的发展和部署,从而实现高效可靠的道路信息感知和分析。及时精准地检测道路裂缝状态可以提高道路的使用寿命并降低道路的管理和运营成本。本节提出了一种基于振动传感器实现数据感知的智慧公路裂缝检测方案。在该方案中,通过在路侧部署振动传感器,可以对车辆通过传感器检测范围时引起的振动信号的变化进行实时感知。考虑到车辆行驶引起的地震波多分布在低频范围内,因此对采集到的振动信号进行低通滤波处理以保留低频振动信号。在此基础上,为区分道路裂缝状态,本节分别在时域、频域和时频域提取了正常道路和有裂缝道路的振动信号特征,并利用逻辑回归(LR)、随机森林分类(RFC)和支持向量机(SVM)三种机器学习算法来实现道路裂缝检测。最后,本节进行了实验来评估所提出的道路裂缝检测方案的性能。实验结果表明 LR、RFC 和 SVM 三种机器学习算法的 F1-score 值分别可以达到 89.7%、91.8% 和 93.6%。

2.4.1 引言

目前,全球交通问题日趋严重。其中,美国在 2025 年前预计需要花 4.5 万亿美元修复美国道路的基础设施,中国每年道路养护费用约一万亿元,因此道路健康在交通问题中占有重要地位。车辆在地面上移动,意味着车辆对地面施加了一定的激励。对于非刚性的大地介质,这种激励会引起大地介质的形变。这种形变会在大地介质中传播形成振动信号——地震波。因此,可以通过在路侧部署物联网感知模块检测车辆行驶引起的振动信号,然后将检测到的振动信号上传至云平台服务器,由服务器详细分析振动信号后得出道路健康状况。

2.4.2 研究现状

机器学习和深度学习方法的飞速发展极大地推动了基于图像的裂缝检测方案的发展。然而基于图像的方案容易受环境因素影响且难以实时检测道路的裂缝。另一方面,传感器技术和信息处理技术也在快速更新,使得基于传感器的方案也成为裂缝检测的解决方案之一。在基于传感器的方案中,Zhong 等人提出了一种基于探地雷达的方案,用于对机场道路表面缺陷进行检测。但是该方案需要人工操作而且道路缺陷的检测准确率只有 70%。Praticò 等人利用道路车辆引起的振动和声音信号,使用四种机器学习算法检测道路裂缝。虽然最终识别精度很高,但该方案仅仅利用原始振动和声音信号进行检测,没有对振动和声音信号进行深入特征分析。Rosario 等人基于实验室条件下的车轮跟踪机,利用麦克风采集振动声音信号,使用功率谱分析了不同损坏道路的信号特征。Akanksh 等人使用由智能手机收集的加速度计、陀螺仪和 GPS 数据,采用不同的多类监督机器学习技术实现对裂缝道路的检测。Takanashi 等人在路肩上安装振动传感器,收集车辆经过时的振动信号并使用异常检测技术检测道路裂缝。然而该算法直接利用原始的振动信号值和频谱值作为异常检测的数据,特征数据量很大,增加了算法的计算复杂度。

2.4.3 振动传感器道路裂缝检测系统架构

1. 道路裂缝检测系统架构

本小节设计的道路裂缝检测系统包括路侧检测模块、路侧基站和云平台服务器。图 2-36 显示了道路裂缝检测系统架构。

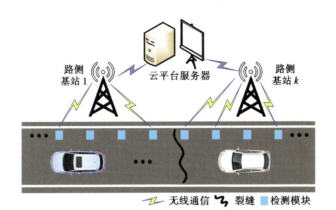

图 2-36　道路裂缝检测系统架构

1）路侧检测模块

路侧检测模块由加速度传感器、微处理器和无线传输模块组成。

加速度传感器为 AG205，是一款压电式加速度传感器。传感器沿路侧布设，可采集垂直于路面方向的振动信号。具体地，当地面存在机械振动时，压电晶体在一定方向受力，产生形变，内部会产生极化现象，同时在表面产生符号相反的电荷；当外力去除后，又重新恢复不带电的状态。根据压电晶体的压电效应，传感器被部署于路侧，以收集车辆的振动信息。

微处理器为 STM32F103RCT6，用于控制加速度传感器并处理传感器采集的数据。由于压电晶体极化产生的电压非常小，因此需要首先采用运算放大电路对压电信号进行放大。然后利用微处理器内部的模数转换模块实现模拟信号到数字信号的转换。获取车辆振动信号后，控制器将振动信号发送给无线传输模块。

系统中的无线传输模块为 LoRa 无线通信模块，主要负责将接收到的振动信号发送给路侧基站。

2）路侧基站

路侧基站内部集成有 LoRa 无线通信模块，该模块用于收集路侧检测模块上传的检测数据并将数据重新打包转发给云平台服务器。

3）云平台服务器

云平台服务器用于接收路侧基站上传的数据，然后利用平台端的程序，在时域、频域和时频域提取振动信号特征。根据提取出来的特征，利用机器学习算法实现智慧公路裂缝的检测。

2. 振动理论及数据预处理

根据振动力学理论，本小节将整个车辆激励-道路传输-传感器接收信号的智慧公路振动系统建模为自由度为 n 的振动系统。该系统输出包括行驶车辆激励产生的受迫振动和车辆离开道路的自由振动，路侧检测模块收集的是两种振动响应的叠加信号。系统振动可以用二阶微分方程表示：

$$M\ddot{x}(t)+C\dot{x}(t)+Kx(t)=f(t) \tag{2-38}$$

式中：$M\in \mathbf{R}^{n\times n}$——质量矩阵；

$C\in \mathbf{R}^{n\times n}$——阻尼矩阵；

$K\in \mathbf{R}^{n\times n}$——刚度矩阵；

$\ddot{x}(t)$——加速度向量；

$\dot{x}(t)$——速度向量；

$x(t)$——位移向量；

$f(t)$——道路受到的激励向量。

与正常道路的振动方程相比，道路裂缝会使得道路阻尼和刚度等固有属性改变，进而在相同激励的情况下，系统的感知振动信号也会改变，因此可以通过收集道路振动信号来判断智慧公路裂缝的状态。

本小节设计的道路裂缝检测系统将多个路侧检测模块等间距部署于路侧。为保证与道路的刚性接触，需将路侧检测模块嵌入道路中来收集振动信号。当移动的车辆依次经过路侧检测模块时，振动信号被感知收集。为降低车辆发动机等较高频声波的影响，本小节设置 2 阶、截止频率为 150 Hz 的低通数字滤波器对振动信号进行低通滤波，滤波前后的振动信号如图 2-37 所示。

2.4.4 道路裂缝检测算法

根据路侧检测模块感知的振动信号，本小节提出了一种基于机器学习的道路裂缝检测算法，以实现道路裂缝检测。

1. 特征提取

为获得良好的道路裂缝检测效果，选择特征时应使裂缝特征有明显不同。本小节从时域、频域和时频域提取用于检测道路裂缝的六个特征。

1）时域特征

在时域提取标准差和峭度因子两个特征。下面对这两个特征进行详细描述。

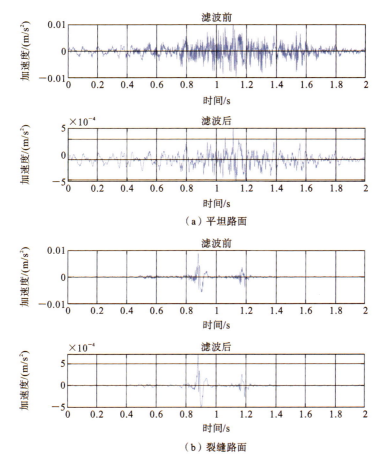

图 2-37 道路振动信号

(1) 标准差:振动信号的标准差特征计算公式为

$$\sigma = \sqrt{\frac{1}{N-1}\sum_{k=1}^{N}|x(k)-\mu|^2} \qquad (2-39)$$

式中:$x(k)$——第 k 个振动信号值;

N——振动信号的长度;

μ——振动信号的平均值。

(2) 峭度因子:振动信号的峭度因子特征计算公式为

$$K_4 = \frac{E(X-\mu)^4}{\sigma^4} \qquad (2-40)$$

式中:X——滤波后的振动信号。

时域提取的特征基于这样一个事实,即车辆经过裂缝路面时会产生较大冲击,振动信号偏离均值的程度会很大,而且信号中会有很多尖峰脉冲。因此,可以采用标准差和峭度因子来分别衡量振动信号偏离均值的程度及振动信号中的尖峰脉冲情况。

2)频域特征

在振动信号的功率谱中,主要关注振动信号的功率和频率的变化,所以本小节提取平均功率和中心频率两个特征。

(1)平均功率:平均功率由下式计算

$$\overline{\text{PSD}} = \frac{1}{Z}\sum_{i=1}^{Z}\text{PSD}_i \tag{2-41}$$

式中:Z——振动信号有效频谱上界 150 Hz 对应的索引;

PSD_i——第 i 个频率值对应的功率值。

(2)中心频率:中心频率由下式计算

$$f_c = \frac{\sum_{i=1}^{Z} f_i \cdot \text{PSD}_i}{\sum_{i=1}^{Z} \text{PSD}_i} \tag{2-42}$$

式中:f_i——第 i 个频率值。

同样,频域提取的特征捕捉了这样一个事实,即道路裂缝使得车辆在行驶中产生强大冲击,同时也带来了更大的能量和功率,而道路损坏会造成道路整体结构的变化,进而改变道路的固有属性——频率。所以可以提取平均功率和中心频率特征来衡量道路裂缝引起振动信号的功率变化和道路裂缝固有频率整体的变化。

3)时频域特征

由于小波变换具有时频局部化特性,因此小波变换是观察信号时频变化的一个常用方法。特别地,与离散小波变换(DWT)采用所有缩放和平移值的小波基函数特定子集相比,连续小波变换(CWT)采用所有缩放和平移值的小波基函数对信号进行分析,故 CWT 的信号分析性能优于 DWT。如下式,应用 CWT 得到的结果是一个包含连续小波系数(CWC)的矩阵。

$$\text{CWC}(a,b) = \frac{1}{\sqrt{a}}\int x(t)\cdot\Psi^*\left(\frac{t-a}{b}\right)\text{d}t \tag{2-43}$$

式中:a——缩放参数;

b——平移参数;

$x(t)$——变换的信号；

t——时间(s)；

Ψ^*——Ψ 的复共轭，Ψ 为母小波。

道路裂缝、损坏会使得振动信号发生变化，而小波变换用母小波将振动信号分解为不同尺度的信号，本小节的方案提取不同尺度下振动信号最大的能量和信息熵特征来表征道路裂缝引起的道路结构的变化。

能量：每个尺度因子 a 的能量由下式计算

$$\text{Eng}(a) = \sum_{b=1}^{N} |\text{CWC}(a,b)|^2 \tag{2-44}$$

式中：N——振动信号的长度；

$\text{CWC}(a,b)$——尺度因子 a 下第 b 个小波系数值。

信息熵：每个尺度因子 a 的信息熵由下式计算

$$\text{Ent}(a) = -\sum_{i=1}^{N} p_i \cdot \log_2 p_i \tag{2-45}$$

$$p_i = \frac{|\text{CWC}(a,i)|^2}{\text{Eng}(a)} \tag{2-46}$$

式中：p_i——小波系数的能量概率分布，$i=1,2,\cdots,N$；

$\text{Eng}(a)$——尺度因子 a 的能量。

2. 特征归一化

通过上述特征提取算法提取的不同特征之间数据差距较大，比如标准差特征在 10^{-3} 量级，而峭度因子特征在 $10^0 \sim 10^2$ 量级，后者是前者的 $10^3 \sim 10^5$ 倍。如果不进行归一化，那么由于特征向量中不同特征的取值相差较大，训练时间会过长，甚至可能导致无法收敛。因此，针对提取的所有特征，本小节定义了一个矩阵 **XF** 来存储特征值。

$$\mathbf{XF} = \begin{bmatrix} xf_{11} & xf_{12} & \cdots & xf_{1j} & \cdots & xf_{1L} \\ xf_{21} & xf_{22} & \cdots & xf_{2j} & \cdots & xf_{2L} \\ xf_{31} & xf_{32} & \cdots & xf_{3j} & \cdots & xf_{3L} \\ xf_{41} & xf_{42} & \cdots & xf_{4j} & \cdots & xf_{4L} \\ xf_{51} & xf_{52} & \cdots & xf_{5j} & \cdots & xf_{5L} \\ xf_{61} & xf_{62} & \cdots & xf_{6j} & \cdots & xf_{6L} \end{bmatrix} \tag{2-47}$$

其中，矩阵中的每一列表示对一个振动信号提取的六个特征，矩阵中的前两行分别为时域的标准差和峭度因子特征，中间两行分别为频域的平均功率和中心频率特征，最后两行分别为时频域的能量和信息熵特征。xf_{3j} 为第 3 行第

j 个特征值,即第 j 个振动信号的平均功率特征值,L 为训练数据集总个数。

本小节采用特征减去均值再除以标准差的均值方差归一化方法,计算公式为

$$\text{Nor} x f_{ij} = \frac{x f_{ij} - x f_{i\text{mean}}}{x f_{i\text{std}}} \tag{2-48}$$

式中:xf_{ij}——第 i 行第 j 个特征值;

$xf_{i\text{mean}}$——第 i 行的均值;

$xf_{i\text{std}}$——第 i 行的标准差。

通过对特征进行归一化,可以得到归一化后的特征矩阵 Nor**XF**,然后利用归一化后的特征矩阵对机器学习算法进行训练。

3. 机器学习算法

接下来,简要介绍本节方案采用的三种机器学习算法及参数。

1) 逻辑回归

逻辑回归算法使用 sigmod 函数作为分类的依据,sigmod 函数定义域为 $[-\infty, +\infty]$,值域为 $[0, 1]$。该函数能实现将无穷大范围的数据非线性映射到 0 到 1 的范围内。利用这一特性,令 $x = \boldsymbol{\theta}^\text{T} \boldsymbol{F}$,则 sigmod 函数可以转换为

$$h_{\boldsymbol{\theta}}(\boldsymbol{F}) = g(\boldsymbol{\theta}^\text{T} \boldsymbol{F}) = \frac{1}{1 + e^{-\boldsymbol{\theta}^\text{T} \boldsymbol{F}}} \tag{2-49}$$

其中,根据特征提取算法提取的六个特征,可以将特征向量 $\boldsymbol{F}$ 设计为

$$\boldsymbol{F} = [1 \quad F_1 \quad F_2 \quad F_3 \quad F_4 \quad F_5 \quad F_6]^\text{T} \tag{2-50}$$

特征的线性系数为

$$\boldsymbol{\theta} = [\theta_0 \quad \theta_1 \quad \theta_2 \quad \theta_3 \quad \theta_4 \quad \theta_5 \quad \theta_6]^\text{T} \tag{2-51}$$

式中:θ_0——截距项。

系数决定了每个特征的贡献度。特征的线性系数 $\boldsymbol{\theta}$ 基于训练集数据,结合最大似然估计和随机梯度下降算法获得。在测试时,只需得到一个振动信号的特征向量并获得 sigmod 函数值,然后与阈值 0.5 进行比较,如果大于 0.5 则判定为正类,否则为负类。

2) 随机森林

对于利用特征提取算法得到的所有特征,可直接利用一棵决策树实现特征识别分类,但是一棵决策树的结果单一,而且如果数据由于噪声影响发生了扰动,那么决策树可能直接将结果分类错误。因此,本小节的方案采用多棵决策树来实现特征处理。

在训练时,每棵决策树随机选择训练样本和训练特征,这样能较大程度地

保证训练得到的不同决策树结果之间的非相关性。在测试时,随机森林会综合所有决策树的判断结果,采用投票制中的"少数服从多数"原则,将大多数决策树的结果定义为最终随机森林的分类判决结果。

3) 支持向量机

在样本空间中,根据本节提取的振动信号特征,可以设置如下超平面:

$$w^T x + b = 0 \tag{2-52}$$

式中:$w = [w_1 \quad w_2 \quad \cdots \quad w_6]$——法向量,决定了超平面的方向;

b——位移项,决定了超平面与原点间的距离。

支持向量机的直观理解就是寻找划分正负类的一个超平面,满足不同类在超平面的两侧,即满足如下关系:

$$\begin{cases} w^T F + b \geqslant +1, & y = +1 \\ w^T F + b \leqslant -1, & y = -1 \end{cases} \tag{2-53}$$

式中:$y = +1$——正类;

$y = -1$——负类。

超平面的关键参数法向量 w 和位移 b 可由最大化间隔建立的凸二次规划问题求得。在测试时,首先需要将获得的振动特征代入式(2-52),然后由计算结果的正负判断振动信号的类别。

2.4.5 实验结果与分析

1. 实验设置

如图 2-38 所示,本小节在实验场选择了一条笔直的道路进行实验。实验场道路为双向双车道,单车道宽度为 3.5 m。在测试期间道路上行驶的车辆以轿车和 SUV 为主。车辆的速度为 20 km/h 到 60 km/h 不等。道路裂缝检测系统由包含加速度传感器的路侧检测模块、作为数据上传中转站的路侧基站以及作为数据处理分析器的云平台服务器构成。

在实验中,振动信号的采样频率设置为 1 kHz,低通滤波器截止频率设置为 150 Hz。D 设置为 10 m。功率谱密度的窗函数采用 Blackman 窗,大小设为 100。小波基函数采用 cmor 小波,带宽和中心频率分别设置为 5 Hz 和 0.8 Hz。在两种路面各采集 100 组数据,按照 7∶3 的比例分为训练集和测试集并采用三种不同的机器学习算法验证裂缝特征提取的有效性。

2. 实验结果分析

表 2-5、表 2-6 和表 2-7 分别以逻辑回归、随机森林和支持向量机的混淆矩

　　　（a）平坦路面　　　　　　　　　　（b）裂缝路面

图 2-38　实验场景

阵的形式展示了不同机器学习算法的性能。表格对角线上的值表明，支持向量机分类对平坦和裂缝路面的正确分类次数最多，随机森林分类的正确分类次数次之，逻辑回归分类的正确分类次数最少。对角线外的值表示不同类之间的混淆。

表 2-5　逻辑回归分类结果

逻辑回归		预测	
		裂缝	正常
真实	裂缝	26	4
	正常	2	28

表 2-6　随机森林分类结果

随机森林		预测	
		裂缝	正常
真实	裂缝	28	2
	正常	3	27

表 2-7　支持向量机分类结果

支持向量机		预测	
		裂缝	正常
真实	裂缝	29	1
	正常	3	27

表 2-8 显示了针对不同评价指标不同算法的准确率。准确率指标衡量了被正确分类的道路裂缝类别和正常道路类别总和所占的比例,其中支持向量机分类的准确率是 93.3%。召回率指标仅衡量被正确分类的道路裂缝类别个数占真实道路裂缝类别个数的比例,其中逻辑回归分类的精度最低,但也能达到 86.7% 的准确率。精度指标表示算法预测正确的道路裂缝类别个数占预测的总道路裂缝类别个数的比例,从表中可以看出支持向量机分类和随机森林分类的道路裂缝预测精度基本相同。同样,F1-score(F1 分数)结合道路裂缝检测准确率-召回率和道路裂缝预测准确率-精度,综合分析了不同算法道路裂缝检测的准确性。由表中可以看出支持向量机分类的 F1-score 达到了 93.6%,分类准确率最高。

表 2-8 分类准确率

算法	准确率/(%)	召回率/(%)	精度/(%)	F1-score/(%)
逻辑回归	90	86.7	92.9	89.7
随机森林	91.7	93.3	90.3	91.8
支持向量机	93.3	96.7	90.6	93.6

本章参考文献

[1] LI Q, ZHENG N N, CHENG H. Springrobot: A prototype autonomous vehicle and its algorithms for lane detection[J]. IEEE Transactions on Intelligent Transportation Systems, 2004, 5(4): 300-308.

[2] HUI Y L, SU Z, LUAN T H. Unmanned era: A service response framework in smart city[J]. IEEE Transactions on Intelligent Transportation Systems, 2022, 23(6): 5791-5805.

[3] HU W M, TAN T N, WANG L, et al. A survey on visual surveillance of object motion and behaviors[J]. IEEE Transactions on Systems, Man, and Cybernetics, Part C (Applications and Reviews), 2004, 34(3): 334-352.

[4] MAO G Q, HUI Y L, REN X J, et al. The internet of things for smart roads: A road map from present to future road infrastructure[J]. IEEE Intelligent Transportation Systems Magazine, 2022, 14(6): 66-76.

[5] 王爱丽,董宝田,王泽胜. 基于时空融合的交通场景中运动行人检测算法[J]. 中国科技论文, 2014, 9(10): 1160-1165.

[6] 李斌.基于视频图像的智能车辆辅助导航方法研究[D].西安:西北工业大学,2005.

[7] SHI Y H,QI F H,XUE Z,et al. Segmenting lung fields in serial chest radiographs using both population-based and patient-specific shape statistics[J]. IEEE Transactions on Medical Imaging,2008,27(4):481-494.

[8] HUI Y L,SU Z,GUO S. Utility based data computing scheme to provide sensing service in internet of things[J]. IEEE Transactions on Emerging Topics in Computing,2019,7(2):337-348.

[9] 程健.基于三维激光雷达的实时目标检测[D].杭州:浙江大学,2014.

[10] SU Z,HUI Y L,LUAN T H. Distributed task allocation to enable collaborative autonomous driving with network softwarization[J]. IEEE Journal on Selected Areas in Communications,2018,36(10):2175-2189.

[11] HUI Y L,SU Z,LUAN T H,et al. Reservation service:Trusted relay selection for edge computing services in vehicular networks[J]. IEEE Journal on Selected Areas in Communications,2020,38(12):2734-2746.

[12] XU J X,LUO Q,XU K C,et al. An automated learning-based procedure for large-scale vehicle dynamics modeling on Baidu Apollo platform[C]//Proceedings of 2019 IEEE/RSJ International Conference on Intelligent Robots and Systems (IROS). New York:IEEE,2019:5049-5056.

[13] NI K,HE K Z. High-speed system and robust control in highway[C]//Proceedings of the 2003 IEEE International Conference on Intelligent Transportation Systems. New York:IEEE,2003:253-256.

[14] 黎万义,王鹏,乔红.引入视觉注意机制的目标跟踪方法综述[J].自动化学报,2014,40(4):561-576.

[15] BRAUN M,KREBS S,FLOHR F,et al. Eurocity persons:A novel benchmark for person detection in traffic scenes[J]. IEEE Transactions on Pattern Analysis and Machine Intelligence,2019,41(8):1844-1861.

[16] OLMEDA D,PREMEBIDA C,NUNES U J,et al. Pedestrian detection in far infrared images[J]. Integrated Computer-Aided Engineering,2013,20(4):347-360.

[17] KWAK J Y,KO B C,NAM J Y. Pedestrian tracking using online boosted random ferns learning in far-infrared imagery for safe driving at night

[J]. IEEE Transactions on Intelligent Transportation Systems,2017,18(1):69-81.

[18] MA J Y,MA Y,LI C. Infrared and visible image fusion methods and applications: A survey[J]. Information Fusion,2019,45(1):153-178.

[19] BREDENDIEK C,POHL N,JAESCHKE T,et al. A 24 GHz wideband monostatic FMCW radar system based on a single-channel SiGe bipolar transceiver chip[J]. International Journal of Microwave and Wireless Technologies,2013,5(3):309-317.

[20] LI X,LUO X G,HAO H J,et al. Pedestrian detection method based on multi-scale fusion inception-SSD model[C]//Proceedings of 2020 IEEE 9th Joint International Information Technology and Artificial Intelligence Conference (ITAIC). New York:IEEE,2020:1549-1553.

[21] CHO M G. A study on the obstacle recognition for autonomous driving RC car using LiDAR and thermal infrared camera[C]//Proceedings of 2019 11th International Conference on Ubiquitous and Future Networks (ICUFN). New York:IEEE,2019:544-546.

[22] LEVULYTÉ L,BARANYAI D,SOKOLOVSKIJ E,et al. Pedestrians' role in road accidents[J]. International Journal for Traffic and Transport Engineering,2017,7(3):328-341.

[23] KHALEGHI B,KHAMIS A,KARRAY F O,et al. Multisensor data fusion: A review of the state-of-the-art[J]. Information Fusion,2013,14(1):28-44.

[24] FORTINO G,GALZARANO S,GRAVINA R,et al. A framework for collaborative computing and multi-sensor data fusion in body sensor networks[J]. Information Fusion,2015,22:50-70.

[25] ANDÒ B,BAGLIO S,LOMBARDO C O,et al. A multisensor data-fusion approach for ADL and fall classification[J]. IEEE Transactions on Instrumentation and Measurement,2016,65(9):1960-1967.

[26] LIU B Y,DOUSSE O,NAIN P,et al. Dynamic coverage of mobile sensor networks[J]. IEEE Transactions on Parallel and Distributed Systems,2012,24(2):301-311.

[27] TAO D,TANG S J,ZHANG H T,et al. Strong barrier coverage in

directional sensor networks[J]. Computer Communications,2012,35(8):895-905.

[28] COSTA D G,GUEDES L A. The coverage problem in video-based wireless sensor networks:A survey[J]. Sensors,2010,10(9):8215-8247.

[29] TAO D,WU T Y. A survey on barrier coverage problem in directional sensor networks[J]. IEEE Sensors Journal,2014,15(2):876-885.

[30] WANG B. Sensor coverage model[M]. London:Springer,2010.

[31] 章琪. 面向全景覆盖的摄像机传感器网络节点部署与调度优化[D]. 杭州:浙江大学,2018.

[32] MA H,YANG M,LI D Y,et al. Minimum camera barrier coverage in wireless camera sensor networks[C]//2012 Proceedings IEEE INFOCOM. New York:IEEE,2012:217-225.

[33] XIONG Y Y,CHEN S Q,DONG X J,et al. Accurate measurement in Doppler radar vital sign detection based on parameterized demodulation [J]. IEEE Transactions on Microwave Theory and Techniques,2017,65(11):4483-4492.

[34] KIM Y,HA S,KWON J. Human detection using Doppler radar based on physical characteristics of targets[J]. IEEE Geoscience and Remote Sensing Letters,2014,12(2):289-293.

[35] MUKHOPADHYAY B,SARANGI S,SRIRANGARAJAN S. Indoor localization using analog output of pyroelectric infrared sensors[C]//Proceedings of 2018 IEEE Wireless Communications and Networking Conference(WCNC). New York:IEEE,2018:1-6.

[36] MUKHOPADHYAY B,SRIRANGARAJAN S,KAR S. Modeling the analog response of passive infrared sensor[J]. Sensors and Actuators A:Physical,2018,279:65-74.

[37] BALID W,TAFISH H,REFAI H H. Intelligent vehicle counting and classification sensor for real-time traffic surveillance[J]. IEEE Transactions on Intelligent Transportation Systems,2017,19(6):1784-1794.

[38] CHEN Z Q,LIU Z,HUI Y L,et al. Roadside sensor based vehicle counting incomplex traffic environment[C]//Proceedings of 2019 IEEE Globecom Workshops(GC Wkshps). New York:IEEE,2019:1-5.

[39] KWON J,LEE S,KWAK N. Human detection by deep neural networks recognizing micro-Doppler signals of radar[C]//Proceedings of 2018 15th European Radar Conference (EuRAD). New York:IEEE,2018:198-201.

[40] DARGAY J,GATELY D,SOMMER M. Vehicle ownership and income growth,worldwide:1960-2030[J]. The Energy Journal,2007,28(4):143-170.

[41] BILA C,SIVRIKAYA F,KHAN M A,et al. Vehicles of the future:A survey of research on safety issues[J]. IEEE Transactions on Intelligent Transportation Systems,2017,18(5):1046-1065.

[42] HUI Y L,SU Z,LUAN T H. Optimal access control in heterogeneous vehicular networks:A game theoretic approach[C]//Proceedings of 2017 IEEE Global Communications Conference (GLOBECOM). New York:IEEE,2017:1-5.

[43] 赵光明,周文辉,王艺帆.中美自动驾驶汽车死亡事故对车辆安全管理的启示研究[J].道路交通管理,2016(11):30-32.

[44] ZHU F H,LV Y S,CHEN Y Y,et al. Parallel transportation systems:Toward IoT-enabled smart urban traffic control and management[J]. IEEE Transactions on Intelligent Transportation Systems,2020,21(10):4063-4071.

[45] ZHU L,YU F R,WANG Y G,et al. Big data analytics in intelligent transportation systems:A survey[J]. IEEE Transactions on Intelligent Transportation Systems,2019,20(1):383-398.

[46] LONG C,SHUAI M. Wireless sensor networks:Traffic information providers for intelligent transportation system[C]//Proceedings of 2010 18th International Conference on Geoinformatics. New York:IEEE,2010:1-5.

[47] WANG Q,ZHENG J Y,XU H,et al. Roadside magnetic sensor system for vehicle detection in urban environments[J]. IEEE Transactions on Intelligent Transportation Systems,2018,19(5):1365-1374.

[48] 辛鑫.基于多源传感器数据融合的车型识别研究与应用[D].南昌:南昌大学,2018.

[49] LIANG M P, HUANG X Y, CHEN C H, et al. Counting and classification of highway vehicles by regression analysis[J]. IEEE Transactions on Intelligent Transportation Systems,2015,16(5):2878-2888.

[50] JENG S L, CHIENG W H, LU H P. Estimating speed using a side-looking single-radar vehicle detector[J]. IEEE Transactions on Intelligent Transportation Systems,2014,15(2):607-614.

[51] 汤淑明.红外检测器在公路监控系统中的应用[J].装备制造,2009(11):255.

[52] PAN S L, YE X W, ZHANG Y M, et al. Microwave photonic array radars[J]. IEEE Journal of Microwaves,2021,1(1):176-190.

[53] LÓPEZ A A,QUEVEDO Á D D, YUSTE F S, et al. Coherent signal processing for traffic flow measuring radar sensor[J]. IEEE Sensors Journal,2018,18(12):4803-4813.

[54] NGUYEN V C, DINH D K, LE V A,et al. Length and speed detection using microwave motion sensor[C]//Proceedings of 2014 International Conference on Advanced Technologies for Communications(ATC 2014). New York:IEEE,2014:371-376.

[55] 邱雨.5.9 GHz 频段用于蜂窝车联网技术将成为全球趋势[J].中国无线电,2019(12):14-15.

[56] HUI Y L, SU Z,LUAN T H,et al. A game theoretic scheme for optimal access control in heterogeneous vehicular networks[J]. IEEE Transactions on Intelligent Transportation Systems,2019,20(12):1-14.

[57] 周继红,蔡晗孜,杨傲,等.自动驾驶与交通安全[J].伤害医学,2019,8(1):41-46.

[58] GUERRERO-IBÁÑEZ J, ZEADALLY S, CONTRERAS-CASTILLO J. Sensor technologies for intelligent transportation systems[J]. Sensors,2018,18(4):1212-1235.

[59] 高涵,范学良.基于地磁信号的车辆位置检测[J].传感器与微系统,2020,39(7):130-133.

[60] 黄泽江,卜雄洙,丁岳峰,等.基于磁传感器的道路车流量检测方法研究[J].国外电子测量技术,2019,38(11):66-70.

[61] 石文帅.基于地磁传感器的车辆信息检测系统研究[D].西安:长安大

学,2019.
[62] 侯群,葛迪,邱程,等.基于LoRa技术的无线地磁传感器车辆检测系统[J].电视技术,2019,43(3):88-91.
[63] 陈嘉明.基于地磁的抗干扰停车检测算法研究[D].广州:广东工业大学,2020.
[64] 吕鲜,戚湧,张伟斌,等.基于单轴地磁传感器的车辆参数检测算法研究[J].交通信息与安全,2018,36(6):90-97,122.
[65] MARSHALL S V.Vehicle detection using a magnetic field sensor[J].IEEE Transactions on Vehicular Technology,2013,27(2):65-68.
[66] BOTTERO M,CHIARA B D,DEFLORIO F P.Wireless sensor networks for traffic monitoring in a logistic centre[J].Transportation Research Part C：Emerging Technologies,2013,26(1):99-124.
[67] YANG B,LEI Y Q.Vehicle detection and classification for low-speed congested traffic with anisotropic magnetoresistive sensor[J].IEEE Sensors Journal,2015,15(2):1132-1138.
[68] WAHLSTRÖM N,HOSTETTLER R,GUSTAFSSON F,et al.Classification of driving direction in traffic surveillance using magnetometers[J].IEEE Transactions on Intelligent Transportation Systems,2013,15(4):1405-1418.
[69] LIANG M P,HUANG X Y,CHEN C H,et al.Counting and classification of highway vehicles by regression analysis[J].IEEE Transactions on Intelligent Transportation Systems,2015,16(5):2878-2888.
[70] 何斌,何雄,刘国强,等.$SnSe_2$的忆阻及磁阻效应[J].物理学报,2020,69(11):308-317.
[71] KAMKAR S,SAFABAKHSH R.Vehicle detection,counting and classification in various conditions[J].IET Intelligent Transport Systems,2016,10(6):406-413.
[72] UNZUETA L,NIETO M,CORTES A,et al.Adaptive multicue background subtraction for robust vehicle counting and classification[J].IEEE Transactions on Intelligent Transportation Systems,2012,13(2):527-540.
[73] YAO L,GE Z Q.Scalable semi-supervised GMM for big data quality

prediction in multimode processes[J]. IEEE Transactions on Industrial Electronics,2018,66(5):3681-3692.

[74] WANG Q,ZHENG J Y,XU H,et al. Roadside magnetic sensor system for vehicle detection in urban environments[J]. IEEE Transactions on Intelligent Transportation Systems,2018,19(5):1365-1374.

[75] CHEN X,KONG X Y,XU M,et al. Road vehicle detection and classification using magnetic field measurement[J]. IEEE Access,2019,7(1):52622-52633.

[76] 赵婧文.利用车载激光扫描的城市道路健康监测[J].科技资讯,2020,18(36):59-61.

第 3 章
V2X 通信技术

本章介绍 V2X 通信技术，包括 V2X 通信技术及应用场景、V2V 联合功率控制和模式选择、V2I 流量卸载，最后通过案例来进一步展示 V2X 通信技术在车路协同碰撞避免中的应用。

3.1　V2X 通信技术及应用场景

本节详细介绍目前用于车路协同的 V2V(vehicle-to-vehicle)、V2I(vehicle-to-infrastructure)、V2P(vehicle-to-pedestrian)通信技术。具体地，对每一种通信方式中的可用技术进行详细的原理分析及性能讨论。在此基础上，对不同的通信技术在车路协同系统中的应用场景进行阐述。

3.1.1　V2X 通信技术

V2X(vehicle to everything)通信技术是构建车路协同及智能交通系统的关键通信技术。通过 V2X 通信技术，可以实现车辆和车辆之间的通信、车辆和基础设施之间的通信、车辆和行人之间的通信。

V2V 通信是指车辆和其他在一定通信范围内的车辆直接进行信息交互，或将其作为中继节点与目标车辆进行信息传递的通信方式。通过 V2V 通信，车辆不仅可以向邻近车辆传递其位置、速度、驾驶意图等信息，并且可以获取其视距范围外的车辆信息，这些信息能有效帮助车辆进行环境状况判断，提高道路交通安全性。V2I 通信是指车辆与其行驶过程中遇到的所有基础设施包括基站、信号灯、公交站、路边建筑物等进行通信。V2V 通信会受到通信范围的限制和障碍物的影响，无法大范围传递信息，在这种情况下就需要路边基础设施向车辆提供范围更广的通信。V2P 通信是指车辆和易损道路用户之间的直接通信。在驾驶员有监控盲区时，可通过 V2P 通信及时侦测到周围的行人或其他弱势道路使用者，进而提醒驾驶员采取减速刹车等措施，减小交通事故发生率，同时车辆可以根据周围弱势道路使用者的位置、速度等信息对其行为进行预测,提前感知风险,进一步降低事故发生的概率。

3.1.2 车路协同技术应用

3GPP 定义的车联网标准应用场景如表 3-1 所示。

表 3-1 3GPP 定义的车联网标准应用场景

分 类	应 用 场 景
V2V	前方碰撞警告、车辆失控警告、紧急车辆警告、紧急停车、协同自适应巡航控制、基站控制下的通信、预碰撞警告、非网络覆盖下通信、错误驾驶警告、V2V 通信的信息安全
V2P	行人碰撞警告、道路安全警告、交通弱势群体安全应用
V2I	与路侧单元的通信体验、自动停车系统、曲线速度警告、基于路侧设施的道路安全服务、道路安全服务、紧急情况下的停车服务、排队警告

不同于车联网,智能车路协同系统的规模化应用涉及面广,建设周期长,需要分阶段、分层次进行,各应用阶段的主要任务如表 3-2 所示。

表 3-2 智能车路协同系统各应用阶段主要任务

应用阶段	建设重点	信息共享程度	实现的协同功能	典型应用功能
初始期	道路设施智能化	道路交通系统管控信息的实时共享	以信息提示和辅助驾驶为主的协同管控	信息发布、危险预警、单车速度引导
建设期	智能汽车网联化	交通管控和车辆行驶信息的实时共享	以主动调控和个性化服务为主的协同管控	协同安全行驶、信号主动控制
规模化	智能网联交通系统	全时空交通信息的实时共享	以协同决策与控制为主的协同管控	安全协同驾驶、信号-车辆协同控制

1. 初始期应用阶段

在智能车路协同系统建设的现阶段,国家选定了首先推进道路基础设施建设的发展路线。在道路基础设施信息化的基础上逐步实现智能化并以基础设施的智能化配合智能汽车的网联化;同时,借助构建先进的无线通信和云端计算平台为智能网联的普及奠定必要的基础条件,并由此提供道路交通系统管控信息的实时共享,实现智能车路协同系统功能的初级应用。该阶段可实现的智能车路协同功能主要集中在以信息提示和辅助驾驶为主的协同管控服务上,包括：交通信息共享、诱导信息发布、危险状态预警、盲区预警，以及单车速度引导等。

2. 建设期应用阶段

道路基础设施智能化达到一定程度，即支持车路协同的 RSU 得到一定程度的普及后，将有效推进智能汽车的网联化。此时，支持车路协同的 OBU 将作为智能汽车的必需装备，交通管控和车辆行驶信息的实时共享成为现实。该阶段可实现的智能车路协同功能主要集中在以主动调控和个性化服务为主的协同管控服务上，包括：车辆协同安全、公交/特种车辆优先、快速路可变限速、信号主动控制以及恶劣天气条件下高速公路安全通行等。

3. 规模化应用阶段

在道路基础设施和智能汽车网联化得到全面发展后，智能车路协同系统开始进入规模化应用阶段。此时，交通系统实现了可信交互的全智能网联，提供全时空交通信息的实时共享；多种计算模式并存，可以支撑广泛的交通群体协同决策与控制，系统性智能得到前所未有的开发。该阶段可实现的智能车路协同功能主要集中在以群体协同决策与控制为主的协同管控服务上，包括：车辆群体协同安全驾驶、路口/匝道信号-车辆协同控制、自动驾驶车队协同，以及网联/自动/无人混驾等。此时，车路协同的核心功能得到全面实现，交通安全性和效率得到显著提升。

3.2 V2V

本节主要考虑 V2V 通信模式，研究了车载设备到设备 V-D2D（vehicular device to device）通信的性能并设计了 V-D2D 通信联合功率控制和模式选择方案。在该方案中，首先使用信道反转来控制发射功率，以便根据路径损耗来确定发射功率，避免因发射功率过大而造成严重干扰。然后，基于偏置信道质量选择传输模式，其中当偏置 D2D 链路质量不低于蜂窝上行链路质量时选择 D2D 模式。最后，从理论上分析了中断概率和链路/网络吞吐量并通过仿真实验验证设计参数对网络性能的影响。

3.2.1 引言

目前，蜂窝技术和专用短程通信是车辆数据服务的两种主要手段。蜂窝技术，如 LTE（long term evolution，长期演进），利用精心规划和广泛部署的蜂窝基础设施为车辆提供可靠的互联网接入。然而,移动数据流量的指数级增长使得蜂窝网络难以满足日益增长的移动数据需求,从而导致日益严重的过载问题。此外,蜂窝网络的资费也给汽车制造商和车主带来了巨大的经济负担。

相比于蜂窝技术,凭借专门设计的协议和专用频谱,DSRC 支持丰富多样的车辆应用。然而,与不断增长的移动数据需求相比,DSRC 解决方案提供的带宽也相当有限。在车辆密度高的城市环境中,这种情况尤其严重。此外,由于基于竞争的信道接入模型,车辆移动数据服务的性能很难像基于蜂窝技术那样得到保证。

为了解决这些问题,需要为车辆提供额外的数据管道,以缓解蜂窝网络或 DSRC 频谱中的拥塞现象。D2D 通信被视为下一代车辆通信系统中有效的解决方案,其基本原则是邻近的移动用户可以在许可的蜂窝频谱(或其他频谱带)上直接相互通信,而无须经过基站或蜂窝回程网络。利用移动用户的邻近性,并发传输可以复用相同的频谱,从而可显著提高频谱效率。除了频谱利用,D2D 通信还有另外一个特点,即与发射机-基站-接收机两跳蜂窝传输相比,D2D 通信通过一跳邻近传输使通信延迟更小。

尽管 D2D 技术有诸多优势,车联网场景下 D2D 通信的性能研究仍然是一个具有挑战性的课题。首先,与人们熟知的移动模式相比,车辆独特的移动模式对网络性能的影响是不同的。其次,由于 V-D2D 通信仅发生在道路上,网格状的车联网拓扑降低了频谱复用效率。最后,与常规的 D2D 通信相比,车联网中的干扰模式更难建模。

为了填补这一空白,本节考虑车联网的特性,建立了一个理论框架来分析蜂窝网络下 V-D2D 通信的性能。具体来说,将城市道路布局建模为网格状模式。在此基础上,考虑车辆更有可能在社交场所周围移动,将车辆密度通过非均匀分布进行建模。然后本节在建模的车联网场景中应用 D2D 通信技术并利用信道反转发射功率控制机制保持接收功率阈值。此外,采用基于信道质量的偏置模式选择策略,其中偏置因子明确控制 V-D2D 模式相对于蜂窝模式的偏好。基于这些模型,本节从理论上分析了信干噪比(signal to interference plus noise ratio,SINR)中断概率和链路/网络吞吐量这两个关键指标并进行了仿真验证。

3.2.2 研究现状

蜂窝网络中 D2D 底层通信已得到广泛的研究,以管理干扰并提高频谱效率。Ni 等人分析了底层 D2D 通信的吞吐量界限。为了管理干扰,引入了 D2D

接收机、D2D发射机和发射蜂窝用户设备之间的保护距离。Min等人分析了D2D底层网络的容量,在该网络中,D2D用户和M个蜂窝用户共享一个上行链路信道(采用多个天线),为了增大整体网络容量,提出了一个干扰受限区域控制方案。该方案不允许蜂窝用户在对D2D接收机造成高于预定阈值的干扰区域内传输信息。Elsawy等人介绍了支持D2D的上行链路蜂窝网络的模式选择和功率控制模型。通过对D2D用户、蜂窝上行用户和蜂窝基站由不同强度的泊松点过程(Poisson point process,PPP)进行建模,从理论上分析了平均SINR中断概率和链路频谱效率。Lin等人提出了一种易于处理的混合网络模型,并在此基础上提出了一种统一的性能分析方法,得到了D2D传输的解析速率表达式。尽管D2D通信的研究工作非常丰富,但上述研究成果并不能直接应用于车联网,因为在车联网中,车辆位置无法通过泊松点过程进行建模。

随着车联网的发展,一些学者试图对车联网中D2D通信问题进行研究。Cheng等人研究了车辆高移动性环境下,信道特性对ITS中D2D通信可行性的影响。仿真结果表明,D2D底层模式获得了最高的频谱效率,并且数据速率随着D2D距离的减小而增加。Sun等人提出了一种针对用户终端和车载用户终端的频谱资源分配方案,在保证用户终端服务严格的时延和可靠性要求的同时,最大化用户终端的总速率。Ren等人提出了一种联合信道选择和功率控制框架,以实现V-D2D系统的最佳性能。该框架对分析模型进行了一系列简化以降低对全信道状态信息(channel state information,CSI)的要求。

由上述讨论可以看出,尽管D2D通信技术已经得到了广泛的研究,但是车载D2D通信的研究还有许多问题尚未解决。一方面,车辆的高移动性和可变的业务负载会极大地影响信号传播,使得D2D通信中精确资源分配所需的可靠的信道状态信息难以获得。另一方面,车辆的相关性和位置信息的感知可以为基于位置的V-D2D应用提供更多机会。为此,本节主要研究城市蜂窝网络下的V-D2D通信,设计功率分配和模式选择方案,并对网络性能进行理论分析。

3.2.3 系统模型

本小节首先描述考虑区域的街道模型,然后介绍网络模型,包括D2D和蜂窝传输距离、发射功率控制和信道特性,最后给出模式选择策略。

1. 街道模型

考虑一个完全被LTE蜂窝网络覆盖的城市区域。该区域像许多城市的市

中心地区一样有一个网格状的街道格局。网络几何结构由一组南北(垂直)道路与一组东西(水平)道路相交组成,如图 3-1 所示。每个路段 r_i 的长度是相同的,用 L 表示。假设 LTE 网络的覆盖区域是一个正方形,边长为 M。用 M_c 表示蜂窝网络覆盖区域内的路段集合,则总路段数 $|M_c|=2M(M+1)$。需要注意的是,覆盖区域可以方便地应用于除正方形覆盖模式之外的其他覆盖模式,如六边形覆盖模式以及 LTE 网络中常见的沃罗诺伊(Voronoi)覆盖模式。

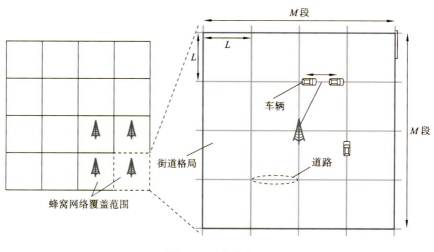

图 3-1 网络结构图

在网络中,路段车辆密度会影响网络性能,因为 V-D2D 通信只有在两辆车距离较近的情况下才会发生。根据 Thakur 等人的研究,通过不同的重尾分布(如韦布尔分布、对数分布和对数伽马分布),可以精确地模拟某一地点的车辆密度。为便于表述,将道路 r_i 上车辆密度的概率密度函数(PDF)和累积分布函数(CDF)分别表示为 $f_{c,i}(x)$ 和 $F_{c,i}(x)$。

2. 网络模型

考虑频分双工 LTE 网络,其中上行和下行传输使用正交的信道集。在本小节中,将 V-D2D 通信用于车到车数据业务,例如视频流/音频流或互联网内容共享,而车到基础设施数据业务可以通过正常的蜂窝传输来支持。考虑到 V-D2D 信号只能在附近的车辆上传输,本小节假设只有当两个车辆用户在同一个路段 r_i 时,V-D2D 传输才可能发生。此外,同一路段的车辆更有可能保持更长、更可靠的连接,避免频繁的 D2D 连接设置和中断。由于在 r_i 中存在一个传输请求需要不少于两辆车,因此在 r_i 中存在一个传输请求的概率可以通过

$p_{T,i} = 1 - F_{\varepsilon,i}(2)$ 来计算。此外,假设在一个路段 r_i 中,任意车辆的位置服从均匀分布,这意味着在 r_i 中,车辆在任何位置出现的可能性都是相同的。因此,如果 r_i 中存在 V-D2D 链路,则 V-D2D 传输距离 $d_{D,i}$ 服从三角形分布,其概率密度函数可表示为

$$f_{d_{D,i}}(x) = \frac{2}{L}\left(1 - \frac{x}{L}\right) \tag{3-1}$$

式中:$f_{d_{D,i}}(x)$ ——V-D2D 传输距离的概率密度函数(PDF);

L ——路段长度。

由于 $f_{d_{D,i}}(x)$ 不依赖于 i,因此所有路段的 D2D 传输距离都是独立同分布的随机变量。需要注意的是,车辆在一段道路上可能出现的位置分布可以扩展到一个通用模型,并且 V-D2D 距离的分布可以用类似的方法得到。对于蜂窝上行链路传输,如果传输的车辆在 r_i,则用 $d_{C,i}$ 表示蜂窝上行链路距离。为了便于分析,可以假设 $d_{C,i}$ 独立于 $d_{D,i}$,并且用从基站到 r_i 中点的距离来近似,因为通常情况下,蜂窝上行链路距离比 D2D 距离大得多。因此,由于道路的对称性,蜂窝上行链路距离 $d_{C,i}$ 的概率质量函数(PMF)可表示为

$$p_{d_C}(x) = \begin{cases} \dfrac{4}{|M_C|}, & x = \dfrac{L}{2} \\ \dfrac{8}{|M_C|}, & x = \dfrac{\sqrt{5}L}{2} \\ \dfrac{4}{|M_C|}, & x = \dfrac{3L}{2} \\ \dfrac{8}{|M_C|}, & x = \dfrac{13L}{2} \\ \vdots \end{cases} \tag{3-2}$$

由于车辆的高移动性,信道的快速变化导致难以获得包含实际信道衰落参数的实时完整 CSI。因此,在设计 V-D2D 通信协议时,优先考虑包括路径损耗和遮蔽在内的大规模衰落效应。具体地,考虑一个一般的幂律路径损耗模型,衰减率为 $d^{-\gamma}$,其中 d 为发射机和接收机之间的距离,$\gamma > 2$,为路径损耗指数。蜂窝上行链路和 V-D2D 链路的路径损耗指数可能不同,分别表示为 γ_C 和 γ_D。此外,考虑一个瑞利衰落环境,其中任意两个位置之间的信道增益 h 服从指数分布,即 $h \sim \exp(1)$。

发射功率由信道反转功率控制模型调节。在这种情况下,路径损耗由发射功率补偿,从而使预定接收机的平均接收信号功率等于接收功率阈值 ρ_0。因此瞬时接收功率可以用 $\rho_0 h$ 表示。通常,如果采用信道反转功率控制,由于所需的

发射功率大于最大发射功率 P_m,可能会发生功率中断。然而,在考虑的城市 V-D2D 场景中,这种情况不会发生,因为 P_m 大到足以补偿小区边缘传输的路径损耗,其距离远远大于最大 D2D 传输距离 L。

3. 模式选择策略

车辆用户可以使用蜂窝模式或 D2D 模式传输数据。蜂窝模式下,采用基站路由的两跳传输:数据首先通过上行链路信道从发送端车辆发送到基站,然后通过下行链路信道从基站发送到接收端车辆。在 D2D 模式下,两个车辆可以复用蜂窝上行链路资源直接传输数据。蜂窝上行链路资源被 V-D2D 传输复用,因此可以有效地管理在基站处造成的干扰。模式选择对网络性能有很大影响。如果选择 D2D 模式的车辆多,则频率空间复用性可以得到提高;然而,这对 D2D 和蜂窝上行链路传输都造成了更大的干扰。

在本节中,采用一种基于信道质量的模式选择策略来模拟 SINR、频率复用、吞吐量和卸载性能之间的权衡。在基于偏置信道质量的模式选择中,如果 D2D 信道的偏置质量不低于蜂窝上行链路信道的质量,则车辆选择 D2D 模式,即

$$\varphi d_D^{-\gamma_D} \geqslant d_C^{-\gamma_C} \tag{3-3}$$

式中:φ——偏置因子;

$d_D^{-\gamma_D}$——D2D 信道的质量;

$d_C^{-\gamma_C}$——蜂窝上行链路信道的质量。

否则,将选择蜂窝模式。偏置因子 φ 反映了相比于蜂窝模式对 D2D 模式的偏好,其中 φ 越大表示更偏好 D2D 模式。利用该模型,可以控制对蜂窝上行链路传输的干扰。根据式(3-3),本节证明了由任意 D2D 传输到基站的干扰功率的上限为 $\varphi \rho_0$。具体地,考虑一个任意路段 r_i 的 D2D 传输,根据模式选择,如果 $\varphi d_{D,i}^{-\gamma_D} \geqslant d_{C,i}^{-\gamma_C}$,则选择 D2D 模式,从而得到 $d_{D,i}^{-\gamma_D} \leqslant \varphi d_{C,i}^{-\gamma_C}$ 和 D2D 的传输功率 $P_{D,i} = \rho_0 d_{D,i}^{\gamma_D} \leqslant \varphi \rho_0 d_{C,i}^{\gamma_C}$。因此基站处来自 D2D 传输的干扰为

$$I_{D,i}^C = P_{D,i} d_{C,i}^{-\gamma_C} \leqslant \varphi \rho_0 \tag{3-4}$$

式中:$I_{D,i}^C$——基站处来自 D2D 传输的干扰;

$P_{D,i}$——D2D 的传输功率;

$d_{C,i}^{-\gamma_C}$——路段 r_i 的蜂窝上行链路信道的质量;

ρ_0——接收功率阈值。

从式(3-4)中可以看出,任意 D2D 传输对蜂窝上行传输的干扰均以 $\varphi \rho_0$ 为上界。

在模式选择策略下,可以计算 D2D 和蜂窝模式被选择的概率。在路段 r_i,

蜂窝上行链路距离是一个常数。因此，给定 r_i 中两个车辆之间的传输请求，选择 D2D 模式的概率可通过以下公式计算：

$$p_{D,i} = P(\varphi d_{D,i}^{-\gamma_D} \geqslant d_{C,i}^{-\gamma_C}) = F_{d_D}(\varphi^{\frac{1}{\gamma_D}} d_{C,i}^{\frac{\gamma_C}{\gamma_D}}) = \frac{\varphi^{\frac{1}{\gamma_D}} d_{C,i}^{\frac{\gamma_C}{\gamma_D}}}{L}\left(2 - \frac{\varphi^{\frac{1}{\gamma_D}} d_{C,i}^{\frac{\gamma_C}{\gamma_D}}}{L}\right) \quad (3-5)$$

式中：$p_{D,i}$——选择 D2D 模式的概率；

$F_{d_D}(\cdot)$——D2D 距离 d_D 的累积分布函数（CDF）；

γ_C——蜂窝传输的路径损耗指数；

γ_D——D2D 传输的路径损耗指数。

相应地，选择蜂窝模式的概率是 $p_{C,i} = 1 - p_{D,i}$。

3.2.4 网络性能分析

本小节对蜂窝网络下的 V-D2D 通信的性能进行分析。首先讨论任意 V-D2D 传输和蜂窝上行传输的发射功率的概率分布。然后，分析 V-D2D 传输和上行传输对蜂窝覆盖区域和蜂窝覆盖区域周围第一层的干扰，并在此基础上推导 SINR 的概率分布。最后，从理论上得到性能指标——SINR 中断概率和吞吐量。

1. 传输功率

根据信道反转功率控制和模式选择模型，在路段 r_i 中 D2D 最大传输功率为

$$P_{D_m,i} = \min(P'_{D_m}, \varphi \rho_0 d_{C,i}^{\gamma_C}) \quad (3-6)$$

式中：$P_{D_m,i}$——路段 r_i 中 D2D 最大传输功率；

P'_{D_m}——由最大 V-D2D 距离 L 产生的最大发射功率，$P'_{D_m} = \rho_0 L^{\gamma_D}$；

$\varphi \rho_0 d_{C,i}^{\gamma_C}$——由模式选择策略产生的最大发射功率。

给定 D2D 模式，D2D 发射功率 $Z_{D,i}$ 是在 $\varphi d_{D,i}^{-\gamma_D} \geqslant d_{C,i}^{-\gamma_C}$ 的条件下补偿路径损耗所需的发射功率，有 $Z_{D,i} = \{P_{D,i} : \varphi d_{D,i}^{-\gamma_D} \geqslant d_{C,i}^{-\gamma_C}\}$，其中 $P_{D,i}$ 是无条件的 V-D2D 发射功率。$Z_{D,i}$ 的概率密度函数由引理 3.1 给出。

引理 3.1：在基于城市蜂窝网络的 V-D2D 通信系统中，采用信道反转功率控制和基于偏置信道质量的模式选择，D2D 发射功率 $Z_{D,i}$ 的概率密度函数可表示为

$$f_{Z_{D,i}}(x) = \frac{1}{p_{D,i}}\left(\frac{2x^{\frac{1}{\gamma_D}-1}}{\gamma_D L \rho_0^{\frac{1}{\gamma_D}}} - \frac{2x^{\frac{2}{\gamma_D}-1}}{\gamma_D L^2 \rho_0^{\frac{2}{\gamma_D}}}\right), \quad Z_{D,i} \leqslant P_{D_m,i} \quad (3-7)$$

式中：$Z_{D,i}$——D2D 发射功率；

$f_{Z_{D,i}}(x)$——$Z_{D,i}$ 的概率密度函数;

$P_{D,i}$——无条件的 V-D2D 发射功率。

证明:如果选择 D2D 模式,则 D2D 的传输功率为

$$Z_{D,i} = \{P_{D,i}: \varphi d_{D,D}^{-\gamma_D} \geqslant d_{C,i}^{-\gamma_C}\} = \{P_{D,i}: \rho_0 d_{iD}^{\gamma_D} \leqslant \varphi \rho_0 d_{C,i}^{\gamma_C}\} = \{P_{D,i}: P_{D,i} \leqslant \varphi P_{C,i}\} \tag{3-8}$$

因此 $Z_{D,i}$ 的概率密度函数可表示为

$$f_{Z_{D,i}}(x) = f_{P_{D,i}|P_{D,i} \leqslant \varphi P_{C,i}}(x) = \frac{f_{P_{D,i}}(x)}{P(P_{D,i} \leqslant \varphi P_{C,i})} = \frac{1}{p_{D,i}} \left(\frac{2x^{\frac{1}{\gamma_D}-1}}{\gamma_D L \rho_0^{\frac{1}{\gamma_D}}} - \frac{2x^{\frac{2}{\gamma_D}-1}}{\gamma_D L^2 \rho_0^{\frac{2}{\gamma_D}}} \right) \tag{3-9}$$

式中:$f_{P_{D,i}}(x)$——无条件的 V-D2D 发射功率的概率密度函数。

对于蜂窝模式,发射功率 $Z_{C,i}$ 是在 $\varphi d_{D,D}^{-\gamma_D} < d_{C,i}^{-\gamma_C}$ 条件下从车辆到基站的发射功率。由于 $P_{C,i} = \rho_0 d_{C,i}^{\gamma_C}$ 是一个常数,因此 $Z_{C,i} = P_{C,i} = \rho_0 d_{C,i}^{\gamma_C}$ 也是一个常数。

2. 干扰和信干噪比

在蜂窝网络中,干扰是由同一小区和相邻小区内的同信道传输引起的,分别称为小区内干扰和小区间干扰。在蜂窝网络下的 V-D2D 通信中,蜂窝上行传输不仅会引起干扰,复用上行资源的 D2D 传输也会产生干扰。本小节考虑来自蜂窝上行传输和 V-D2D 传输的小区内干扰和小区间干扰。对于小区间干扰,考虑来自小区周围的 N_t 层小区的干扰,如图 3-2 所示。通常考虑 $N_t=1$ 就足以分析小区间干扰,来自更远区域的传输的干扰功率可以被认为是噪声。

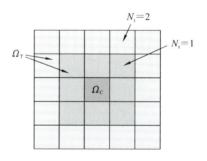

图 3-2 $N_t=2$ 时的干扰区域

用 Ω_C 和 Ω_T 分别表示考虑的蜂窝覆盖区域和小区间干扰产生的区域,有 $\Omega_I = \Omega_C + \Omega_T$。此外,用 M_C、M_T 和 M_I 分别表示区域 Ω_C、Ω_T 和 Ω_I 中路段的集合。考虑路段 $r_i \in M_C$ 中的 D2D 和上行链路传输,则 D2D 和蜂窝上行链路传输

的总干扰可以表示为

$$I_i = I_{\mathrm{D},i} + I_{\mathrm{C},i} = \sum_{r_j \in M_{\mathrm{I}} \setminus r_i} 1_{\mathrm{D},j} Z_{\mathrm{D},j} h d_{ji}^{-\gamma_{\mathrm{D}}} + 1_{\mathrm{C},j} Z_{\mathrm{C},j} h d_{ji}^{-\gamma_{\mathrm{C}}} \tag{3-10}$$

式中：I_i——路段 r_i 中 V-D2D 和蜂窝上行链路传输的总干扰；

$I_{\mathrm{D},i}$——路段 r_i 中 V-D2D 的干扰；

$I_{\mathrm{C},i}$——路段 r_i 中蜂窝上行链路传输的干扰；

$1_{\mathrm{D},i}$、$1_{\mathrm{C},i}$——指示函数；

$Z_{\mathrm{D},i}$——路段 r_i 中 V-D2D 的传输功率；

$Z_{\mathrm{C},i}$——路段 r_i 中蜂窝上行链路的传输功率；

d_{ji}——从 r_i 中点到 r_j 中点的距离；

h——信道增益。

此外，为了便于分析，本节认为蜂窝上行链路调度是循环的。因此，当 $|M_{\mathrm{C}}|$ 变大时，没有传输选择蜂窝模式的概率变小，有

$$P(1_{\mathrm{C},i} = 1) \approx \frac{p_{\mathrm{T},i}(1-p_{\mathrm{D},i})}{\sum_{r_i \in M_{\mathrm{C}}} p_{\mathrm{T},i}(1-p_{\mathrm{D},i})} \tag{3-11}$$

对于总干扰，路段 $r_i \in M_{\mathrm{C}}$ 中 D2D 和上行链路传输的信干噪比可由下式表示

$$\eta_i = \frac{\rho_0 h}{n_0 + \sum_{r_j \in M_{\mathrm{I}} \setminus r_i} 1_{\mathrm{D},j} Z_{\mathrm{D},j} h d_{ji}^{-\gamma_{\mathrm{D}}} + 1_{\mathrm{C},j} Z_{\mathrm{C},j} h d_{j0}^{-\gamma_{\mathrm{C}}}} \tag{3-12}$$

式中：η_i——路段 r_i 中 D2D 和上行链路传输的信干噪比；

n_0——噪声功率；

d_{j0}——从干扰到 Ω_{C} 中基站的距离。

3. 性能指标

V-D2D 通信可以提高频率空间复用性，从而提高频谱效率和吞吐量。然而，其代价是引入了更多的干扰。因此，本节考虑两个性能指标，即 SINR 中断概率和吞吐量，来分析蜂窝网络下的 V-D2D 通信性能，有

$$p_{\mathrm{oD},i}(\omega) = 1 - \exp\left(\frac{-\omega n_0}{\rho_0}\right) \prod_{r_j \in M_{\mathrm{I}} \setminus r_i} \left[\frac{2 p_{\mathrm{T},j} P_{\mathrm{m},j}^{\frac{1}{\gamma_{\mathrm{D}}}} H\left(\left[1, \frac{1}{\gamma_{\mathrm{D}}}\right], \left[1 + \frac{1}{\gamma_{\mathrm{D}}}\right], \beta\right)}{L \rho_0^{\frac{1}{\gamma_{\mathrm{D}}}}} \right.$$

$$\left. - \frac{p_{\mathrm{T},j} P_{\mathrm{m},j}^{\frac{2}{\gamma_{\mathrm{D}}}} H\left(\left[1, \frac{2}{\gamma_{\mathrm{D}}}\right], \left[1 + \frac{2}{\gamma_{\mathrm{D}}}\right], \beta\right)}{L^2 \rho_0^{\frac{2}{\gamma_{\mathrm{D}}}}} + 1 - p_{\mathrm{D},j} p_{\mathrm{T},j} \right]$$

$$\cdot \frac{1}{\sum_{r_i \in M_{\mathrm{C}}} p_{\mathrm{T},i}(1-p_{\mathrm{D},i})} \sum_{r_j \in M_{\mathrm{I}} \setminus r_i} \frac{p_{\mathrm{T},j}(1-p_{\mathrm{D},j})}{(1+s Z_{\mathrm{C},j} d_{ji}^{-\gamma_{\mathrm{C}}})} \tag{3-13}$$

式中：$p_{oD,i}(\omega)$——蜂窝网络下的 V-D2D 通信性能；

ω——SINR 的中断阈值；

$H(\cdot)$——超几何函数。

给定中断阈值 ω，则在 r_i 中传输的 SINR 中断概率为

$$\begin{aligned}p_{o,i}(\omega)&=P(\eta_i\leqslant\omega)=P\left(h\leqslant\frac{\omega}{\rho_0}(n_0+I_{D,i}+I_{C,i})\right)\\&\stackrel{(I)}{=}1-\exp\left\{-\frac{\omega}{\rho_0}(n_0+I_{D,i}+I_{C,i})\right\}\\&\stackrel{(II)}{=}1-\exp\left\{-\frac{\omega n_0}{\rho_0}\right\}L_{D,i}\left(\frac{\omega}{\rho_0}\right)L_{C,i}\left(\frac{\omega}{\rho_0}\right)\end{aligned} \quad (3\text{-}14)$$

式中：$p_{o,i}(\omega)$——在 r_i 中传输的 SINR 中断概率；

$L_X(\cdot)$——随机变量概率密度函数的拉普拉斯变换。

接下来，对 $L_{D,i}(\cdot)$ 和 $L_{C,i}(\cdot)$ 进行分析。首先，考虑在路段 r_i 中所有 V-D2D 传输对一个 V-D2D 传输的干扰 $I_{DD,i}$，其概率密度函数的拉普拉斯变换可表示为

$$\begin{aligned}L_{I_{DD,i}}(s)&=E\left[e^{-s\sum_{r_j\in M_I\setminus r_i}1_{D,j}Z_{D,j}hd_{ji}^{-\gamma_D}}\right]=E\left[\prod_{r_j\in M_I\setminus r_i}e^{-s1_{D,j}Z_{D,j}hd_{ji}^{-\gamma_D}}\right]\\&=\prod_{r_j\in M_I\setminus r_i}E\left[e^{-s1_{D,j}Z_{D,j}hd_{ji}^{-\gamma_D}}\right]\\&=\prod_{r_j\in M_I\setminus r_i}\frac{2p_{T,j}P_{D_{m,j}}^{\frac{1}{\gamma_D}}H\left(\left[1,\frac{1}{\gamma_D}\right],\left[1+\frac{1}{\gamma_D}\right],\beta\right)}{L\rho_0^{\frac{1}{\gamma_D}}}\\&\quad-\frac{p_{T,j}P_{D_{m,j}}^{\frac{2}{\gamma_D}}H\left(\left[1,\frac{2}{\gamma_D}\right],\left[1+\frac{2}{\gamma_D}\right],\beta\right)}{L^2\rho_0^{\frac{2}{\gamma_D}}}+1-p_{D,j}p_{T,j}\end{aligned} \quad (3\text{-}15)$$

式中：$I_{DD,i}$——路段 r_i 中所有 V-D2D 传输对一个 V-D2D 传输的干扰；

$L_{I_{DD,i}}(s)$——$I_{DD,i}$ 概率密度函数的拉普拉斯变换；

$\beta=-sd_{ji}^{-\gamma_D}P_{D_{m,j}}$。

在路段 r_i 中，从 Ω_1 中所有蜂窝上行传输到 V-D2D 传输的干扰用 $I_{CD,i}$ 表示，其概率密度函数的拉普拉斯变换可表示为

$$\begin{aligned}L_{I_{CD,i}}(s)&=E\left[e^{-s\sum_{r_j\in M_I\setminus r_i}1_{C,j}Z_{C,j}hd_{ji}^{-\gamma_C}}\right]=E\left[\prod_{r_j\in M_I\setminus r_i}e^{-s1_{C,j}Z_{C,j}hd_{ji}^{-\gamma_C}}\right]\\&=\sum_{r_i\in M_I}P(1_{C,j}=1)E\left[e^{-sZ_{C,j}hd_{ji}^{-\gamma_C}}\right]\end{aligned}$$

$$= \frac{1}{\sum_{r_i \in M_I} p_{T,i}(1-p_{D,i})} \sum_{r_j \in M_I \backslash r_i} \frac{p_{T,i}(1-p_{D,i})}{1+sZ_{C,j}d_{ji}^{-\gamma_C}} \qquad (3-16)$$

式中：$I_{CD,i}$——从 Ω_I 中所有蜂窝上行传输到 V-D2D 传输的干扰；

$L_{I_{CD,i}}(s)$——$I_{CD,i}$ 概率密度函数的拉普拉斯变换。

当考虑路段 r_i 中蜂窝上行链路的传输干扰时，$I_{DD,i}$ 和 $I_{CD,i}$ 的计算公式与式(3-15)及式(3-16)相似，可用 M_I 中路段到 Ω_C 中基站的距离来代替 d_{ji}。

在式(3-14)中，（Ⅰ）成立是因为 h 是一个单位均值的指数随机变量。（Ⅱ）成立是因为每个路段的传输方式是独立的。所以，在路段 r_i 的一个 D2D 传输中，SINR 中断概率由式(3-13)给出。因此，Ω_C 中 V-D2D 的平均 SINR 中断概率 $p_{oD}(\omega)$ 可表示为

$$p_{oD}(\omega) = \frac{\sum_{r_i \in M_C} p_{T,i} p_{D,i} p_{oD,i}(\omega)}{\sum_{r_i \in M_C} p_{T,i} p_{D,i}} \qquad (3-17)$$

对于蜂窝上行传输，干扰在 Ω_C 的基站处产生。因此，对于任意蜂窝上行传输，SINR 中断概率也可由式(3-13)计算，其中 d_{ji} 被 d_{j0} 所取代。

在本节中，另一个重要的性能指标是链路/网络吞吐量。由于 V-D2D 通信对网络造成干扰，蜂窝上行链路的吞吐量将降低。然而，在网络层面，并发传输吞吐量可以通过空间频谱复用性增强。根据 SINR 中断概率，可以计算出发射机在 r_i 内单位频谱的平均链路吞吐量（或频谱效率）σ_i：

$$\sigma_i = E[\log_2(1+\phi_i)] = \int_0^\infty P(\log_2(1+\phi_i) > x) dx$$
$$= \int_0^\infty P(\eta_i > 2^x - 1) dx = \int_0^\infty 1 - p_{o,i}(2^x - 1) dx \qquad (3-18)$$

式中：σ_i——发射机在 r_i 内单位频谱的平均链路吞吐量；

$p_{o,i}(\cdot)$——SINR 中断概率。

因此，蜂窝覆盖 Ω_C 的平均总频谱效率为

$$\sigma = \sum_{r_i \in M_C} p_{T,i} \left(p_{D,i} \sigma_{D,i} + \frac{1-p_{D,i}}{\sum_{r_i \in M_C} p_{T,i}(1-p_{D,i})} \sigma_{C,i} \right) \qquad (3-19)$$

3.2.5 仿真结果与分析

本小节对理论分析进行仿真验证。在网格状道路系统的城市区域中，路段长度 $L=100$ m，蜂窝基站覆盖区域边长 $M=10$。每个路段有两个车道，车辆可

以双向通行。在仿真中,使用 VANETMobisim 完成车辆的移动性建模。限速设为 50 km/h。车辆移动性由智能驾驶员模型和变道模型控制。在仿真中,接收功率阈值 $\rho_0=-80$ dBm,噪声功率 $n_0=-90$ dBm,路径损耗指数 $\gamma_C=\gamma_D=4$,SINR 中断阈值 $\omega=2$,小区间干扰层数 $N_t=1$。所有的仿真结果都以 90% 的置信区间绘制。

图 3-3 展示了区域 Ω_C 中 V-D2D 和蜂窝上行传输的平均 SINR 中断概率与

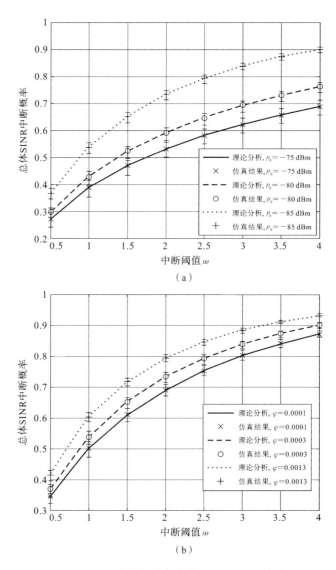

(a)

(b)

图 3-3　SINR 中断概率与变量 ρ_0 和 φ 之间的关系

SINR 中断阈值 ω、变量 ρ_0 和 φ 之间的关系。简单地说,SINR 中断概率随中断阈值 ω 的增加而增加。不同的车辆业务和应用可能需要不同的数据速率,对应不同的 SINR 要求。因此,图 3-3 的结果表明,对于需要数据的应用,如高质量视频流,SINR 中断概率可能更高,这可能是蜂窝网络下的 V-D2D 通信的一个重要设计关注点。图 3-3(a)展示了接收功率阈值 ρ_0 对 SINR 中断概率的影响。ρ_0 从两个方面影响 SINR 中断概率。一方面,ρ_0 值越小,V-D2D 和蜂窝发射机可以使用更小的功率,造成的干扰更小。另一方面,接收信号功率 $\rho_0 h$ 也越小。在仿真场景中,后者占主导地位,因此 SINR 中断概率随 ρ_0 的减小而增大。图 3-3(b)为偏置因子 φ 对 SINR 中断概率的影响。其中 φ 值越大,越多的传输请求会选择 D2D 模式,这会导致更大的干扰及更高的 SINR 中断概率。

图 3-4 展示了 SINR 中断概率与偏置因子 φ 的关系。从图中可以看出 SINR 中断概率随 φ 单调递增。与 ρ_0 不同,φ 不影响接收信号功率,但通过以下几个方面影响干扰。首先,φ 值越大,D2D 选择概率越高,因此有更多的并发传输。其次,随着 φ 值的增加,V-D2D 传输更有可能使用更高的传输功率。因此,φ 值越大,干扰程度越高,平均 SINR 中断概率也越大。当 φ 超过某一数值时,大多数 V-D2D 传输可以使用最大的传输功率。因此,如图 3-4 所示,当 $\varphi >$ 0.9×10^{-3} 时,φ 的进一步增大对 SINR 中断概率的影响较小。

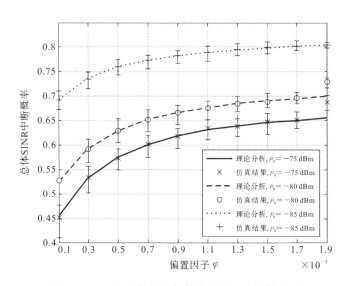

图 3-4 SINR 中断概率与偏置因子 φ 之间的关系

图 3-5 显示了基于蜂窝网络的 V-D2D 的吞吐量性能与偏置因子 φ 的关

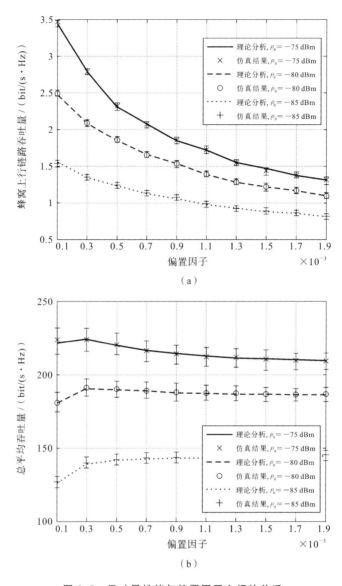

图 3-5 吞吐量性能与偏置因子之间的关系

系。吞吐量以频谱效率的形式表示,单位为 bit/(s·Hz)。从图中可以看出接收功率阈值 ρ_0 越大,SINR 越高,吞吐量越高。在图 3-5(a)中,蜂窝上行链路吞吐量随着 φ 的增加而减小。这是因为较大的 φ 会增大 D2D 选择概率和 D2D 传输功率,导致基站的干扰较大。因此,蜂窝上行传输的 SINR 降低将导致吞吐量降低。与图 3-4 不同的是，即使 φ 较大时，随着 φ 的增大，蜂窝上行链路吞吐量仍明显下降。这是因为蜂窝上行链路的吞吐量主要受靠近基站路段的 D2D 传输的影响。图 3-5(b)所示为蜂窝覆盖区域的总平均吞吐量，包括所有 V-D2D 传输和蜂窝上行传输。对比图 3-5(a)可知，V-D2D 通信可以提高蜂窝网络的频谱效率。此外，对于不同的 ρ_0，偏置因子 φ 对吞吐量的影响也不同。例如对于 $\rho_0=-75$ dBm 和 $\rho_0=-80$ dBm，总吞吐量逐渐增加但随着 φ 的进一步增加略有下降。这是因为 φ 越小，干扰越小，随着 φ 的增加，并发的 V-D2D 传输增多，总吞吐量增大。然而，当 φ 较大时，干扰成为主导因素。因此，φ 的增加导致总吞吐量降低。对于 $\rho_0=-80$ dBm 的情况，由于 ρ_0 很小，因此即使 φ 大于 0.3×10^{-3}，总吞吐量也随着 φ 的增大而增大。因此，随着 φ 值的增大，并发传输增多，吞吐量升高。

3.3　V2I

本节研究了车联网中的机会性流量卸载，即车辆用户(vehicular users，VUs)的蜂窝流量通过移动网络运营商(mobile network operator，MNO)部署的运营商-WiFi(carrier-WiFi)网络进行卸载。通过综合考虑用户的满意度、卸载性能和移动网络运营商的效益，本节提出了两种 WiFi 卸载机制：基于拍卖博弈的卸载(AGO)和基于拥塞博弈的卸载(CGO)。此外，本节引入了一种预测 WiFi 卸载潜力和访问成本的方法，并将其纳入卸载机制。具体来说，通过 AGO 机制，移动网络运营商采用拍卖方式来出售 WiFi 接入机会；车辆决定是否根据其效益进行投标。不同于 AGO，在 CGO 机制中，车辆会考虑其他车辆的策略来计算效益，并相应地做出卸载决策。通过仿真，本节证明了与现有的卸载机制相比，AGO 和 CGO 机制都可以实现更高的车辆用户平均效益、更低的平均服务延迟并卸载更多的蜂窝流量。

3.3.1　引言

随着车联网和车路协同的发展，车上的乘客希望在旅途中获取如上网、电子邮件、在线游戏、音频和视频流等互联网服务。然而，简单地使用蜂窝网络进行车辆互联网接入可能会加重过载问题，并降低非车辆和车辆用户的服务性能。随着全球部署了数百万个热点，WiFi 可以成为车载互联网接入补充的、经济有效的解决方案。因此，车载内置的 WiFi 收音机或支持 WiFi 的移动设备在 WiFi 热点范围内移动时可以访问互联网。

通过 WiFi 发送最初针对蜂窝网络的数据，称为 WiFi 卸载。研究表明，当 WiFi 连接可用（即时卸载）时，只要从蜂窝网络切换到 WiFi，就可以卸载约 65% 的蜂窝流量。虽然用户更喜欢立即提供服务，但如果移动网络运营商能够提供更多的激励措施，用户可能愿意延迟非实时流量，如软件更新、文件备份、下载和播放音频/视频等。如果数据服务可以延迟一段时间，直到 WiFi 连接可用，则 80% 以上的蜂窝流量可以被卸载（延迟卸载）。显然，在平稳/低移动性的场景中，卸载性能是出色的。然而在车辆环境中，由于 WiFi 的覆盖范围有限和车辆的高流动性，通过 WiFi 卸载数据具有机会性。这种机会性的 WiFi 卸载具有以下独特的特点：

（1）由于与 WiFi 接入点（access point，AP）的连接时间短，因此可以向车辆发送的数据量相对较小。

（2）高速车辆在短时间内可以有多个 WiFi 接入机会，如果数据服务能够容忍一定的延迟，则卸载性能可以显著提高。

针对上述特点，本节共同考虑车辆用户和移动网络运营商的效益以及整体的卸载性能，提出了两种 WiFi 卸载机制。具体来说，在基于拍卖博弈的卸载（AGO）机制中，移动网络运营商使用定期拍卖来销售 WiFi 访问机会。车辆用户计算效益，并在效益为正时提交投标。在基于拥塞博弈的卸载（CGO）机制中，所有车辆用户都可以使用 WiFi 访问。每个车辆用户根据其他车辆用户的策略和自己的满意度函数做出卸载决定，以最大化自己的效益。此外，本节提出了一种预测 WiFi 卸载潜力和访问成本的方法，并纳入所提出的卸载机制，以有效地做出卸载决策并最大化效益。

3.3.2 研究现状

为了应对前所未有的移动数据增长的挑战，从异构接入网络中选择一种所需的接入网对优化用户体验和网络性能都至关重要。大多数智能网络选择策略采用多属性决策（multiple attribute decision making，MADM）理论，其中属性可能包括服务质量（quality of service，QoS）和体验质量（quality of experience，QoE）、网络和节点条件、服务成本、用户偏好等。Shen 等人提出了一种基于成本函数的网络选择策略，在关注系统性能的同时满足用户的需求。Zhu 等人将异构无线网络中的网络选择问题表述为一个贝叶斯博弈。在博弈中，每个用户都会根据其他用户偏好的不完整信息来做出决定。结果表明，该博弈用于网络选择时可以在不完全信息下达到贝叶斯纳什均衡。

考虑到 WiFi 无线电在扫描传输机会上的能量消耗，Ristanovic 等人提出了一种基于预测的卸载方案以降低用户设备的能耗。Zhuo 等人提出了一个激励用户卸载其蜂窝流量的框架。为了尽量降低给用户的激励成本,该框架首选具有较大卸载潜力和延迟容忍度的用户。其目的是让移动网络运营商以最小的成本卸载目标流量。然而,这些卸载方案是为固定用户或低移动性环境设计的。不同的是,在车辆环境中,应考虑 WiFi 连接时间短和短时间内有多次 WiFi 访问机会的特点。为此,本节提出了基于拍卖博弈和拥塞博弈的 WiFi 卸载机制使车辆用户最大化其效益。

3.3.3 系统模型

本小节将介绍系统模型,包括通信模型、移动模型及应用模型。通信模型描述了蜂窝和 WiFi 网络的通信细节,移动模型捕捉了车辆用户的移动特性,应用模型显示了车辆用户的应用特点。各子模型的主要功能如图 3-6 所示。

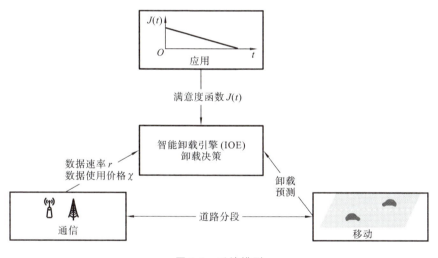

图 3-6 系统模型

1. 通信模型

车辆用户可以通过蜂窝网络或机会性 WiFi 传输数据并提供数据服务。显然,不同的接入选项具有不同的特性,例如覆盖率、数据速率、价格等。本小节认为蜂窝网络为整个城市区域提供无缝覆盖,信道频谱效率在 $[\theta_{\min}, \theta_{\max}]$ 范围内均匀分布。一个车辆用户被分配 W 带宽用于蜂窝接入。因此,一个车辆用户的蜂窝传输数据速率及预期的数据速率可以分别表示为 $r_c = \theta W$ 和 $\bar{r}_c = \bar{\theta} W$

$=((\theta_{max}-\theta_{min})/2)W$。此外,使用蜂窝网络传输单位大小数据的价格为 χ_c。

不同于蜂窝网络,AP 覆盖范围内的道路被划分为离散区域 $h_i, i=1,2,\cdots,L$。按照这样的方式,每个区域中的车辆具有不同的 WiFi 传输速率,由 r_i 表示,如图 3-7 所示。l_i 表示每个区域的长度。此外,WiFi 覆盖范围以外区域的平均长度表示为 h_0,数据速率为 $r_0=0$。本小节将从 h_0 到 h_L 的路段定义为 WiFi 覆盖路段,包括一个完整的 WiFi 覆盖和一个只有蜂窝覆盖的区域。WiFi 信道资源由车辆用户以基于争用的方式共享。车辆用户 j 在 h_i 的瞬时 WiFi 数据速率可通过以下公式计算:

$$r_i^j = \frac{\rho r_i \xi(n)}{n} \tag{3-20}$$

式中:r_i^j——车辆用户 j 在 h_i 的瞬时 WiFi 数据速率;

ρ——WiFi 吞吐量效率系数;

n——与同一 AP 同时通信的车辆用户数量;

$\xi(n)$——WiFi 信道利用率函数。

具体地,ρ 是协议分层导致的 MAC 协议和报头开销,如 DIFS、SIFS、ACK 和报头。例如,IEEE 802.11b 11 Mbps 数据速率,最大理论吞吐量为 5 Mbps($\rho=5/11$)。$\xi(n)$ 是 n 的递减函数,用于解释竞争对 WiFi 吞吐量性能的影响。

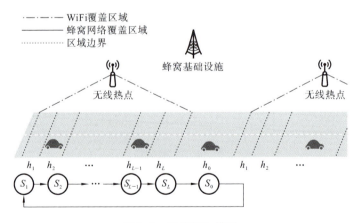

图 3-7 网络接入模型

2. 移动模型

当车辆沿道路行驶时,一个车辆用户依次通过区域 $h_i, i=1,2,\cdots,L$。受 Luan 等人的启发,本小节将车辆用户的移动性建模为连续时间马尔可夫链

$X(t)$,用于描述一个车辆用户在 t 时的位置(区域)。$X(t)$ 的离散状态空间是 $S=\{S_0,S_1,S_2,\cdots,S_L\}$,其中 S_i 对应区域 h_i。由于 WiFi 覆盖区域是不重叠的,因此 $X(t)$ 是单向马尔可夫链,如图 3-7 所示。过渡速率取决于长度 l_i 和平均车速 v。因此,$X(t)$ 转移率 b_{ij} 由下式给出:

$$b_{ij} = \begin{cases} b_i, & j=i+1, \text{ 或 } i=L, j=0 \\ 0, & \text{其他} \end{cases} \tag{3-21}$$

式中:v——平均车速;

$b_i = v/l_i$。

令 v_i、v_f、k 和 k_{jam} 分别为车辆用户 i 的速度、自由流车辆速度(通常作为道路的限速)、道路沿线的车辆密度和车辆堵塞密度,则车辆的驾驶速度可以由下式计算:

$$v_i = v_f[1-(k-k_{jam})] \tag{3-22}$$

式中:v_i——车辆用户 i 的速度;

v_f——自由流车辆速度;

k——道路沿线的车辆密度;

k_{jam}——车辆堵塞密度。

根据式(3-22),如果给定 v_i、v_f 和 k_{jam},则可以进一步估计 WiFi AP 覆盖区域内的车辆数量,表示为

$$n \approx k\sum_{j=1}^{L} l_j = \left(1-\frac{v_i}{v_f}\right)k_{jam}\sum_{j=1}^{L} l_j \tag{3-23}$$

式中:$\sum_{j=1}^{L} l_j$——AP 覆盖的路段长度。

3. 应用模型

本小节使用满意度函数来描述延迟方面的 QoS 下降。满意度函数 $J(t)$ 反映用户愿意为具有延迟 t 的应用支付的价格。如图 3-8 所示,$J(t)$ 是 t 的单调递减函数。请注意,$J(t)$ 随不同的车辆用户和应用而变化,并对除车辆用户自身以外的其他车辆保密。对于任意的车辆用户 i,当 $t=0$ 时,应用在被请求时立即完全通过蜂窝网络传输,因此 $J_i(0)=\chi_c S_i$,其中 S_i 是应用的大小。如果一个应用被延迟了 t,那么车辆用户 i 愿意为该应用支付最多 $J_i(t)$,否则车辆用户 i 不愿意延迟应用。

3.3.4 基于拍卖博弈的卸载机制

本小节提出了一种 AGO 机制,使得移动网络运营商通过拍卖向车辆用户

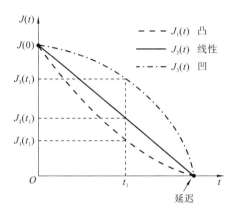

图 3-8 满意度函数

出售 WiFi 接入机会。AGO 机制基于博弈论的一个应用分支——拍卖理论。拍卖是一种分配资源的分布式机制。在拍卖中,拍卖师会宣布资源的销售价格,竞买人会向拍卖师报告他们的需求。然后,拍卖师调整价格,直到总需求满足供应。具体地,移动网络运营商对每个 WiFi 覆盖路段进行定期拍卖,向车辆用户出售 WiFi 接入机会,每次拍卖中只有一个车辆用户获胜;车辆用户根据满意度函数和 WiFi 卸载潜力预测并计算效益,并决定是否投标。赢得拍卖的车辆用户可以使用 WiFi。拍卖在每一时间 T 重复,其数值的大小可以调整以适应动态车辆环境。

1. 效益函数

在 T 中移动网络运营商的效益 U_O 被定义为其在一次拍卖中从 WiFi 服务中获得的收入,表示为

$$U_O = T \cdot \chi_{win} \tag{3-24}$$

式中:U_O——移动网络运营商的效益;

T——AGO 中的拍卖时隙;

χ_{win}——拍卖结束时的 WiFi 接入价格。

对于一个车辆用户,考虑在 t_a 开始拍卖,并且当前应用的延迟是 t_d。如果车辆用户 i 没有进一步延迟应用,则车辆用户 i 应为当前应用支付的总成本 $Z^i_{t_d}$ 可以表示为

$$Z^i_{t_d} = J_i(0) - \chi_c O_i(t_d) + P^i_\omega(t_d) \tag{3-25}$$

式中:$Z^i_{t_d}$——车辆用户 i 应为当前应用支付的总成本;

χ_c——使用蜂窝网络的价格；

$O_i(t_d)$——通过 WiFi 已经卸载的数据流量；

$P_\omega^i(t_d)$——使用 WiFi 已经支付的成本。

给定 χ_ω，每个车辆用户的可用策略集为 $G=\{g_0,g_1\}$，g_1 表示车辆用户决定以 χ_ω 投标，否则为 g_0。因此，车辆用户 i 在 T 中的预期效益可以表示为

$$U_i = \delta_i(\chi_c \min(Y^i_{t_d,T}, S^i_l) - \chi_\omega T - \dot{J}(t_d,T) - \lambda_i) \quad (3\text{-}26)$$

式中：U_i——车辆用户 i 在 T 中的预期效益；

χ_ω——使用 WiFi 的价格；

δ_i——车辆用户 i 的策略指标；

S^i_l——车辆用户 i 当前应用的剩余数据量；

$\min(Y^i_{t_d,T}, S^i_l)$——在 $[t_a, t_a+T]$ 中可通过 WiFi 传输的预期数据量。

如果车辆用户选择策略 g_1，则 $\delta_i=1$，否则 $\delta_i=0$。$Y^i_{t_d,T}$ 是预测的 WiFi 卸载潜力，即从 t_a 到 t_a+T 可以卸载的数据量。$\dot{J}(t_d,T) = \max(Z^i_{t_d} - J_i(t_d+T), J_i(t_d) - J_i(t_d+T))$，表示如果应用从 t_a 到 t_a+T 延迟，则车辆用户 i 节省的最小成本。λ_i 是一个正值，用于补偿预测中的误差。

给定 χ_ω，如果 WiFi 的效益为正，那么车辆用户 i 出价使用 WiFi，反之亦然。根据式(3-26)，车辆用户 i 投标的最大 WiFi 价格 $\chi^i_{\omega,m}$ 可以表示为

$$\chi^i_{\omega,m} = \frac{\chi_c \min(Y^i_{t_a,T}, S^i_l) - \dot{J}(t_d,T) - \lambda_i}{T} \quad (3\text{-}27)$$

2. AGO 机制设计

(1) 初始化：给定步长 $\vartheta>0$ 和拍卖开始时间 t_a，智能卸载引擎(intelligent offloading engine，IOE)用时钟索引 $k=0$ 和 $\chi_{\omega,k}=0$ 初始化拍卖。IOE 向车辆用户通知 $\chi_{\omega,k}$。

(2) 车辆用户计算要投标的最大价格 $\chi^i_{\omega,m}$：如果 $\chi_{\omega,k}<\chi^i_{\omega,m}$，车辆用户 i 选择 g_1 并提交竞价，否则，车辆用户 i 选择 g_0。

(3) 判断：如果只有一个车辆用户(比如：车辆用户 i)提交竞价，移动网络运营商结束拍卖并通知车辆用户 i 使用 WiFi。否则，设 $\chi_{\omega,k+1}=\chi_{\omega,k}+\vartheta$，$k=k+1$，并且重复。

(4) 结束拍卖：只有一个人出价时，拍卖结束。

由上述机制可以看出，IOE 首先设置步长 $\vartheta>0$，并用 $\chi_{\omega,k}=0$ 初始化拍卖。

每个车辆用户在拍卖开始时间 t_a 计算要投标的最高 WiFi 价格,并决定是否投标。拍卖以 $\chi_{\omega,k+1}=\chi_{\omega,k}+\vartheta$ 重复,直到只有一个人出价。如果赢得拍卖,车辆用户 i 可以使用 WiFi,其他车辆用户可以通过蜂窝网络完成其应用,直到后续拍卖开始。

本小节将整体卸载性能定义为特定时间内卸载的蜂窝通信量总量。AGO 机制旨在通过减少竞争来提高 WiFi 的整体卸载性能。通过拍卖,只有赢得拍卖的车辆用户才能使用 WiFi,从而减少了争夺的车辆用户数量。此外,由于车辆的移动性,在某些 WiFi 覆盖区域中可能没有获胜的车辆用户。在这种情况下,移动网络运营商可以使此类 AP 暂时可用,例如,等待第二高价格的车辆用户,或所有车辆用户都可以访问,以避免浪费通信资源。

3.3.5 基于拥塞博弈的卸载机制

AGO 机制可以提高 WiFi 卸载性能,增加移动网络运营商的效益。然而,从用户的角度来看,车辆用户的平均效益可能较低,因为基于拍卖机制,车辆用户支付了非常高的 WiFi 接入价格。此外,AGO 机制可能会造成车辆用户之间的公平性问题,因为只有赢得拍卖的车辆用户才能通过 WiFi 卸载数据流量,而其他车辆用户则需要使用蜂窝网络。因此,本小节基于一个竞争博弈,提出了 CGO 机制,该机制可以提高车辆用户的效益,提高公平性,同时也可以提高整体卸载性能。

1. 效益函数

在 CGO 机制中,χ_c 和 χ_ω 都是固定的。所有车辆用户都可以同时访问 WiFi AP,并争夺频道资源,这构成了一个拥塞博弈。在拥塞博弈中,WiFi AP 覆盖区域中的车辆用户是玩家,WiFi 资源由玩家共享。车辆用户的可用策略集是 $G=\{g_0,g_1\}$,g_0 和 g_1 分别表示车辆用户使用或不使用 WiFi。在任意时间 t,使用 WiFi 的车辆用户 i 的效益定义为

$$U_i(t)=\max\left[0, r^i(t)\chi_c - \chi_\omega - \frac{J_i(t_d, T)}{T} - \frac{\lambda_i}{T}\right] \quad (3-28)$$

式中:$r^i(t)$——t 时刻车辆用户 i 的瞬时 WiFi 数据速率;

t_d——车辆用户 i 在 t 时刻的应用延迟。

在效益函数中使用瞬时数据速率 $r^i(t)$ 的原因是,由于车辆用户的移动性,$r^i(t)$ 可能随时间而变化。

2. CGO 机制设计

(1) 初始化:IOE 初始化 χ_c 和 χ_ω 并通知所有车辆用户。

(2) 判断:如果车辆用户 i 请求一个新的应用,车辆用户从 IOE 请求使用同一 AP 的车辆用户数量 N_0 并计算 $U_i(t)$。如果 $U_i(t)>0$,则车辆用户 i 用 D_w 模式,使用 WiFi 传输并通知 IOE。IOE 执行步骤(3);否则,决定使用延迟模式 D_d 或蜂窝模式 D_c。

(3) 一个车辆用户接入 WiFi AP。

① IOE 更新 AP 的 N_0。如果 N_0 的值改变,则 IOE 向 AP 覆盖范围内的所有车辆用户(定义为集合 V)通知 N_0。

② V 中的每个车辆用户计算其效益和 N_0。如果效益从零增加到一个正值(从一个正值减小到零),则车辆用户向 IOE 通知开始(结束)使用 WiFi。

③ 如果只有一个车辆用户通知,则 IOE 确认响应该车辆用户;如果超过一个车辆用户通知,则 IOE 随机选择一个车辆用户确认响应。

④ 收到确认响应的车辆用户开始(结束)使用 WiFi 并决定使用延迟模式 D_d 或蜂窝模式 D_c。

使用 CGO 机制,可以做出三个卸载决策,即使用 WiFi 传输、蜂窝传输或延迟应用。相应地,本小节定义了车辆用户的三种传输模式。对于正效益,车辆用户 i 使用 D_w 模式,并通过 WiFi 进行传输,对于非正效益,车辆用户 i 根据决策机制使用延迟模式 D_d 或蜂窝模式 D_c。对于 D_w,如果瞬时 WiFi 数据速率 $r^i(t)$ 改变,则车辆用户 i 再次计算 $U_i(t)$,并相应地做出卸载决策。

3. 卸载决策

如上所述,当 $U_i(t)<0$ 时,以瞬时数据速率通过 WiFi 进行的通信不能满足车辆用户 i 的要求。因此,车辆用户 i 需要延迟应用或通过蜂窝网络完成应用。考虑车辆用户的满意度和 WiFi 卸载潜力预测以及访问成本,如果在延迟间隔 T 内的 WiFi 传输可以被适当地调度以在下一个持续时间 T 内实现正效益,则应用被延迟(D_d);否则,车辆用户 i 不能获得正效益,该应用通过蜂窝网络(D_c)来实现。

为了利用预测结果,延迟间隔 T 通过等长 Δt 的时隙进行归一化。然后,将延迟间隔 T 划分为 T_Δ 时隙($T_\Delta = T/\Delta t$)。定义 $Y_{t,t'}$ 为从 t 到 $t+t'$ 预计要卸载的数据量,$P_{t,t'}$ 为从 t 到 $t+t'$ 预计使用 WiFi 支付的接入成本,则在每个时隙中传输的数据预测量和支付的成本可以分别表示为 $Y_{t+m,1} = Y_{t,m+1} - Y_{t,m}$ 和 $P_{t+m,1} = P_{t,m+1} - P_{t,m}$。

决策机制是在下一个时间段 T 内找到 WiFi 传输的最优调度以最大化效益,即确定 δ_{t_w} 和 T_Δ 来最大化下式:

$$U_i^T = -\dot{J}_i(t_d, T) - \lambda_i + \sum_{t_\omega=1}^{T_\Delta} \delta_{t_\omega}(\chi_c Y_{t_\omega,1} - P_{t_\omega,1}) \tag{3-29}$$

式中:U_i^T——车辆用户 i 在时间段 T 内的效益;

δ_{t_ω}——指示符,表示车辆用户 i 在时隙 t_ω 中是否使用 WiFi。

如果车辆用户 i 在时隙 t_ω 中使用 WiFi,则 $\delta_{t_\omega}=1$,否则,$\delta_{t_\omega}=0$。如果 $\max U_i^T > 0$,则车辆用户 i 延迟当前应用,并根据 δ_{t_ω} 使用 WiFi 进行传输。

与 AGO 机制类似,CGO 机制可以提高整体 WiFi 卸载性能,具体原因如下。首先,当车辆用户做出卸载决策时,高数据速率的 WiFi 传输机会优先于低数据速率的 WiFi 传输机会。因此,WiFi 的性能异常问题,即低数据速率的用户会降低 WiFi 性能,可以得到缓解。其次,即使在 WiFi 的覆盖区域内,一个车辆用户也可能不使用 WiFi,因为车辆用户可能使用模式 D_c。因此,较少的车辆用户争用信道,可以缓解因争用而导致的 WiFi 性能下降。

3.3.6 卸载潜力预测

本小节基于半马尔可夫过程理论提出了一种未来一定时间内 WiFi 卸载潜力和接入成本的预测方法。在系统模型中,通过 CTMC$\{X(t)\}$ 对车辆用户的移动性进行建模,其中 $X(t) \in S$ 表示车辆用户在 t 时刻的位置。这里本小节定义了一个马尔可夫更新过程 $\{X_n, T_n\}$,分别表示车辆用户第 n 次转移的状态和该转移的时间。有

$$Q_{jk}(t) = \Pr(X_{n+1}=k, T_{n+1}-T_n \leqslant t \mid X_n=j) = P_{jk}\gamma_{jk}(t) \tag{3-30}$$

式中:P_{jk}——从 j 转移到 k 的极限概率;

$\gamma_{jk}(t)$——下一个状态为 k 时,状态 j 处的逗留时间分布。

根据移动性模型,车辆用户只能移动到状态 S_{j+1},前提是当前状态为 S_j。如果 $k=j+1$,可以得到 $P_{j(j+1)}=1$ 和 $\gamma_{jk}(t)=1-\mathrm{e}^{-b_j t}$,否则,$\gamma_{jk}(t)=0$,因此,有

$$Q_{jk}(t) = \begin{cases} \gamma_{j(j+1)}(t) = 1 - \mathrm{e}^{-b_j t}, & k=j+1 \\ 0, & \text{其他} \end{cases} \tag{3-31}$$

定义 $\gamma_j(t) = \Pr(T_{n+1}-T_n \leqslant t \mid X_n=j) = \sum_k Q_{jk}(t)$ 表示 j 状态的逗留时间分布,可以由下式计算:

$$\gamma_j(t) = \gamma_{j(j+1)}(t) = 1 - \mathrm{e}^{-b_j t} \tag{3-32}$$

在预测中,假设时间是离散的并使 ε 归一化,预测开始时车辆用户的初始状态为 j。定义齐次半马尔可夫过程 $X=\{X_t, t \in N^*\}$,用于描述时间 $t\varepsilon$ 时车辆用户的状态。X 的转移概率定义为 $\omega_{j,k}(t)=\Pr(X_t=k \mid X_0=j)$,可以由下式

计算：

$$\omega_{j,k}(t) = (1-\gamma_j(t))\delta_{jk} + \sum_{l=1}^{t}\dot{Q}_{j(j+1)}(l)\omega_{j+1,k}(t-l) \qquad (3\text{-}33)$$

如果 $j=k$，则 $\delta_{jk}=1$，否则，$\delta_{jk}=0$。$(1-\gamma_j(t))\delta_{jk}$ 是车辆用户的状态在时间 t 内保持不变的概率。$\dot{Q}_{j(j+1)}(l) = Q_{j(j+1)}(l) - Q_{j(j+1)}(l-1)$，是在时间 l 内，车辆用户状态从 j 转移到 $j+1$ 的概率。

1. AGO 预测

通过 AGO 机制，车辆用户可以在拍卖初始化时预测 T 中的 WiFi 卸载潜力。假设车辆用户当前处于状态 S_j，$Y_{j,k}^{A}(t)$ 表示 t 内卸载的预期数据流量，其中初始状态为 j，最终状态为 k。由于采用 AGO 机制，车辆用户期望 WiFi 专用，则区域 m 中车辆用户 i 的预期 WiFi 数据速率可表示为 $r_m^i = r_m$。因此，给定初始状态 j，t 内卸载的总数据流量 $Y_j^{A}(t)$ 可以表示为

$$\begin{aligned}Y_j^{A}(t) &= \sum_{k=j}^{\infty}\omega_{j,k}(t)Y_{j,k}^{A}(t) \\ &= \sum_{k=j}^{\infty}\Big[(1-\gamma_j(t))\delta_{jk}tr_j^i + \sum_{l=1}^{t}[lr_j^i + Y_{j+1,k}^{A}(t-l)]\dot{Q}_{j(j+1)}(l)\omega_{j+1,k}(t-l)\Big]\end{aligned}$$

$$(3\text{-}34)$$

2. CGO 预测

由于 WiFi 信道资源由车辆用户共享，因此，本小节预测了预期的最小 WiFi 卸载潜力。根据式(3-23)，AP 覆盖范围内的车辆数量可近似为 $n \approx \left(1-\dfrac{v_i}{v_f}k_{\text{jam}}\right)\sum_{j=1}^{L}l_j$。因此，车辆用户 i 在区域 m 的 WiFi 数据速率可近似为 $r_m^i = (\rho r_m \xi(n))/n$。令 $Y_{j,k}^{C}(t)$ 和 $P_{j,k}^{C}(t)$ 分别为当初始状态为 j、最终状态为 k 时，t 内的数据卸载流量和数据访问成本。在给定初始状态 j 的情况下，t 内使用 WiFi 的总卸载数据流量可以表示为

$$\begin{aligned}Y_j^{C}(t) &= \sum_{k=j}^{\infty}\omega_{j,k}(t)Y_{j,k}^{C}(t) \\ &= \sum_{k=j}^{\infty}\Big[(1-\gamma_j(t))\delta_{jk}tr_j^i \\ &\quad + \sum_{l=1}^{t}[lr_j^i + Y_{j+1,k}^{C}(t-l)]\dot{Q}_{j(j+1)}(l)\omega_{j+1,k}(t-l)\Big]\end{aligned} \qquad (3\text{-}35)$$

类似地，支付的预期成本可以表示为

$$P_j^{C}(t) = \sum_{k=j}^{\infty}\omega_{j,k}(t)P_{j,k}^{C}(t)$$

$$= \sum_{k=j}^{\infty} \Big[(1-\gamma_j(t))\delta_{jk} t \chi_{\omega,j}^i$$

$$+ \sum_{l=1}^{t} [l\chi_{\omega,j}^i + P_{j+1,k}^C(t-l)] \dot{Q}_{j(j+1)}(l) \omega_{j+1,k}(t-l) \Big] \quad (3\text{-}36)$$

式中：$\chi_{\omega,j}$——车辆用户位于 j 时的 WiFi 接入价格。其可以由下式计算

$$\chi_{\omega,j} = \begin{cases} 0, & j \bmod (L+1) \\ \chi_\omega, & 其他 \end{cases} \quad (3\text{-}37)$$

3.3.7 仿真结果与分析

本小节通过仿真评估提出的卸载机制的性能。仿真在美国华盛顿特区市中心的 2 km×2 km 区域路线图上进行。在仿真中，LTE 向该区域提供全覆盖，而 WiFi AP 由移动网络运营商部署在该区域内，其覆盖范围有限。此外，假设车辆用户是移动网络运营商的用户，在访问 WiFi 时经过预授权，这意味着车辆用户可以访问 WiFi，而不需耗时的授权过程。在仿真中，使用 VANETMobisim 生成车辆的移动轨迹。速度限制设置为 50 km/h。车辆移动性由智能驾驶员模型和车道变换模型控制。

在仿真中，使用蜂窝网络的价格设置为 $\chi_c = \$1/\text{Mb}$。应用大小在 200 Mb 到 500 Mb 之间随机选择。满意度函数设置为 $J(t) = \chi_c S - \alpha t^\beta$。其中 α 确定 $J(t)$ 的尺度，α 越大，延迟容忍越小。$\beta>1$、$\beta=1$ 和 $\beta<1$ 分别表示 $J(t)$ 是凹的、线性的和凸的。拍卖间隔和延迟间隔均设置为 10 s。仿真中将两种现有的卸载机制和本节的机制进行比较。

(1) 基本的延迟卸载(BDO)机制：车辆用户会不断延迟其应用以等待 WiFi 传输，直到达到允许的延迟。

(2) 即时卸载(OSO)机制：车辆用户在 WiFi 可用时使用 WiFi，否则使用蜂窝网络。

图 3-9 为提出的卸载机制在 WiFi 接入价格 χ_ω 方面的性能，其中图 3-9(a) 显示了整体 WiFi 卸载性能。由图中可以看出，AGO 和 CGO 机制都可以卸载比 BDO 和 OSO 机制更多的蜂窝总流量。AGO 曲线的轻微波动是仿真中的随机性造成的。当 χ_ω 增加时，卸载的总流量也随着 CGO 的使用而增加。这是因为当 χ_ω 增加时，更多的车辆用户使用蜂窝网络而不是 WiFi，并且更高的 WiFi 数据速率是实现正效益的首选。图 3-9(b) 显示了移动网络运营商从其提供的 WiFi 接入服务中获得的总收入，即车辆用户使用 WiFi 支付的总成本。可以看

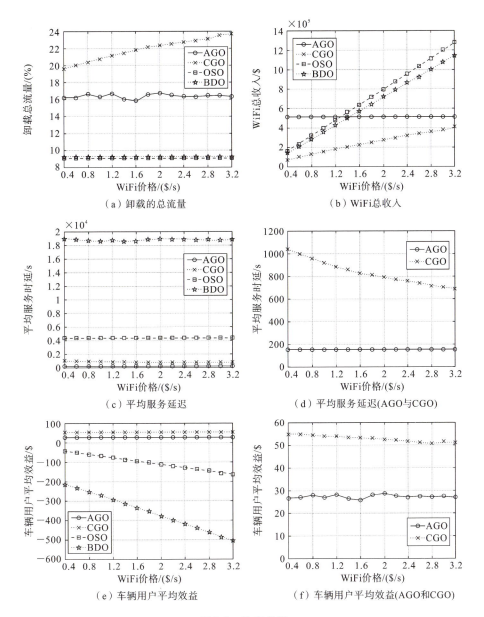

图 3-9 仿真结果

出,χ_∞ 越高,移动网络运营商收入越高。AGO 机制下,移动网络运营商的收入高于 CGO 机制,这是因为 AGO 机制的 WiFi 接入价格由拍卖决定。图 3-9(c)(d)所示为平均服务延迟。由图中可以看出,BDO 机制会导致最高的服务延迟,因为该机制会不断延迟应用,直到延迟无法容忍或应用完全由 WiFi 完成。AGO 和 CGO 机制都可以实现非常低的服务延迟。AGO 机制可以实现比 CGO 机制更低的服务延迟，因为只有那些赢得拍卖的车辆用户延迟应用，而其他车辆用户直接使用蜂窝网络。随着 χ_ω 的增加，CGO 机制的平均服务延迟降低，因为车辆用户更可能使用蜂窝网络。图 3-9(e)(f)所示为车辆用户的平均效益。车辆用户从任意应用 j 中获得的效益定义为考虑满意度函数而节省的成本，即

$$U_j = J_j(t_d - P_j) \tag{3-38}$$

式中：t_d——应用 j 完成时的服务延迟；

P_j——为应用 j 支付的总成本。

从图中可以看出，因为没有考虑用户满意度，OSO 和 BDO 机制不能实现正平均效益。随着 χ_ω 的增加，CGO 机制下车辆用户的平均效益仅略有降低，如图 3-9(f)所示。这是因为尽管 χ_ω 较高，但单位时间内可以通过 WiFi 卸载更多流量。

3.4 案例分析——车辆碰撞避免

本节分别以城市道路和高速公路为例，基于 V2X 通信技术，设计了两种车辆碰撞避免系统来探讨通信技术在车路协同交通安全中的应用。即，应用 V2V 技术实现高速场景中车辆追尾事故的碰撞避免以及应用 V2I 技术实现交叉路口的车辆碰撞避免。

3.4.1 应用 V2V 的追尾事故分级预警

1. 案例背景

车辆追尾事故是最常见的交通事故，在车速较快或车距较近的情况下还会引起车辆连环碰撞，造成更为严重的人员伤亡以及财产损失。车辆追尾事故发生的原因主要有两方面：① 驾驶员的个人因素，例如驾驶员分心、误判以及误操作都会增加事故风险；② 跟车距离过近，使得在发现危险后驾驶员没有足够的反应时间采取刹车措施，从而导致事故。

针对驾驶员个人因素以及行驶中车距保持两个方面的原因，碰撞避免算法的设计也将从危险检测算法和预警算法两个方面入手。由于车辆的制动时间、驾驶员的反应时间、传输时延等参数会影响预警的时间，预警过早会干扰驾驶员的驾驶判断，预警过晚会降低碰撞避免系统的有效性。因此，本节设计一种

利用 V2V 通信技术,综合考虑驾驶员驾驶习惯、道路情况和事故紧急程度的分级碰撞避免算法来帮助车辆进行准确决策以避免追尾事故。

2. 场景设计

在本节考虑的场景中,主要将两辆车(即前车(LV)和后车(FV))作为研究对象,车辆在行驶过程中主要由驾驶员控制,自动刹车功能在紧急情况下可使用。在行驶期间,车辆将驾驶状态信息周期性地发送给其通信范围内的其他车辆。如图 3-10 所示,FV 是目标车辆,主要完成危险评估、预警信息发送以及自动刹车等功能。车间距是指 LV 和 FV 中心之间的距离,FV 的初速度为 v_0,LV 以 $v_t(v_0 > v_t)$ 匀速行进。行驶过程中,LV 周期性地广播车速、位置等自身行驶状态信息,LV 的状态信息传送到 FV 的概率为 P。如果 FV 接收到 LV 广播的状态信息,则 FV 将根据两辆车的驾驶状态判断是否存在危险。若 FV 未收到 LV 发出的信息,则其将继续以初速度 v_0 行驶。将 LV 和 FV 在 t_0 时刻的车间距设为 $d_{LF}(t_0)$。在一个周期 Δt 之后,LV 将发送第二个状态信息,并且车间距将从 $d_{LF}(t_0)$ 变为 $d_{LF}(t_0+\Delta t)$。以此类推,LV 发出的第 k 个信息被 FV 接收时车间距为 $d_{LF}(t_0+(k-1)\Delta t)$。当车辆正常行驶时,如果检测到车间距小于一定值,那么就需要提醒 FV 的驾驶员采取刹车措施以确保行驶安全。

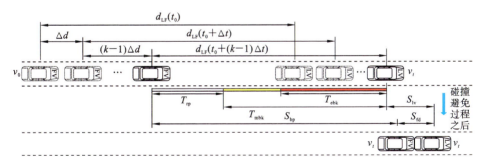

图 3-10 用于碰撞避免的事故场景

3. 碰撞避免系统设计

1)风险评估

准确地识别潜在的危险并计算出碰撞概率是碰撞避免过程中最为重要的一个环节。目前,很多学者基于预警时间和安全距离两个指标提出了多种类型的方法,然而传统的模型不够敏感和准确。此外,对车况、路况和驾驶员等影响因素之间的非线性关系进行准确建模仍然是一大挑战。为此,本节提出一种结

合布谷鸟搜索的神经网络算法(ACS-BPNN)来进行碰撞避免的风险评估,具体步骤如下:

步骤1:初始化布谷鸟搜索算法的参数,例如鸟巢数、迭代次数等。

步骤2:在给定空间内随机生成 n 个鸟巢的初始位置,并使之与BP神经网络的初始阈值和连接权重值相对应。根据参数训练BP神经网络,并计算预测结果。

步骤3:找出当前一代中最优鸟巢位置,更新得到新的鸟巢位置。计算适应度值以测试新的结果。将新的鸟巢位置与上一代的鸟巢位置进行比较,并用新一代中好的鸟巢位置代替上一代中较差的鸟巢位置,从而得出较优的一组鸟巢位置。

步骤4:将随机数 r 与发现概率 P_a 进行比较。如果 $r>P_a$,则保留原始鸟巢位置;否则更新鸟巢位置。得到一组新鸟巢位置,并与原始鸟巢位置进行比较,将新鸟巢位置替换较差的鸟巢位置,从而得到一组新的较佳鸟巢位置。

步骤5:在步骤4中找到最佳的一个鸟巢位置,并确定测试值是否满足终止条件(例如最大迭代次数)。如果满足终止条件,则停止搜索并输出最佳鸟巢位置;否则,返回步骤3继续搜索。

步骤6:鸟巢位置对应于BP神经网络的权重和阈值,并重新对训练集进行训练。根据训练结果建立风险评估模型,并利用该模型来测试验证集。

2) 分级预警

目前多数的碰撞预警策略以后车为研究目标,当后车与前车的间距小于安全距离时,使后车紧急刹车从而避免碰撞事故。但是,紧急刹车的策略会严重影响乘车人员的舒适度,并且会增加车辆的燃料消耗与轮胎磨损。此外,当前后车的车距过近时,只靠后车紧急刹车很大程度上还是会造成碰撞事故的发生。因此,本节提出了一种分级预警策略,该策略可以在保障安全的同时最大化驾乘人员舒适度。

在该策略中,首先对危险场景进行分级,确定紧急程度。危险场景的划分依据三个参数:最大刹车减速度、舒适刹车减速度以及车辆临界刹车减速度。分级预警策略的具体流程如下:

(1) 如果车辆需要的临界刹车减速度大于最大刹车减速度,则状态为十分紧急,应首先保障驾驶安全。此时,只依靠FV紧急刹车已无法避免碰撞事故,FV应与LV进行V2V通信,使LV加速行驶进行避让,在两辆车联合协作下实现碰撞避免。

（2）如果车辆需要的临界刹车减速度小于最大刹车减速度，则紧急程度较低，此时实现安全保障较为容易。预警策略在实现碰撞避免的同时也考虑乘客的舒适度。如果所需的刹车减速度大于舒适刹车减速度，即乘客会有不适感，此时 FV 向 LV 发送信息使其加速向前行驶，在车距增加后，FV 即可以较小的减速度刹车来保障乘客的舒适度。如果所需要的刹车减速度小于舒适刹车减速度，那么 FV 只需要以舒适的减速度刹车，就可以在实现驾驶安全的同时保证乘客的舒适度。

3）算法应用

追尾事故预警系统模块化示意图如图 3-11 所示，该系统主要包含三个模块：信息采集模块、信息处理模块和碰撞预警模块。信息采集模块由传感单元、通信单元和定位单元组成，多种传感器诸如车速传感器、雷达传感器和加速度传感器用于收集车辆的状态数据（例如距离、速度和加速度）。V2V 通信技术可以将车辆状态信息在配备通信设备的车辆之间进行可靠和实时的共享。信息处理模块的核心部分是本节所提出的碰撞预警算法。由采集到的信息计算得出的相对速度、相对加速度和相对距离将会与其他参数（如反应时间）一起作为碰撞预警算法的输入，算法的输出将作为碰撞预警模块中的预警判断条件。在碰撞预警模块中，当判断结果为没有危险时，不会向驾驶员发出预警信号；判断结果为危险时，将采取安全警报或自动制动等安全措施直到完成碰撞避免。因此，该算法适用于大多数传统车辆，对于自动驾驶汽车，其性能也会相应提高。

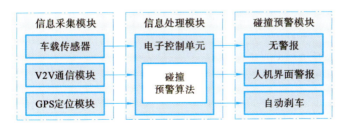

图 3-11 追尾事故预警系统模块化示意图

4. 仿真验证

下面通过仿真验证上述碰撞避免系统的性能，仿真场景如图 3-10 所示，前车（LV）与后车（FV）同向行驶，二者均可以利用 V2V 方式在其通信范围内相互通信。仿真部分首先分析了不同条件下的通信概率，并展示了通信技术在碰撞避免系统中的优势；然后评估了所提出的算法和分级预警策略的性能。

1）通信概率分析

将车辆的通信范围设置为 250 m，车辆长度设置为 4.2 m，LV 的速度设置为 30 km/h。仿真中首先研究不同参数（例如 FV 的速度、初始车间距和刹车减速度）下的通信概率（LV 和 FV 之间至少交换一次信息的概率）。图 3-12 展示了在不同的 FV 的速度和刹车减速度条件下，初始车间距变化时通信概率的变化情况。如图 3-12 所示，当 LV 的速度大且刹车减速度较小时，需要更大的初始车间距以确保信息的成功交互。虽然丢包的情况在 V2V 通信中时有发生，且丢包会使车辆信息无法正确传输，但在多数情况下，在初始车间距减小到相应的主观安全距离之前通信概率将会接近 100%。因此，可以看出在道路安全中，通信技术依然起着积极作用。通信技术能够帮助驾驶员了解感知范围之外的交通状况，其他车辆的行为通过通信技术也可轻易得知，而不必依赖传感器进行主动识别和感知。

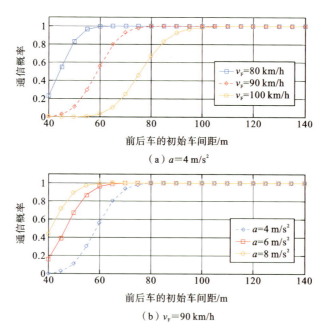

图 3-12 不同初始车间距、FV 的速度和刹车减速度下的通信概率

2）碰撞避免性能分析

接下来验证利用本节提出的 ACS-BPNN 算法进行风险评估的性能，其中 BP 神经网络的权重和阈值被编码为鸟巢位置的组成部分。连接权重值为 4×9

$+9×3=63$,阈值为 $9+3=12$。因此,鸟巢的维度设置为75。对于大多数优化问题,$n\in[15,25]$,$P_a\in[0.15,0.3]$。在仿真中,神经网络的训练精度设置为 $10e^{-6}$,迭代次数设置为1000,鸟巢数量 $n=20$,发现概率 $P_a=0.25$。

表3-3为不同算法的性能评估。如表3-3所示,BPNN和GA-BPNN分别需要400次和280次迭代,与ACS-BPNN相比,BPNN很容易陷入局部最优。此外,ACS-BPNN的均方误差(MSE)远小于BPNN(0.2453)、GA-BPNN(0.1488),以及树结构(tree structure,TS)算法(0.625)。由此可知,ACS算法在加快BP神经网络的收敛速度的同时提高了网络的训练精度。因此,在具有极低延迟要求的应用场景,ACS-BPNN优于BPNN和GA-BPNN。TS具有比BPNN、GA-BPNN和ACS-BPNN更高的均方误差。这是因为TS是概率因果模型,不像神经网络模型一样具有环境自适应能力。

表3-3 不同算法的性能评估

算法	BPNN	GA-BPNN	ACS-BPNN	TS
MSE	0.2453	0.1488	0.0098	0.625
最大迭代次数	400	280	120	—

3.4.2 应用V2I的交叉路口碰撞避免

1. 案例背景

交叉路口是交通网络中的重要组成元素,也是交通事故的多发地带。交叉路口汇聚了从不同方向驶来的车辆,且这些车辆同时存在直行、转弯等不同的驾驶行为,导致交叉路口成为交通事故的多发区。尽管交叉路口的道路及基础设施如交通信号灯、停车标志以及环岛等有着提醒车辆与分流车辆的作用,但当遭遇大雪或雾霾等恶劣天气或驾驶员自身出现分心、疲惫等影响驾驶安全的状态时,以上方案预防交通事故发生的效果并不理想。目前,一些车辆搭载了基于多传感器的预警装置,能够对周围环境进行监控以发现危险情况并及时向驾驶员报告。但感知装置价格不菲,限制了此方法的大规模推广与应用,而且感知设备的感知范围有限,且容易被障碍物遮挡,影响感知效果。随着智能交通系统的发展,基于基础设施的交叉路口碰撞预警系统受到广泛关注。基础设施一般位于路侧及交叉路口处,能够利用通信技术周期性地向车辆发送交通状况信息。通过基础设施、交通参与者与控制中心之间的实时信息交互可以实现三者的连接协作,从而提高车辆行驶的安全性。

在交叉路口场景下,实现碰撞避免一般面临如下挑战。

(1) 道路环境的复杂性:路口处多条道路相互连接交叉,且道路状况也在动态变化。

(2) 车辆间相互影响:车辆的运动状态不断变化且车辆间存在相互影响与干扰,容易造成事故。

(3) 数据存在误差:由于传感器系统误差、数据传输过程中的误差以及环境噪声的影响,获取的状态数据都不同程度上存在误差。

(4) 决策的时效性:车辆在行驶中需要准确实时地做出驾驶决策。

为应对上述挑战,本小节设计了应用 V2I 通信的交叉路口车辆碰撞避免算法并对其性能进行了讨论。

2. 场景设计

如图 3-13 所示,场景设置为一个由交通灯控制的双向单车道交叉路口,可能的行车轨迹由图中绿色和红色的线表示,可能的碰撞区域用黄色菱形表示。在本场景中,考虑一个目标车辆(subject vehicle,SV)与其他车辆(other vehicle,OV),GPS 信息以及 V2V 通信、V2I 通信都设置为可用。此外,当前目标车辆(SV)对应方向交通灯状态为绿灯,其他车辆(OV)对应方向交通灯状态为红灯。绿灯方向道路上的车辆一般以较高车速行驶,这意味着事故的发生通常是因为目标车辆的驾驶员对车速、距离和交通灯状态转换剩余时间的错误估计。

3. 通信分析

在交叉路口场景下,车辆的通信范围应远大于有效制动距离。假设车辆在停止线前可用于刹车的距离小于 250 m(即目标车辆为 200 m,其他车辆为 150 m),车辆的通信范围是 250 m(假设没有阻挡车辆通信的障碍物),在去除车辆在感知时间、通信时间和反应时间内的行驶距离(记为 d_1)后,剩余的距离已经不足以使得目标车辆在交叉路口处停车(车辆所需的有效制动距离为 d_2)。车辆在恶劣天气条件或高速行驶状态下时,制动距离不够的现象会更加明显。此外,考虑到交叉路口的布局以及复杂的交通环境,V2V 的可靠性和实时性会显著下降,尤其是当车辆离交叉路口很远时,信道路径损耗较大,对可靠性的影响会更为显著。但交叉路口碰撞预警系统对实时性要求非常严格(较高的时延可能导致过时的信息传输,甚至错过最佳的预警时间),因此,只靠 V2V 通信不能够满足需求,应考虑使用 V2I 通信进行协作同时扩大通信范围来满足交叉路口碰撞预警系统的实时性与有效性要求。

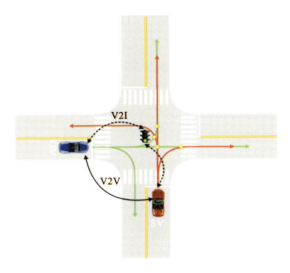

图 3-13 交叉路口事故场景

4. 碰撞避免系统设计

依据交叉路口的特征,设计一种基础设施协作的交叉路口车辆碰撞避免系统来辅助传统驾驶员进行安全驾驶。在该系统中,首先充分考虑人为因素和道路条件,基于动态贝叶斯网络建立车辆状态演化模型来预测车辆行为;然后,通过区分交叉路口的安全行为和驾驶员意图的方式进行风险评估,避免复杂的车辆轨迹预测;最后依据不同的情况设计对应的碰撞避免策略。其中,车辆运行的状态数据主要通过车载传感器得到,同时车辆将自身数据利用通信系统与周围车辆和基础设施共享。获得交通状态数据后,运行在基础设施边缘服务器上的碰撞预警算法即可制定决策对交叉路口的潜在事故进行分析。

1)变量定义和表示

(1)车辆状态变量:车辆的行驶方向、位置、转向灯状态、速度、加速度/减速度和道路状态等表示车辆状态的信息都可以通过采集得到。这些数据在被车载传感器系统收集到之后可通过 V2V 和 V2I 技术进行共享。在 t 时刻,对于每辆车 $n \in \mathbf{N}$,将车辆状态变量定义为

$$\mathrm{Ps}_t^n = (P_t^n V_t^n A_t^n D_t^n T_t^n C_t^n) \tag{3-39}$$

式中:Ps_t^n——车辆状态变量;

P_t^n——车辆位置;

V_t^n——车速;

A_t^n——车辆加速度;

D_t^n——车辆行驶距离,$D_t^n \in [0,+\infty)$;

T_t^n——转向灯状态,$T_t^n \in \{左转向,右转向,无转向\}$;

C_t^n——道路状态,$C_t^n \in \{干燥,潮湿,下雪,结冰\}$。

(2)驾驶员行为变量:除上述变量外,一些行为变量,如驾驶员意图和驾驶员状态等,虽然无法通过观测收集但其对车辆状态变量以及行车安全均有严重影响。在 t 时刻,对于每辆车 $n \in \mathbf{N}$,驾驶员行为变量定义为

$$\mathrm{Db}_t^n = (M_t^n I_t^n S_t^n E_t^n) \quad (3\text{-}40)$$

式中:Db_t^n——驾驶员行为变量;

M_t^n——驾驶员行为,$M_t^n \in \{m_i\}_1^{N_M}$;

N_M——可能操作行为的数目;

I_t^n——驾驶员的驾驶意图,$I_t^n \in \{保持速度,加速,减速,停止\}$;

S_t^n——驾驶员的状态,$S_t^n \in \{集中,分心\}$;

E_t^n——在交叉路口驾驶员的预期行为(即在交叉路口的安全行为),$E_t^n \in \{保持速度,加速,减速,停止\}$。

虽然驾驶员行为变量被看作不可观测变量,但其可以由一些可观测变量推导得出。其中,M_t^n、I_t^n 和 S_t^n 是用来体现驾驶员行为演化的变量,而 E_t^n 并不反映驾驶员行为意图,而反映通过车辆状态计算出的安全行为。

2)车辆状态演化模型

本节用动态贝叶斯网络对以上变量的关系和车辆状态的演化进行建模。其中,观测变量为车辆状态变量(包括车辆行驶方向、位置、转向灯状态、速度、加速度/减速度和道路状态);隐藏变量为驾驶员行为变量(包括驾驶员的行为、意图和状态)。特别地,在交叉路口下驾驶员的预期行为 E_t^n 用来判断驾驶员意图是否安全,可以通过车辆状态计算得到,因此并不用于车辆状态演化模型的推导。动态贝叶斯网络的表达式可以被分解为

$$P(\mathrm{Db}_{0:T}^n \mathrm{Ps}_{0:T}^n) = P(\mathrm{Db}_0^n \mathrm{Ps}_0^n) \times \prod_{t=1}^{T}\prod_{i=1}^{N}[P(\mathrm{Db}_t^n \mid \mathrm{Db}_{t-1}^n)$$
$$\times P(\mathrm{Ps}_t^n \mid \mathrm{Db}_{t-1,t}^n \mathrm{Ps}_{t-1}^n)] \quad (3\text{-}41)$$

此外,在独立假设下,有

$$P(\mathrm{Ps}_t^n \mid \mathrm{Db}_{t-1,t}^n \mathrm{Ps}_{t-1}^n) = P(V_t^n \mid V_{t-1}^n D_{t-1,t}^n I_t^n M_t^n S_t^n) P(A_t^n \mid A_{t-1}^n C_t^n) \cdot$$
$$P(D_t^n \mid D_{t-1}^n A_{t-1}^n I_{t-1}^n M_{t-1}^n S_{t-1}^n) P(T_t^n \mid M_{t-1,t}^n) \cdot$$
$$P(P_t^n \mid D_t^n M_t^n) \quad (3\text{-}42)$$

类似地,对于驾驶员行为变量,有

$$P(\mathrm{Db}_t^n \mid \mathrm{Db}_{t-1}^n) = P(I_t^n \mid I_{t-1}^n S_{t-1}^n A_{t-1}^n) P(S_t^n \mid S_{t-1}^n) P(M_t^n \mid M_{t-1}^n) \tag{3-43}$$

3)安全行为验证

令交通信号灯剩余转换时间(即在 SV 方向上绿灯转为红灯的剩余时间)为 t_R。如果 t_R 大于 SV 以当前速度通过交叉路口需要的时间,那么驾驶员以原来的车速或加速通过交叉路口的行为将被看作安全驾驶行为,如果驾驶员减速通过路口,则事故将有可能发生。

接下来,讨论 t_R 不足的条件。在交叉路口,对驾驶员的操纵期望是停在停止线处。因此可以使用概率模型来计算车辆在给定条件下停车的必要性。

(1) 对于在不同场景下以恒定速度 v_S 驶向路口的每个 SV,交通信号灯状态保持绿色相位,直到车辆到达停止线。

(2) 对于在不同场景下以恒定速度 v_O 驶向路口的每个 OV,交通信号灯状态保持红色相位,直到车辆到达停止线。

(3) 计算时间间隔 t_S 以确认 SV 在路口停止的条件。

$$t_S = t_R + t_O \tag{3-44}$$

为计算 t_S,首先讨论 t_O,有

$$\begin{cases} d_{O_{\max}} = \dfrac{1}{2}\pi\left(\dfrac{1}{2}w_r + l_a\right) + l_z & \Rightarrow \quad \max t_O \\ d_{O_{\min}} = \dfrac{1}{2}w_r + l_a + l_z - \dfrac{1}{2}w_v & \Rightarrow \quad \min t_O \end{cases} \tag{3-45}$$

式中: $d_{O_{\max}}$——SV 通过交叉路口所经过的最大距离;

$d_{O_{\min}}$——SV 通过交叉路口所经过的最小距离;

w_r——单车道道路宽度;

l_a——交叉路口转弯半径;

l_z——斑马线长度;

w_v——场景中车辆的宽度。

类似地,有

$$\begin{cases} \max t_S = (d_1 + 2w_r + 2l_a + l_z)/v_S \\ \min t_S = \left(d_1 + \dfrac{3}{2}w_r + l_a + l_z\right)\!\!\Big/ v_S \end{cases}$$

$$\min t_S \leqslant t_S \leqslant \max t_S \tag{3-46}$$

(4) 用概率 p_{stp} 和 p_{dec} 分别表示 SV 停在停止线和减速的概率,此时该车辆通过交叉路口的时间间隔不足以使得 SV 通过交叉路口。预期驾驶行为定义为

$$\begin{cases} p_{\text{stp}}, & \min t_{\text{S}} \leqslant t_{\text{S}} \leqslant \max t_{\text{S}} \\ p_{\text{dec}}, & t_{\text{S}} < \min t_{\text{S}} \\ 1 - p_{\text{dec}} - p_{\text{stp}}, & t_{\text{S}} > \max t_{\text{S}} \end{cases} \quad (3-47)$$

4）风险评估

基于车辆状态演化模型和期望运动模型，可以从车辆的物理状态（例如速度、转向灯状态、加速度）推断驾驶员是否打算在路口停车以及期望操作。为此，本小节提出一种基于区分危险和安全驾驶员行为的方法。对于时刻 t 的每辆车 n，风险概率可以表示为

$$P([I_t^n = i][E_t^n = j] | \text{Ps}_{0:t}) \quad (3-48)$$

假设驾驶员在路口的操作共四种：保持速度、加速、减速和停止。当 $i = j$ 时，驾驶员的意图被视为安全行为，否则可以通过交叉路口安全行为与驾驶员意图的对比来评估风险。此外，可以从速度、加速度的变化中推断出驾驶员的意图。当且仅当驾驶员的意图被视为危险行为时，对应的情况才被定义为危险情况。

5）碰撞避免

在建立碰撞避免分析模型后，驾驶员即可获得碰撞预警信息。防碰撞策略（即警告系统和紧急制动系统）的设计基于碰撞时间（TTC）和避免时间（TTA）。TTC 是与以当前速度发生碰撞之前的剩余时间相关的指标。具体地，令两车之间的距离为 D_{SO}，两辆车的速度在坐标上的投影分别用 v_{S} 和 v_{O} 表示，则 TTC 表示为

$$\text{TTC} = \frac{D_{\text{SO}}}{v_{\text{S}} - v_{\text{O}}} \quad (3-49)$$

式中：D_{SO}——两车之间的距离；

v_{S}——SV 速度在坐标上的投影；

v_{O}——OV 速度在坐标上的投影。

类似地，TTA 可以表示为

$$\text{TTA} = \frac{v_{\text{S}}}{\mu g} + \alpha t_{\text{d}}^{\max} + t_{\text{c}} + t_{\text{V}} \quad (3-50)$$

式中：$t_{\text{d}}^{\max}$——驾驶员最大反应时间，$t_{\text{d}}^{\max} = 2.5 \text{ s}$；

t_{c}——平均通信时间，$t_{\text{c}} = 0.2 \text{ s}$；

t_{V}——平均车辆制动反应时间，$t_{\text{V}} = 0.5 \text{ s}$；

μ——基于路况的附着系数；

g——重力加速度。

在行驶过程中,实时对比 TTC 和 TTA,确定是否根据不同情况采取不同的防撞措施。如果事故能够早于 TTA 被察觉,则认为事故是可以避免的。

6）算法应用

通过感知、通信、中央控制和碰撞避免四个主要步骤,交叉路口碰撞避免算法可以嵌入基础设施协作的碰撞预警系统中。具体地,上述算法主要集中在中央控制过程和碰撞避免过程。车辆终端由车辆状态采集模块、无线通信传输模块、GPS 模块和显示器组成。其中,车辆状态采集模块主要利用车载传感器(例如速度传感器、摄像机等)收集车辆状态数据。无线通信传输模块利用车-车通信和车-基础设施通信保障实时数据在车辆与基础设施之间以及车辆之间进行安全可靠的传输。在此基础上,车辆状态数据与驾驶员状态数据由车辆向基础设施及通信范围内的其他车辆传输,交通灯状态数据以及预警信息由路侧基础设施定期地向其通信范围内的车辆广播。车辆在收到交通灯状态数据后,将其和车辆状态数据一起输入中央控制处理模块中,以进行潜在危险检测并快速做出驾驶决策来保障行驶安全。其中,车辆状态预测子模块首先基于动态贝叶斯网络建立车辆状态演化模型。其次,碰撞检测子模块执行安全行为验证和风险评估过程来检测潜在危险。当检测到危险时,决策和预警子模块将预警信息发送到相应车辆的车载防撞模块。若有足够的操作时间,则警告信息将会被传递到用户界面以提醒驾驶员,否则,为实现碰撞避免,将由自动制动系统触发紧急制动。此外,车辆在检测到危险情况时还可以及时与周边车辆进行通信,使其他车辆及时采取避让措施来避免事故发生,提高碰撞避免的成功率。

5. 仿真验证

在仿真中,主要考虑从不同方向驶来通过交叉路口的两辆车。车辆的初始位置随机分布在道路边缘到交叉路口停止线之间。不同的仿真场景通过调整车速与道路摩擦系数来实现,其中,车辆状态通过设置不同的车速来模拟,道路的状况通过设置不同的路面摩擦系数来模拟。驾驶员的意图、驾驶员行为和车辆状态可以根据参数化的动态贝叶斯网络推断。此网络中含 8 个证据节点(驾驶员行为变量、驾驶员意图和车辆状态变量除外),每个节点至少含 2 个可能的状态。因此,仿真输入设置为超过 40000 个证据组合,并且相应的车辆状态和驾驶员行为可以随时间推断出。

根据上述场景,本小节评估了提出的算法在不同反应时间条件下的性能。图 3-14 展示了车辆在交叉路口的碰撞避免成功率。从图中可以看出,当车速为 40 km/h 且反应时间为 2.5 s 时,本节的算法可以使得接近 94% 的潜在碰撞成

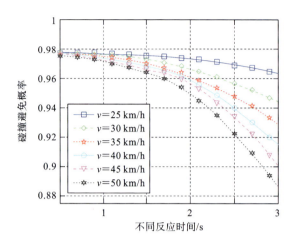

图 3-14　不同反应时间和不同车速条件下的性能评估

功避免。当反应时间更长且车辆速度更高时,将会发生更多的碰撞事故。

此外,考虑到目前的碰撞避免算法仅在 SV(对应的传统算法为 TMS)或 OV(对应的传统算法为 TMO)上采取措施,在仿真中比较了本节设计的算法 TMSO 和上述两个传统算法(TMS 和 TMO)的性能。算法评估结果如图 3-15 所示。为了便于显示,图中将小于 0.6 的结果设为 0.6。由图可知,在不同的驾驶员反应时间下,TMSO 算法总能保持较高的碰撞避免概率。对于 TMS,碰撞避免概率随着驾驶员反应时间的延长而降低。其主要原因是某些紧急情况(例

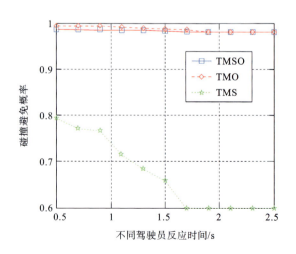

图 3-15　不同碰撞避免算法的性能评估

如驾驶员的状态差、反应时间不足)下,仅对 SV 采取措施无法避免碰撞。换言之,应该同时考虑对 OV 采取措施从而避免事故。对于 TMO,尽管性能良好,但将增加额外的等待时间。主要原因是 SV 在任何情况下都需要以较低的速度等待 OV 通过交叉路口。

本章参考文献

[1] 刘志.车路协同技术在智慧高速建设中的应用展望[J].汽车工业研究,2020(1):48-50.

[2] CHEN W,李源,刘玮.车联网产业进展及关键技术分析[J].中兴通讯技术,2020,26(1):5-11.

[3] MAO G Q,HUI Y L,REN X J,et al. The internet of things for smart roads: A road map from present to future road infrastructure[J]. IEEE Intelligent Transportation Systems Magazine,2022,14(6):66-76.

[4] CHEN S Z,HU J L,SHI Y,et al. A vision of C-V2X:Technologies,field testing,and challenges with Chinese development[J]. IEEE Internet of Things Journal,2020,7(5):3872-3881.

[5] HUI Y L,SU Z,LUAN T H,et al. A game theoretic scheme for collaborative vehicular task offloading in 5G HetNets[J]. IEEE Transactions on Vehicular Technology,2020,69(12):16044-16056.

[6] 陈山枝,时岩,胡金玲.蜂窝车联网(C-V2X)综述[J].中国科学基金,2020,34(2):179-185.

[7] 缪立新,王发平.V2X 车联网关键技术研究及应用综述[J].汽车工程学报,2020,10(1):1-12.

[8] 张毅,姚丹亚,李力,等.智能车路协同系统关键技术与应用[J].交通运输系统工程与信息,2021,21(5):40-51.

[9] OMAR H A,LU N,ZHUANG W H. Wireless access technologies for vehicular network safety applications[J]. IEEE Network,2016,30(4):22-26.

[10] SU Z,HUI Y L,YANG Q. The next generation vehicular networks:A content centric framework[J]. IEEE Wireless Communications,2017,24(1):60-66.

[11] LEE K,LEE J,YI Y,et al. Mobile data offloading:How much can WiFi

deliver?[J]. IEEE/ACM Transactions on Networking,2013,21(2):536-550.

[12] HUI Y L,SU Z,LUAN T H. Content in motion: A novel relay scheme for content dissemination in urban vehicular networks[C]//Proceedings of 2016 IEEE Global Communications Conference(GLOBECOM). New York:IEEE,2016:1-5.

[13] NI K,HE K Z. High-speed system and robust control in highway[C]// Proceedings of the 2003 IEEE International Conference on Intelligent Transportation Systems. New York:IEEE,2003:253-256.

[14] CHENG N,ZHANG N,LU N,et al. Opportunistic spectrum access for CR-VANETs: A game-theoretic approach[J]. IEEE Transactions on Vehicular Technology,2014,63(1):237-251.

[15] HUI Y L,HUANG Y H,SU Z,et al. BCC: Blockchain-based collaborative crowdsensing in autonomous vehicular networks[J]. IEEE Internet of Things Journal,2022,9(6):4518-4532.

[16] LU R X,LIN X D,LUAN T H,et al. Pseudonym changing at social spots:An effective strategy for location privacy in VANETs[J]. IEEE Transactions on Vehicular Technology,2012,61(1):86-96.

[17] CHENG X,YANG L Q,SHEN X. D2D for intelligent transportation systems:A feasibility study[J]. IEEE Transactions on Intelligent Transportation Systems,2015,16(4):1784-1793.

[18] ASADI A,WANG Q,MANCUSO V. A survey on device-to-device communication in cellular networks[J]. IEEE Communications Surveys & Tutorials,2017,16(4):1801-1819.

[19] LIU J J,KATO N,KADOWAKI N. Device-to-device communication in LTE-advanced networks:A survey[J]. IEEE Communications Surveys & Tutorials,2017,17(4):1923-1940.

[20] LIU J J,KAWAMOTO Y,NISHIYAMA H,et al. Device-to-device communications achieve efficient load balancing in LTE-advanced networks [J]. IEEE Wireless Communications,2014,21(2):57-65.

[21] LEI L,ZHONG Z D,LIN C,et al. Operator controlled device-to-device communications in LTE-advanced networks[J]. IEEE Wireless Commu-

nications,2012,19(3):96-104.

[22] LUAN T H,SHEN X S,BAI F,et al. Feel bored? Join verse! Engineering vehicular proximity social networks[J]. IEEE Transactions on Vehicular Technology,2015,64(3):1120-1131.

[23] ELSAWY H,HOSSAIN E. Analytical modeling of mode selection and power control for underlay D2D communication in cellular networks[J]. IEEE Transactions on Communications,2014,62(11):4147-4161.

[24] HUI Y L,CHENG N,HUANG Y H,et al. Personalized vehicular edge computing in 6G[J]. IEEE Network,2021,35(6):278-284.

[25] LU N,LUAN T H,WANG M,et al. Bounds of asymptotic performance limits of social-proximity vehicular networks[J]. IEEE/ACM Transactions on Networking,2014,22(3):812-825.

[26] KAUFMAN B,AAZHANG B. Cellular networks with an overlaid device to device network[C]//Proceedings of 2008 42nd Asilomar Conference on Signals,Systems and Computers. New York:IEEE,2008:1537-1541.

[27] PENG T,LU Q X,WANG H M,et al. Interference avoidance mechanisms in the hybrid cellular and device-to-device systems[C]//Proceedings of 2009 IEEE 20th International Symposium on Personal,Indoor and Mobile Radio Communications. New York:IEEE,2009:617-621.

[28] QU X,KANG C G. An effective interference alignment approach for device-to-device communication underlaying multi-cell interference network[C]//Proceedings of 2012 International Conference on ICT Convergence(ICTC). New York:IEEE,2012:219-220.

[29] XU C,SONG L Y,HAN Z,et al. Efficiency resource allocation for device-to-device underlay communication systems:A reverse iterative combinatorial auction based approach[J]. IEEE Journal on Selected Areas in Communications,2012,31(9):348-358.

[30] SUN W,GE Y,ZHANG Z Q,et al. An analysis framework for inter-user interference in IEEE 802.15.6 body sensor networks:A stochastic geometry approach[J]. IEEE Transactions on Vehicular Technology,2016,65(10):8567-8577.

[31] ZHANG R Q,CHENG X,YANG L Q,et al. Interference-aware graph

based resource sharing for device-to-device communications underlaying cellular networks[C]//Proceedings of 2013 IEEE Wireless Communications and Networking Conference (WCNC). New York: IEEE, 2013: 140-145.

[32] MIN H, LEE J, PARK S, et al. Capacity enhancement using an interference limited area for device-to-device uplink underlaying cellular networks[J]. IEEE Transactions on Wireless Communications, 2011, 10(12): 3995-4000.

[33] CHEN X H, CHEN L, ZENG M X, et al. Downlink resource allocation for device-to-device communication underlaying cellular networks[C]//Proceedings of 2012 IEEE 23rd International Symposium on Personal, Indoor and Mobile Radio Communications-(PIMRC). New York: IEEE, 2012: 232-237.

[34] NI M M, ZHENG L, TONG F, et al. A geometrical-based throughput bound analysis for device-to-device communications in cellular networks[J]. IEEE Journal on Selected Areas in Communications, 2014, 33(1): 100-110.

[35] LIN X Q, ANDREWS J G, GHOSH A. Spectrum sharing for device-to-device communication in cellular networks[J]. IEEE Transactions on Wireless Communications, 2014, 13(12): 6727-6740.

[36] LIU J J, NISHIYAMA H, KATO N, et al. On the outage probability of device-to-device-communication-enabled multichannel cellular networks: An RSS-threshold-based perspective[J]. IEEE Journal on Selected Areas in Communications, 2016, 34(1): 163-175.

[37] SUN W L, STRÖM E G, BRÄNNSTRÖM F, et al. D2D-based V2V communications with latency and reliability constraints[C]//Proceedings of 2014 IEEE GLOBECOM Workshops (GC Wkshps). New York: IEEE, 2014: 1414-1419.

[38] REN Y, LIU F Q, LIU Z, et al. Power control in D2D-based vehicular communication networks[J]. IEEE Transactions on Vehicular Technology, 2015, 64(12): 5547-5562.

[39] THAKUR G S, HUI P, HELMY A. Modeling and characterization of

vehicular density at scale[C]//2013 Proceedings IEEE INFOCOM. New York:IEEE,2013:3129-3134.

[40] BOTSOV M,KLÜGEL M,KELLERER W,et al. Location dependent resource allocation for mobile device-to-device communications[C]//Proceedings of 2014 IEEE Wireless Communications and Networking Conference (WCNC). New York:IEEE,2014:1679-1684.

[41] RENZO M D. Stochastic geometry modeling and analysis of multi-tier millimeter wave cellular networks[J]. IEEE Transactions on Wireless Communications,2015,14(9):5038-5057.

[42] YU C H,DOPPLER K,RIBEIRO C B,et al. Resource sharing optimization for device-to-device communication underlaying cellular networks [J]. IEEE Transactions on Wireless Communications,2011,10(8): 2752-2763.

[43] HÄRRI J,FILALI F,BONNET C,et al. VanetMobiSim:Generating realistic mobility patterns for VANETs [C]// Proceedings of the 3rd International Workshop on Vehicular Ad Hoc Networks. New York:Association for Computing Machinery,2006:96-97.

[44] KYÖSTI P,MEINILA J,HENTILA L,et al. Winner II channel models [EB/OL]. (2008-2-4). [2022-7-26]. https://publication/234055761_WINNER_II.

[45] LU N,ZHANG N,CHENG N,et al. Vehicles meet infrastructure:Towards capacity-cost trade-offs for vehicular access networks[J]. IEEE Transactions on Intelligent Transportation Systems,2013,14(3): 1266-1277.

[46] OTT J,KUTSCHER D. Drive-thru internet:IEEE 802. 11b for "automobile"users[C]//IEEE INFOCOM 2004. New York:IEEE,2004:362-373.

[47] AIJAZ A,AGHVAMI H,AMANI M. A survey on mobile data offloading:Technical and business perspectives[J]. IEEE Wireless Communications,2013,20(2):104-112.

[48] ZHANG N,CHENG N,GAMAGE A T,et al. Cloud assisted HetNets toward 5G wireless networks[J]. IEEE Communications Magazine,2015, 53(6):59-65.

[49] SONG W,ZHUANG W H. Multi-service load sharing for resource management in the cellular/WLAN integrated network[J]. IEEE Transactions on Wireless Communications,2009,8(2):725-735.

[50] OMAR H A,ZHUANG W H,LI L. Gateway placement and packet routing for multihop in-vehicle internet access[J]. IEEE Transactions on Emerging Topics in Computing,2015,3(3):335-351.

[51] ZHUO X J,GAO W,CAO G H,et al. An incentive framework for cellular traffic offloading[J]. IEEE Transactions on Mobile Computing,2014,13(3):541-555.

[52] LEE K,LEE J,YI Y,et al. Mobile data offloading:How much can WiFi deliver?[J]. IEEE/ACM Transactions on Networking,2013,21(2):536-550.

[53] SINGH S,DHILLON H S,ANDREWS J G. Offloading in heterogeneous networks:Modeling,analysis,and design insights[J]. IEEE Transactions on Wireless Communications,2012,12(5):2484-2497.

[54] CHENG N,LU N,ZHANG N,et al. Opportunistic WiFi offloading in vehicular environment:A queueing analysis[C]//Proceedings of 2014 IEEE Global Communications Conference. New York:IEEE,2014:211-216.

[55] SHEN W,ZENG Q A. Cost-function-based network selection strategy in integrated wireless and mobile networks[J]. IEEE Transactions on Vehicular Technology,2008,57(6):3778-3788.

[56] ZHU K,NIYATO D,WANG P. Network selection in heterogeneous wireless networks:Evolution with incomplete information[C]//Proceedings of 2010 IEEE Wireless Communication and Networking Conference. New York:IEEE,2010:1-6.

[57] RISTANOVIC N,BOUDEC J Y L,CHAINTREAU A,et al. Energy efficient offloading of 3G networks[C]//Proceedings of 2011 8th IEEE International Conference on Mobile Ad-hoc and Sensor Systems. New York:IEEE,2011:202-211.

[58] DUAN L J,HUANG J W,SHOU B Y. Economics of femtocell service provision[J]. IEEE Transactions on Mobile Computing,2013,12(11):2261-2273.

[59] JUN J,PEDDABACHAGARI P,SICHITIU M. Theoretical maximum throughput of IEEE 802.11 and its applications[C]//Proceedings of 2nd IEEE International Symposium on Network Computing and Applications. New York:IEEE,2003:249-256.

[60] MEDEPALLI K,TOBAGI F A. Throughput analysis of IEEE 802.11 wireless LANs using an average cycle time approach[C]//Proceedings of IEEE GLOBECOM'05 IEEE Global Telecommunications Conference. New York:IEEE,2005:3007-3011.

[61] BIANCHI G. Performance analysis of the IEEE 802.11 distributed coordination function[J]. IEEE Journal on Selected Areas in Communications,2000,18(3):535-547.

[62] LUAN T H,LING X H,SHEN X M. MAC in motion:Impact of mobility on the MAC of drive-thru internet[J]. IEEE Transactions on Mobile Computing,2012,11(2):305-319.

[63] HAN Z,NIYATO D,SAAD W,et al. Game theory in wireless and communication networks:Theory,models,and applications[M]. New York：Cambridge University Press,2011.

[64] HEUSSE M,ROUSSEAU F,BERGER-SABBATEL G,et al. Performance anomaly of 802.11b[C]//Proceedings of IEEE INFOCOM 2003. New York:IEEE,2003:836-843.

[65] KRISHNA V. Auction theory[M]. New York:Academic,2009.

[66] MOGENSEN P,NA W,KOVACS I Z,et al. LTE capacity compared to the Shannon bound[C]//Proceedings of 2007 IEEE 65th Vehicular Technology Conference. New York:IEEE,2007:1234-1238.

[67] HOUÉNOU A,BONNIFAIT P,CHERFAOUI V. Risk assessment for collision avoidance systems[C]//Proceedings of 17th International IEEE Conference on Intelligent Transportation Systems (ITSC). New York：IEEE,2014:386-391.

[68] HUANG C L,FALLAH Y P,SENGUPTA R,et al. Adaptive intervehicle communication control for cooperative safety systems[J]. IEEE Network,2010,24(1):6-13.

[69] 赵志成. 智能车辆驾驶行为决策方法研究[J]. 现代信息科技,2019(24):

191-193.

[70] ATEV S,MILLER G,PAPANIKOLOPOULOS N. Clustering of vehicle trajectories[J]. IEEE Transactions on Intelligent Transportation Systems,2010,11(3):647-657.

[71] BRÄNNSTRÖM M,COELINGH E,SJÖBERG J. Model-based threat assessment for avoiding arbitrary vehicle collisions[J]. IEEE Transactions on Intelligent Transportation Systems,2010,11(3):658-669.

[72] HUI Y L,CHENG N,SU Z,et al. Secure and personalized edge computing services in 6G heterogeneous vehicular networks[J]. IEEE Internet of Things Journal,2022,9(8):5920-5931.

[73] 付宇钏.面向交通安全应用的预警及决策算法研究[D].西安:西安电子科技大学,2020.

[74] HUI Y L,SU Z,LUAN T H,et al. Reservation service:Trusted relay selection for edge computing services in vehicular networks[J]. IEEE Journal on Selected Areas in Communications,2020,38(12):2734-2746.

[75] 邹清全.智能网联车辆在无信号交叉口的避让策略[J].交通与运输,2021,37(3):51-55.

[76] NEKOVEE M,BIE J. Rear-end collision:Causes and avoidance techniques[M]. New York:Springer,2013.

[77] 熊璐,康宇宸,张培志,等.无人驾驶车辆行为决策系统研究[J].汽车技术,2018(8):1-9.

[78] ANGELIS G D,ANGELIS A D,PASKU V,et al. An experimental system for tightly coupled integration of GPS and AC magnetic positioning[J]. IEEE Transactions on Instrumentation and Measurement,2016,65(5):1232-1241.

[79] XIANG X H,QIN W H,XIANG B F. Research on a DSRC-based rear-end collision warning model[J]. IEEE Transactions on Intelligent Transportation Systems,2014,15(3):1054-1065.

[80] 周继红,蔡晗孜,杨傲,等.自动驾驶与交通安全[J].伤害医学,2019,8(1):41-46.

[81] 刘力源,荣亚鹏,李硕,等.美国加州自动驾驶汽车路测数据分析[J].公路与汽运,2021(5):40-44.

[82] 欧阳卓,周思源,吕勇,等.基于深度强化学习的无信号灯交叉路口车辆控制[J].计算机科学,2022,49(3):46-51.

[83] 郭鹏宇.十字路口类人行为的自动驾驶决策框架[J].智能计算机与应用,2020,10(12):126-127,136.

[84] ABDELAAL M,SCHÖN S. Predictive path following and collision avoidance of autonomous connected vehicles[J]. Algorithms,2020,13(3):52.

[85] 李平飞,张友,胡文浩,等.自动驾驶事故调查及安全性分析[J].标准科学,2022(2):98-103.

第 4 章
大数据分析技术

本章介绍车路协同系统中的大数据分析技术,首先阐述大数据分析技术及应用场景。然后通过瓶颈识别和成因分析两个案例来展示大数据分析技术在车路协同中的应用。

4.1 大数据分析技术及应用场景

本节简要介绍目前车路协同及智慧交通中的大数据信息采集、大数据分析平台、大数据分析特征以及大数据技术变革。

4.1.1 大数据信息采集

目前大多数城市都采用静态信息采集方式,即通过固定在道路或路侧的感应线圈或摄像机设备,实现实时道路信息采集。静态信息采集方式的特点在于其技术成熟、实施方便、可以固定安装,而不足之处在于灵活度有限,安装与维护成本较高,并且采集范围有限。因此,静态信息采集设备往往所需数量较多。

与静态信息采集方式相比,动态信息采集方式则更加灵活。例如,可应用安装于出租车或公交车上的信息采集设备。此外,动态信息采集方式覆盖面较广,因此,对城市整体交通状态情况的估计更为精准。

精准的数据是交通大数据管控的前提,是利用大数据分析方法做出准确判断的基础。因此,当前交通采集方式已经形成"动态+静态"的组合模式。智能公交车,就采用了典型的"动态+静态"信息采集组合模式。新型的智能公交系统能够在行驶过程中不断收集周围车辆的行驶状况,并预测车辆下一步行为,对前方道路行驶条件做出反应;同时,在各公交站点与交叉路口也可以进行有效的静态信息收集,为道路宏观管控提供数据支撑。

4.1.2 大数据分析平台

在实时信息采集完成后,交通信息将会传输到大数据分析平台。目前,第三方大数据公司发展迅速,不同公司的交通大数据分析模式也不尽相同,但其共同特点在于能够将多模设备采集到的信息进行有效汇总,挖掘出有价值的交通信息,建立交通数据模型,并以图像或视频形式进行展现。

大数据分析平台越完整、所设计的算法越有效,所得到的信息准确度就越高,同时信息的可利用性也极大提升。即使一些交通数据较为模糊甚至出现数据缺失的状况,大数据分析平台也能够通过历史信息、数据时空相关性分析等方式,对其进行有效建模以完善数据分析结果。

目前,服务于交通领域的第三方大数据公司都建立了完整的大数据分析模块,百度、阿里等互联网公司也进军大数据领域,形成了百花齐放的局面。例如,截至 2014 年,阿里的大数据平台已经储存了 100 PB 的数据内容,相当于 4 万个西雅图中央图书馆以及 580 亿本藏书。尤其对于新区交通开发而言,借助当前已有的海量交通数据,能够有效指导本区域道路与网络规划。

4.1.3 大数据分析特征

交通大数据处理关系着交通的状态诊断,并且将会影响针对性的交通管控策略。一般而言,交通大数据处理模块采用分布式结构对数据进行处理。例如,当交叉路口出现拥堵时,经过数据采集、分析、处理之后,通过综合分析数据处理中心与各路口交通情况,能够识别交通拥堵成因从而协助制定交通信号灯控制策略。此外,对交通数据的处理不仅在于对交通管控的细节调整,还在于对数据的积累以及对未来交通情况的预测。通过将实时交通数据与数据库中的相关数据进行对比分析,交通部门能够掌握一段时间内的交通运行情况,从而制定更为科学的交通管理方案。

随着各个城市智能交通系统的建设逐渐完善,当前交通大数据信息的分析逐渐深入。感应线圈、地磁、微波、摄像机、GPS 以及手机 APP 等都能够成为有效的交通数据来源。在大数据模式下,交通信息分析呈现出以下特点。

(1) 数据全面化:大数据利用分布于道路上的智能设备,统一对数据进行全面采集,因此将更注重整体交通数据而非随机样本。

(2) 数据丰富化:大数据的来源并不局限于单一传感器设备,多模交通传感器的部署为交通大数据平台提供了丰富的数据资源。利用静态与动态数据相结合的模式做出的交通信息分析更为准确,也更具有参考价值。

(3) 数据实时化：大数据的特点在于能够实时进行数据采集，并对数据进行及时处理，从而为道路使用者提供实时交通运行状态，并有助于交通部门制定有效的交通管控策略。

(4) 数据微观化：尽管大数据侧重于全局道路信息，但数据的采集需要通过微观道路传感器实现，从而使交通管控策略更加有的放矢。

4.1.4 大数据技术变革

大数据与交通的结合方法并非一成不变。随着大数据技术的不断发展，交通管控技术也在进行着不断变革。早期的数据检测往往只对传统交通设备进行升级改造，然而技术的不断创新与应用，为大数据检测提供了更为丰富的技术。

(1) 物联网设备：与传统传感器设备相比，物联网传感器采集的信息内容更为丰富，交通部门在道路上部署各种物联网传感器，能够实时收集车流、车速、车型、客流量等信息，并且能够对汽车尾气排放进行实时监测。物联网传感器能够高效率地同时采集多种道路参与者数据，从而为交通管控系统提供数据基础。

(2) 卫星地图：起初卫星地图数据多应用于军事领域，然而随着大数据技术在商业、民用领域的广泛使用，交通部门也能够将卫星地图用于交通管理。通过卫星对交通状况信息进行实时采集，并据此制定相应的交通管控策略，可以显著提高城市运行效率。

(3) 智能手机：当前智能手机已经广泛普及，可以通过智能手机的微信、微博等应用与交通监管平台进行实时互动，上传交通状况信息。同时，GPS 和北斗定位系统的应用，也能够让地图供应商发挥大数据应用的作用，为交通参与者提供道路拥堵情况与路径规划等信息。

此外，大数据技术的发展也为交通管理带来了全新的变化。大数据不仅仅作为简单工具来辅助交通部门制定管控策略，而且已经逐步发展为连接交通部门、市民以及城市的枢纽。通过大数据技术，各方信息能够得到有效汇总，从而找到交通运行规律，并有效解决交通问题。因此，当每个人都通过交通大数据完成出行时，交通管控效果能够得到明显提升。这也意味着，未来的交通大数据必然与每个人紧密联系，从而能够更全面地捕捉交通运行过程中的信息。通过对看似不相关的信息进行整合与处理，从而可打造真正的智能化和立体化的交通体系。

4.2 应用实例——城市交通瓶颈识别

随着车辆运输和城市化的快速发展,交通拥塞现象日益严重,并且成为全世界几乎所有主要城市中的严重问题。交通拥塞的许多实例都可以追溯到其根本原因,即所谓的流量瓶颈。瓶颈处交通拥塞的缓解可以促进整个道路网络性能的改善。因此,作为通常最有效的改善交通条件和缓解交通拥塞的方法,识别交通瓶颈的位置并且改善瓶颈处的交通状态至关重要。

直观而言,交通瓶颈的概念意味着瓶颈的消除不仅能够改善瓶颈位置的交通状况,更重要的是能带来整个道路网络交通条件的改善。作为导致交通拥塞最重要的路段,当瓶颈处发生交通拥塞时,拥塞很可能传播到其他路段并在道路网络中引起大规模的拥塞。因此,如果能够识别和改善瓶颈处的交通状况,不仅瓶颈处的交通拥塞能够得到缓解,而且整个路网中的交通拥塞也能够得到有效的控制。根据以上论证,要准确地衡量交通瓶颈,应考虑两个主要特征:① 瓶颈本身的拥塞程度;② 拥塞对其他路段的影响。然而,大多数现有关于交通瓶颈识别的工作都只考虑了瓶颈本身的拥塞程度,而忽略了瓶颈处的拥塞传播效应。

为了填补这一空白,本节同时考虑路段本身的拥塞成本以及造成其他路段拥塞的传播成本,提出了一个新的交通瓶颈的定义。其次,提出了一种基于图论的方法对道路网络中的拥塞传播进行建模,并结合路网拓扑和马尔可夫分析,量化了路网中所有路段的拥塞成本并识别出其中的交通瓶颈。最后,使用中国台湾台北市区感应环路检测器数据进行了仿真和实验,以验证提出的瓶颈识别方法的有效性。

4.2.1 交通瓶颈识别技术

图 4-1 为本节提出的交通瓶颈识别技术的路线。首先,本节介绍了关于道路拥塞的度量标准(图 4-1(a))以及两条路段之间拥塞相关的定义(图 4-1(b)),以表示路段拥塞之间的因果关系。然后,基于拥塞的相关关系,利用图论的方法对拥塞之间的相关性进行建模,并分析网络中的拥塞传播模式(图 4-1(c)(d))。最后,同时考虑路段本身的拥塞和拥塞传播的影响,量化所有路段的拥塞成本并识别路网交通瓶颈(图 4-1(e))。

一般而言,交通拥塞可以分为周期性拥塞和非周期性拥塞,不同拥塞的检测和识别方法也大有不同。研究人员经常通过为各种指标(例如出行时间、速

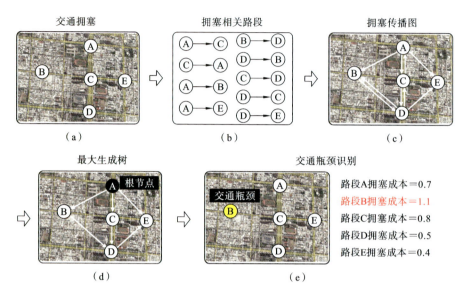

图 4-1 交通瓶颈识别技术路线

度和道路占用率)设置关键阈值来识别周期性的交通拥塞。大多数关键阈值被视为固定值,并且当路段上的实时交通指标高于或低于预先指定的阈值时,该路段的交通状况被视为拥塞。例如,根据中国公安部的文件,如果路段上车辆的平均速度低于 20 km/h,则可以认为该路段发生拥塞。然而,固定阈值通常是凭经验确定的,并未考虑单个路段的特征,例如道路长度、车道数量和速度限制。因此,一些文献将每个路段的不同属性考虑在内来定义周期性拥塞。例如,有文献表明,如果路段上实时通行时间超过其通行时间分布的 80%,则此时该路段被视为处于拥塞状态。相比于周期性拥塞,交通路网的非周期性拥塞主要是由事故、施工区域、特殊事件和极端天气引起的。非周期性拥塞的识别更加困难,而且通常被当作模式识别问题来确定非周期性拥塞的位置和严重性。为了识别城市交通网络中的长期交通瓶颈,本节主要关注周期性交通拥塞的识别。具体而言,如果任一路段的实时行驶速度低于其平均行驶速度的 $n\%$,则此时该路段被认为处于拥塞状态。在本节的实验中,n 的变化范围为 $10\sim90$。图 4-2 显示了一条路段 12 h 内的行驶速度,其中每个点代表每分钟内道路平均行驶速度。红色虚线和黑色虚线表示路段的平均行驶速度(38.67 km/h)以及平均行驶速度的 60%(23.2 km/h)。若 n 设置为 60,则当任意时刻平均行驶速度低于 23.2 km/h 时,该路段可以被视为处于拥塞状态。

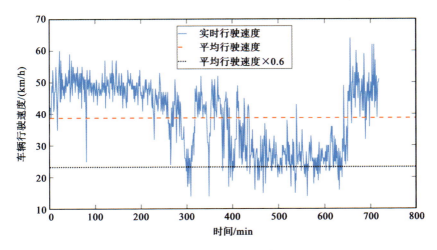

图 4-2 路段 12 h 内行驶速度

此外,当一条路段发生拥塞时,可能会影响其周围路段的交通流量,并引起更大范围内的交通拥塞。因此,分析和揭示不同路段拥塞之间的相关性至关重要。为了实现这一点,本节基于两条路段拥塞的时空关系提出了如下拥塞相关性定义:

定义 4-1(两条路段之间的拥塞关联):如果满足以下条件,则将路段 A 上的拥塞与路段 B 上的拥塞视为相关。

(1) 空间阈值:路段 A 和 B 的拥塞之间的最短路径距离小于预定的空间阈值。

(2) 拥塞传播速度区间:根据路段 A 和 B 的拥塞之间的最短路径距离和时间间隔,两条路段之间的拥塞传播速度应在预先设定的拥塞传播速度区间内。

当且仅当两条不同路段上的拥塞同时满足空间阈值和拥塞传播速度区间条件时,两条路段上的拥塞才被认为相关。这样的定义方式具有两个优点:首先,根据最短路径距离确定空间阈值 T_s,这样可以清楚表明实际交通网络中的拥塞传播路径和传播方向。其次,利用拥塞传播时间间隔可以更好地获取拥塞传播的时空关系。空间阈值和拥塞传播速度区间通常依据经验设置,对于不同的城市,具体参数会有所不同。图 4-3 给出了一个示例。交通拥塞在 17:00 时发生在路段 1 上,如图 4-3 所示,根据空间阈值 T_s,首先确定拥塞路段 1 到路网中上游路段的最短路径距离。由于拥塞路段 4 与拥塞路段 1 的最短路径距离大于空间阈值T_s，因此认为路段 4 上的拥塞与路段 1 上的拥塞不相关。不同于路段 4，拥塞路段 2、3 与拥塞路段 1 的最短路径距离均小于空间阈值T_s，因此需要进一步考虑拥塞传播速度。如图 4-3 所示，路段 1 和 3 几乎同时发生拥塞。因此，可以推断路段 1 上的拥塞和路段 3 上的拥塞并不相关。

图 4-3 两条路段之间的拥塞相关性说明

4.2.2 拥塞传播图及最大生成树

根据上述拥塞相关性定义，本小节首先根据空间关系将拥塞相关路段进行连接以构建路网中的拥塞传播图（CPG）。其次，采用最大生成树算法来获得拥塞传播图中的最大生成树，其中每棵树在拥塞传播图中包含尽可能多的边，以获得不同拥塞路段之间的因果关系。具体而言，利用上述方法可以获得一系列拥塞相关的路段，并且每组相关关系都可以视为一条有向边，表明拥塞从相关路段组中第一条路段传播到第二条路段。图 4-4 给出了一个示例。假设现已构建出两个不相交的拥塞传播图，需要将其他四组拥塞相关路段（4→6，G→C，8→9 以及 1→A）添加到拥塞传播图中。如图 4-4(a)所示，如果当前图中已经存在拥塞相关路段中的任何一条路段，例如相关路段 4→6 和 G→C，则可以将此拥塞相关路段连接到相应的拥塞传播图中。如图 4-4（b）所示，如果拥塞相关路段中的两条路段都不在现有拥塞传播图中，例如相关路段 8→9，则此拥塞相关路段应形成新拥塞传播图的第一条边。此外,如图4-4(c)所示,如果拥塞相关路段中一条路段在一个拥塞传播图中,另一条路段在另一个拥塞传播图中,例如相关路段1→A,那么可以将此拥塞相关路段加入图中并将两个拥塞传播图合并为同一个拥塞传播图。最后,如果拥塞相关路段中的两条路段都在同一个拥塞传播图中,则可以删除此拥塞相关路段。根据上述方法,可以构建出多个不相交的拥塞传播图。

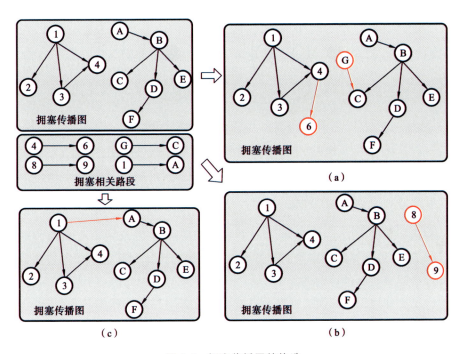

图 4-4 拥塞传播图的构造

为了量化一条路段引起的拥塞传播效应并计算其拥塞传播成本,本小节提出了一种基于广度优先搜索(BFS)的算法,分别将每条路段作为根节点在拥塞传播图上构造最大生成树。图4-5给出了一个示例。假设根据上述方法构建出一个拥塞传播图,包括5个顶点(路段)以及9条有向边(拥塞相关性)。利用基于BFS的算法将路段A、B、C、D和E分别作为树的根,能够得到5个不同的最大生成树(因为路段E上的拥塞不会传播到其他路段,因此第五棵树仅由根节点组成,即路段E),其中每棵树表示每条根节点路段所造成的拥塞传播路径和拥塞影响区域。

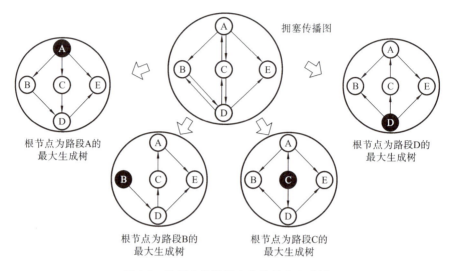

图 4-5 从拥塞传播图中构造最大生成树

4.2.3 交通瓶颈识别

根据拥塞成本的定义,本小节首先提出拥塞成本以及城市交通瓶颈的定义。然后,通过计算路段本身的拥塞成本以及拥塞传播到其他路段的传播成本来详细描述交通瓶颈识别过程。

为了更好地识别长期交通瓶颈并准确量化其对整个路网的负面影响,不仅应该计算路段上的拥塞程度,还应该分析路段对其相邻路段的拥塞传播影响。首先,为了量化每个路段的拥塞程度并描述路段的长期交通状况,本小节同时考虑了道路重要性以及道路平均占用率以衡量路段本身的拥塞程度。此外,由于拥塞传播过程难以准确估计和量化,本小节利用马尔可夫分析通过拥塞传播概率为两条不同路段的拥塞建立桥梁。然后,结合最大生成树,量化整个路网中所有路段的拥塞传播成本。具体地,拥塞成本和城市交通瓶颈分别由定义 4-2 和定义 4-3 给出。

定义 4-2(交通拥塞成本):路段交通拥塞成本表示路段拥塞对整个路网产生的负面影响的量化,可以表示为路段本身的拥塞成本与拥塞传播到其他路段的传播成本之和。其中,路段本身拥塞成本根据归一化的平均道路占用率和路段的重要性来计算;拥塞传播成本则基于构建的最大生成树结构,利用路段拥塞之间的传播概率以及所涉及路段的拥塞成本来计算。

定义 4-3(城市交通瓶颈):城市交通瓶颈指城市区域产生较大拥塞成本的路段,可以根据路段拥塞成本超过预先设定的阈值确定。

本小节首先计算路段本身在路网中的拥塞成本。使用感应式环路检测器数据,可以方便地收集道路占用率数据以量化每条路段上的实时路况,其中道路占用率定义为路段上车辆总长度占路段长度的百分比。然而,相同程度的拥塞在不同路段上可能会对路网产生不同的影响,因此,本小节将每条路段上归一化的平均交通流量作为道路拥塞程度的权重。对于包括 N 条路段的路网,令各路段归一化平均流量为 $[X_1, X_2, \cdots, X_N]$,各路段的平均道路占用率为 $[Y_1, Y_2, \cdots, Y_N]$,则路网中所有路段的加权拥塞程度可以表示为 $[X_1Y_1, X_2Y_2, \cdots, X_NY_N]$。此外,归一化的路段拥塞程度表示为 $[W_1, W_2, \cdots, W_N]$,其中,$W_i = \dfrac{X_iY_i}{\max\{X_1Y_1, X_2Y_2, \cdots, X_NY_N\}}$。

然后,根据获得的最大生成树,通过计算拥塞相关路段之间的传播概率来量化树中所有路段的拥塞传播成本。为了更好地分析不同路段拥塞之间的因果关系并量化拥塞传播概率,本小节利用马尔可夫分析来确定拥塞从一条路段传播到另一条路段的传播概率。具体而言,假设 $A_{t_0} = 1$ 表示路段 A 在 t_0 时刻发生拥塞,$B_{t_0+\tau} = 1$ 表示路段 B 在 $t_0 + \tau$ 时刻发生拥塞,则拥塞从路段 A 到路段 B 的传播概率 P_{AB} 可以表示为

$$P_{AB} = P(B_{t_0+\tau} = 1 | A_{t_0} = 1) \tag{4-1}$$

其中,τ 应满足条件 $\dfrac{s(A,B)}{v_{\max}} \leqslant \tau \leqslant \dfrac{s(A,B)}{v_{\min}}$,$s(A,B)$ 表示路段 A 与路段 B 之间的最短路径距离,$v_{\max}$ 和 $v_{\min}$ 则分别根据拥塞传播速度区间的上下界来确定。

根据所获得的所有拥塞传播概率以及具有不同根节点的最大生成树的拓扑,从出度为 0 的叶子节点开始递归计算叶子节点的父节点,以此类推,直到到达最大生成树的根节点,并计算得到根节点的拥塞成本为止。一个示例如图 4-6 所示,图中包括五个拥塞成本分别为 $[W_A, W_B, W_C, W_D, W_E]$ 的节点(路段)、六条具有相应传播概率的有向边。其中,路段 A 为最大生成树的根节点,拥塞从路段 A 逐渐传播到路段 B、C、D 和 E。为了计算路段 A 的拥塞成本,首先从出度为 0 的叶子节点 E 及相关有向边 AE 和 DE 开始,根据路段 E 的归一化拥塞成本 W_E 以及拥塞传播概率 P_{AE} 和 P_{DE},分别计算得到路段 A 和路段 D 传播到路段 E 的拥塞传播成本,即 $P_{AE}W_E$ 和 $P_{DE}W_E$。然后,删除节点 E 以及边 AE 和 DE,因此图 4-6(a)中的最大生成树可表示为图 4-6(b)中的树。此时,节点 D 为出度为 0 的叶子节点,综合考虑节点 D 的归一化拥塞成本 W_D 以及传播到节点

E 的传播成本 $P_{DE}W_E$,节点 D 的总拥塞成本可以表示为 $W_D + P_{DE}W_E$。通过此方法,可以递归计算得到节点 B 和 C 的总拥塞成本,并最终获得根节点 A 的总拥塞成本。

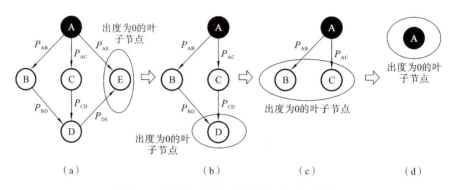

图 4-6 最大生成树根节点的拥塞成本计算

综上所述,通过考虑路段 A 本身的拥塞成本及其拥塞传播效应,本小节提出的基于图论分析的瓶颈识别方法能够量化由路段 A 造成的整个交通路网范围内的拥塞成本。同理,对于其他路段,也可以根据具有不同根节点的最大生成树来计算其总拥塞成本。此外,根据定义 4-3,本小节将拥塞成本较高的路段视为整个城市路网的交通瓶颈。

4.2.4 仿真结果与分析

基于中国台湾台北城市交通路网中感应环路检测传感器数据,本小节利用所提出的方法识别台北城市区域交通瓶颈。感应环路检测传感器数据采集于 2013 年 4 月 1 日到 2013 年 4 月 30 日,本小节选取其中工作日数据作为实验数据。如图 4-7 所示,台北城市区域部署有 153 个检测器,并且每天 24 h 以 1 min 为间隔提供所有检测器的平均速度、占用率和流量数据。本小节选取平均速度数据来判定路段是否拥塞,并利用所提方法来实现路网交通瓶颈识别。

在实验中,首先基于台北的感应环路检测传感器数据获得一组拥塞路段及相应拥塞发生的时间,然后基于定义 4-1 确定空间阈值 T_s 以及拥塞传播速度区间,从而得到一系列拥塞相关路段。在交通方面,空间上两条相连的路段对可以互称为一阶空间比邻,路段的二阶空间比邻是其一阶空间比邻(不包括自身)的一阶空间比邻,以此类推。根据现有文献的分析结果,当路段之间的时空相关性扩展到超过三阶时,路段间交通相关性将显著降低。因此,根据台北市交

图 4-7　台北市感应环路检测传感器部署位置

通网络的实际平均道路长度，实验中将空间阈值 T_s 设置为 2 km，并搜索所有满足空间阈值的相关路段，组成一系列初步的拥塞相关路段。

此外，根据定义 4-1，还需确定拥塞传播速度区间以获得实际的拥塞相关路段。根据上述每组初步的拥塞相关路段之间的最短路径距离和相应的拥塞时间间隔，首先计算所有初步拥塞相关路段的拥塞传播速度。然后，如图 4-8 所示，获取拥塞传播速度的直方图。然而，如果相关路段中两条路段之间的最短

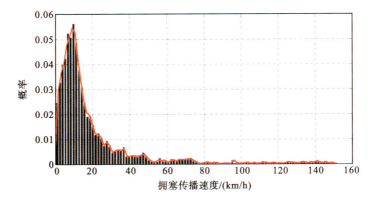

图 4-8　拥塞传播速度直方图

路径距离较大(小于 T_s),并且两条路段上的拥塞几乎同时发生,这将导致非常快的拥塞传播速度。同理,如果相关路段中两条路段之间的最短路径距离较小,并且两条路段中的拥塞发生时间间隔较长,那么拥塞传播速度将非常小。因此,为了消除上述极端拥塞传播速度的影响,本小节选择80%置信区间来确定拥塞传播速度区间,其中左尾概率为15%,右尾概率为5%。删除不处于拥塞传播速度区间内的初步拥塞相关路段后,可以获得一系列拥塞相关路段,并将其作为构造拥塞传播图的有向边。

利用所获得的拥塞相关路段,如图4-9所示,将其进行连接以构建拥塞传播图,并将其映射到台北城市路网。图4-9中包括5个不相交的拥塞传播图,所有拥塞传播图都用不同颜色标记。其中,影响范围最大、包含拥塞相关路段最多的拥塞传播图位于台北西部城市区域(红色实线)。实验结果表明,如果该区域发生交通拥塞,则拥塞趋向于传播到更多的路段,而交通瓶颈更可能位于这些拥塞路段之间。将上述拥塞传播图中的每条路段分别视为根节点,从所有拥塞传播图中构建最大生成树。如图4-10所示,路段27是拥塞传播图1中一棵最大生成树的根节点,路段18是拥塞传播图2中一棵最大生成树的根节点,路段63是拥塞传播图3中一棵最大生成树的根节点,路段91是拥塞传播图4中一棵最大生成树的根节点,而路段39是拥塞传播图5中一棵最大生成树的根节点。其中,根节点为路段27的最大生成树由11条边组成。

根据所获得的最大生成树,首先计算台北城市区域所有主要路段的拥塞成本,然后根据提出的瓶颈识别方法识别台北城市交通网络中的交通瓶颈。如图4-11所示,横坐标表示台北城市区域主要路段,纵坐标表示所有路段的拥塞成本。此外,路段的拥塞传播成本和路段本身的拥塞成本分别用白色和灰色柱状图进行标记,上述两个成本的总和则为台北城市路网中每条路段的总拥塞成本。从图中可以看出,一些路段的拥塞成本主要是由路段本身的拥塞成本引起的。而另一些路段上的拥塞则趋向于传播到其他路段并导致周围路段的拥塞。因此,这些路段的拥塞成本主要取决于拥塞传播成本。在这种情况下,利用现有方法仅考虑路段的拥塞程度来确定交通瓶颈,显然无法有效解决拥塞问题。此外,如图4-11所示,尽管某些路段的拥塞程度低于其他路段,但是其拥塞传播效应对整个交通网络的影响非常明显。缓解这些路段的拥塞状况能够有效改善整个交通网络的条件。因此,这些路段也应被视为台北城市道路交通网络的瓶颈。与现有的瓶颈识别方法相比,本小节提出的城市交通瓶颈定义既考虑了道路拥塞程度,又考虑了拥塞传播成本,为城市交通瓶颈识别提供了更为直观、有效的概念。

第 4 章
大数据分析技术

图 4-9　台北城市区域拥塞传播图

图 4-10　台北城市区域最大生成树

· 165 ·

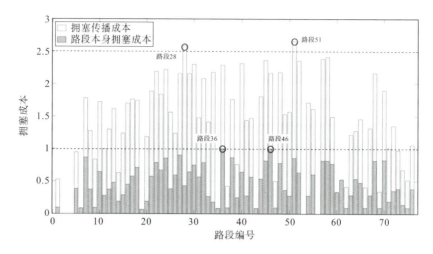

图 4-11　台北城市区域主要路段拥塞成本

此外,根据路段的拥塞成本将所有路段分为五类,并将其映射到台北城市区域的交通网络中。如图 4-12 所示,红色标记表示路段的拥塞成本大于 1;紫色标记表示路段的拥塞成本大于 0.8 且小于 1;黄色标记表示路段的拥塞成本大于 0.6 且小于 0.8;绿色标记表示路段的拥塞成本大于 0.4 且小于 0.6;若路段的拥塞成本低于 0.4,则标记为白色。具体而言,标有红色标记的路段在台北城市路网中更有可能成为交通瓶颈。如果这些路段的交通状况能够得到改善,则整个城市交通网络的交通拥塞可以得到有效缓解。

图 4-12　台北城市区域交通瓶颈

4.3 应用实例——交通拥塞成因分析

识别拥塞的成因并采取适当的策略来改善交通网络性能是先进交通管理系统的重要目标。因此,各国交通局制定了多种缓解交通拥塞的策略。其中,道路基础设施建设和交通信号灯控制被视为最广泛应用的方法。然而,在实施拥塞缓解策略之前,首先要解决两个问题:① 交通网络中拥塞起源于何处?② 可改善道路基础设施以增加网络容量或使用改进的信号控制策略来提高通行流畅度,哪种策略能够更加有效地缓解交通拥塞? 这两个问题引出了两方面的研究内容。一方面,根据美国运输部统计,交通瓶颈所导致的拥塞占总体交通拥塞的 40%。因此,识别交通瓶颈并于瓶颈处实施拥塞缓解策略被认为是一种有效的改善城市交通状况的方法。另一方面,城市道路网络中的每条道路都可以分为两个部分:路段和交叉路口。当特定路段经常发生拥塞时,道路基础设施建设往往被认为是缓解拥塞的更为有效的方法。相反,当交通拥塞倾向于发生在特定的交叉路口时,采用先进的信号控制策略来改善交通状况则更为有益。因此,如果能够将拥塞的成因精确定位到路段或交叉路口,则可以更有效地缓解交通拥塞。

为设计缓解交通拥塞的有效方法,国内外学者已经进行了许多研究来识别道路网络拥塞的成因。Ma 等人提出一种基于仿真的交通瓶颈识别方法,比较了相同交通模式下交通拥塞前后道路网络中的总通行时间,并将总通行时间差别最大的路段视为造成交通拥塞的根本原因。Lee 等人提出一种时空交通瓶颈挖掘模型,以分析城市道路网络拥塞成因。Gong 等人通过时空道路占用率散布图分析了拥塞主要成因,并将最初发生拥塞的路段视为造成道路网络中拥塞的根本原因。但是,目前有关拥塞成因识别的大多数文献致力于识别对交通拥塞影响最严重的道路。这些工作为上述第一个问题提供了有效的解决方案。然而,作为另一项重要的交通拥塞缓解策略,针对上述第二个问题的讨论尚有欠缺。为此,本小节提出了一种交通拥塞成因识别方法,该方法能够量化每个路段和交叉路口的交通拥塞程度,并可以提供更明确的拥塞缓解策略来改善路网中的交通拥塞情况。此外,借助梯度提升决策树(GBDT),本小节提出一种根据交通流量、道路拓扑和道路网络中的信号控制策略来预测拥塞成因的方法。最后,基于美国南达科他州苏福尔斯市道路网络的仿真结果验证了所提方法的有效性。

4.3.1 拥塞传播

为了研究城市交通网络中的交通拥塞传播情况,首先应阐明关于路段和交叉路口拥塞的定义以及两者之间的拥塞相关性。如图 4-13 所示,为了区分交通网络中不同道路上路段或交叉路口引起的拥塞效应,本小节分别给出了交叉路口拥塞(CoI)和路段拥塞(CoR)的定义。

图 4-13 交通拥塞传播

定义 4-4(交叉路口拥塞):如果交叉路口的车辆排队长度大于其平均等待队列长度的 $w\%$,则认为该交叉路口发生拥塞。

定义 4-5(路段拥塞):如果路段实时车辆行驶速度低于其平均行驶速度的 $r\%$,则认为该路段发生拥塞。

和 4.2 节类似,本小节将路段平均行驶速度的 60% 作为阈值来判断每条路段上的拥塞情况。如图 4-14 所示,黑线表示 12 h 内每分钟路段车辆平均行驶速度。红色虚线表示路段的平均速度(42.27 km/h),黄色虚线表示平均行驶速度的 60%(25.36 km/h)。因此,根据定义 4-5,当该路段的行驶速度在某时刻低于 25.36 km/h 时,则认为该路段发生拥塞。

此外,城市路网中的拥塞倾向于传播到其相邻道路并导致大规模拥塞现象的发生。具体而言,区分路段和交叉路口处的拥塞效应,如图 4-13 所示,当交叉路口发生拥塞时,可能会导致连接路段上的拥塞,进而影响上游交叉路口处交

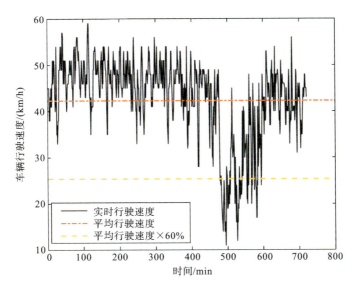

图 4-14 路段拥塞定义说明

通流量,导致拥塞传播。因此,为了分析城市网络中路段和交叉路口的拥塞关系,本小节定义了城市路网中的拥塞传播条件。

定义 4-6(拥塞传播):如果满足以下条件之一,路段和交叉路口之间将会出现拥塞传播效应。

(1) 拥塞在 t_0 时刻发生于一个交叉路口,并在 t_0+T 时刻发生于同一条道路的路段上,其中 T 表示相邻交叉路口和路段拥塞之间拥塞传播的时间阈值。

(2) 拥塞在 t_0 时刻发生于一条路段,并在 t_0+T 时刻发生于其上游相邻交叉路口处。

4.3.2 因果拥塞树

为了描述路网中的拥塞传播效应,本小节根据上述拥塞传播定义,提出一种因果拥塞树的构建方法。利用该方法能够分析路段或交叉路口处的拥塞对路网中其他路段和交叉路口的影响。

定义 4-7(因果拥塞树):因果拥塞树描述了路段或交叉路口处的拥塞到城市道路网络中其他路段和交叉路口的传播模式。

图 4-15 提供了一个示例来说明时空因果拥塞树的构造。其中,拥塞逐渐从路口 I1 传播到其他路段和交叉路口。首先,根据定义 4-6,将路段及交叉路口处的拥塞连接为一系列拥塞传播对。图 4-15 中每个黑点表示在相应拥塞发生

时路段或交叉路口处的拥塞,每条有向边表示路段和交叉路口之间的拥塞传播。考虑到不同拥塞传播对之间的时空关系,本小节分别将每条路段及每个交叉路口作为根节点构建因果拥塞树。在这种情况下,将拥有相同根节点的因果拥塞树连接到一起,即可获得此根节点处拥塞在整个路网中的传播模式,并且通过此方法能够量化所有路段和交叉路口的拥塞成本,从而识别出路网中拥塞发生的成因。图 4-15 分别给出了以路口 I1、路段 R3 以及路口 I5 为根节点的因果拥塞树。

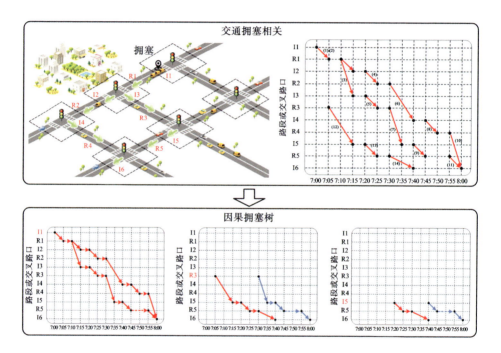

图 4-15 拥塞相关因果拥塞树

4.3.3 拥塞成因识别

根据所构造的因果拥塞树,可以对每条路段或每个交叉路口处的拥塞传播效应进行建模。本小节同时考虑路段或交叉路口本身的拥塞权重以及拥塞可能传播到其他交叉路口和路段的拥塞传播成本,给出了拥塞成本的定义。然后,基于模糊逻辑提出一种量化道路网络中所有路段和交叉路口拥塞成本的方法。

定义 4-8(拥塞成本):交叉路口或路段的拥塞成本可以根据其拥塞权重和

拥塞传播成本的总和来计算。拥塞权重表示每个交叉路口或路段本身的归一化拥塞程度，并根据拥塞水平、道路重要性以及一天中平均拥塞时间确定。拥塞传播成本表明交叉路口或路段处的拥塞导致其周围路段或交叉路口处的拥塞成本，并且根据交叉路口及路段处的拥塞传播概率以及所涉及交叉路口和路段处的拥塞权重来计算。

具体而言，现有文献中包含许多量度参数来量化道路拥塞权重。例如，车辆行驶速度、交通流量和道路占用率常用于描述实时道路条件；相同程度的拥塞在不同交叉路口或路段上通常会对路网流量产生不同的影响。因此，在分析特定道路的拥塞效应时，道路在路网中的重要程度同样需要被考虑在内。此外，为了描述交通拥塞对车辆行驶可靠性的长期影响，还需要考虑一天中的路段或交叉路口的平均交通拥塞时间。因此，本小节同时考虑路段或交叉路口的拥塞水平（CD）、道路重要度（RI）以及一天中的平均拥塞时间（CT）来量化每个交叉路口或路段的拥塞权重。然而，分析上述三个影响因素之间的相互影响关系并评估其对道路拥塞权重的影响是一个 NP 完全（NP-complete）问题。考虑到模糊逻辑方法在解决 NP-complete 问题方面的有效性，本小节利用模糊逻辑对拥塞权重进行量化。

模糊逻辑系统由模糊化、模糊控制规则库、模糊干扰和解模糊组成。使用模糊隶属度函数将数字输入转换为语言值的过程称为模糊化。然后，模糊干扰根据模糊控制规则库中的匹配规则计算语言输出。最后，解模糊将模糊输出转换为数值。

1. 模糊化

利用三角隶属度函数式（4-2），能够将交叉路口或路段的平均拥塞水平、道路重要度以及一天中平均拥塞时间转换为模糊输入。具体而言，平均拥塞水平（CD）能够映射为模糊集{High(H)，Medium(M)，Low(L)}，道路重要度（RI）能够映射为模糊集{Large(L)，Medium(M)，Small(S)}，一天中的平均拥塞时间（CT）能够映射为模糊集{Long(L)，Medium(M)，Short(S)}。此外，对于高平均拥塞水平（CD^H）、中等平均拥塞水平（CD^M）、低平均拥塞水平（CD^L），(α,β,γ)分别被设为{(−0.5,0,0.5)，(0,0.5,1)，(0.5,1,1.5)}；对于高重要性道路（RI^L）、中等重要性道路（RI^M）、低重要性道路（RI^S），(α,β,γ)分别被设为{(−0.4,0,0.4)，(0,0.4,0.8)，(0.4,0.8,1.2)}；对于拥塞时间较长道路（CT^L）、拥塞时间适中道路（CT^M）、拥塞时间较短道路（CT^S），(α,β,γ)分别被设为{(−0.5,0,0.5)，(0,0.5,1)，(0.5,1,1.5)}。

$$\mu(x) = \begin{cases} \dfrac{x-\alpha}{\beta-\alpha}, & \alpha < x < \beta \\ \dfrac{\gamma-x}{\gamma-\beta}, & \beta < x < \gamma \\ 0, & 其他 \end{cases} \qquad (4-2)$$

2. 模糊干扰

根据 IF-THEN 规则，利用模糊干扰可以计算出交叉路口和路段拥塞权重的语言输出，这些输出被定义为模糊集。例如，如果平均拥塞水平(CD)的模糊输入为 High，道路重要度(RI)的模糊输入为 Large 以及一天中的平均拥塞时间(CT)的模糊输入为 Long，则交叉路口或路段的模糊拥塞权重为 Very High。

3. 解模糊

解模糊可根据重心法将模糊输出转换为交叉路口或路段的归一化拥塞权重，有

$$W = \dfrac{\int \mu(x) \times x \, \mathrm{d}x}{\int \mu(x) \, \mathrm{d}x} \qquad (4-3)$$

其中，$\mu(x)$ 如式(4-2)所示。对于 W^{VH}、W^{H}、W^{M}、W^{L} 以及 W^{VL}，(α,β,γ) 分别被设为 $\{(-0.25,0,0.25),(0,0.25,0.5),(0.25,0.5,0.75),(0.5,0.75,1),(0.75,1,1.25)\}$。根据式(4-3)，交通网络中所有 k 个交叉路口和路段的拥塞权重可以表示为 $\boldsymbol{W} = [W_1, W_2, \cdots, W_k]$。

接下来，本小节基于归一化的拥塞权重及交叉路口与路段之间的拥塞传播概率来量化每个交叉路口或路段的拥塞传播成本。具体而言，令 $R_t=1$ 表示在 t 时刻拥塞发生于路段 R 上，$I_{t+\tau}=1$ 表示在 $t+\tau$ 时刻拥塞发生于交叉路口 I 处。因此，路段 R 与交叉路口 I 之间的拥塞传播概率能够由条件概率 $P_{\mathrm{IR}} = P(I_{t+\tau}=1 | R_t=1)$ 表示，其中，τ 应该满足定义 4-6 中的时间阈值。在这种情况下，从路段 R 到交叉路口 I 的拥塞传播成本 C_{RI}^P 可以表示为

$$C_{\mathrm{RI}}^P = P_{\mathrm{IR}} \times W_{\mathrm{I}} \qquad (4-4)$$

式中：W_{I}——交叉路口 I 处的拥塞权重。

当路段 R 上游有 N 个交叉路口时，路段 R 的总拥塞传播成本可以表示为

$$C_{\mathrm{R}}^P = \sum_{i=1}^{N} P_{\mathrm{RI}_i} \times W_{\mathrm{I}_i} \qquad (4-5)$$

式中：P_{RI_i}——路段 R 到第 i 个上游交叉路口的拥塞传播概率；

W_{I_i}——交叉路口 I_i 处的拥塞权重。

根据定义 4-8,路段 R 的总拥塞成本可表示为

$$C_R = C_R^P + W_R \tag{4-6}$$

式中:W_R——路段 R 处的拥塞权重。

依据此方法,本小节能够计算出交通网络中每个交叉路口和路段的总拥塞成本。拥塞成本较高的交叉路口或路段更有可能是城市路网中拥塞的成因。

4.3.4 交通拥塞成因预测方法

本小节根据交通拥塞成因影响因素(例如,交通流量、道路拓扑、车道数量以及信号控制策略),利用 GBDT 对路网中车辆平均行驶速度进行预测,并进一步将这些影响因素对交通拥塞成因预测的重要性进行排序。

令 y 为路网中车辆的平均行驶速度,$f(x)$ 表示根据变量 x 得到的 y 的预测值,则预测误差可以根据平方误差函数计算,表示为

$$L(y, f(x)) = [y - f(x)]^2 \tag{4-7}$$

令 U 为训练数据的总数,GBDT 模型可以通过以下三步搭建。

步骤 1:根据公式(4-8)计算初始估计函数。

$$f_0(x) = \arg\min_c \sum_{i=1}^{U} L(y_i, c) \tag{4-8}$$

步骤 2:迭代构造 M 个不同的回归树。

(1) 令 r_{im} 表示第 m 棵回归树中的第 i 个训练数据的残差,有

$$r_{im} = -\left[\frac{\partial L(y_i, f(x_i))}{\partial f(x_i)}\right]_{f(x) = f_{m-1}(x)}, \quad i = 1, 2, \cdots, U \tag{4-9}$$

(2) 令 $(x_i, r_{im})(i=1,2,\cdots,U)$ 表示一组训练数据,并构造第 m 棵回归树。假设每棵回归树的分割数为 J,则每棵回归树能够将输入空间划分为 J 个不相交的区域 $R_{1m}, R_{2m}, \cdots, R_{Jm}$。

(3) 计算每个区域 R_{jm} 的最佳拟合值 γ_{jm}。

$$\gamma_{jm} = \arg\min_\gamma \sum_{x_i \in R_{jm}}^{J} L(y_i, f_{m-1}(x_i) + \gamma) \tag{4-10}$$

(4) 更新 GBDT 模型。

$$f_m(x) = f_{m-1}(x) + \sum_{j=1}^{J} \gamma_{jm} I(x \in R_{jm}) \tag{4-11}$$

其中,若 $x \in R_{jm}$,则 $I(x \in R_{jm}) = 1$;否则 $I(x \in R_{jm}) = 0$。

步骤 3:输出 GBDT 模型,即

$$f(x) = f_0(x) + \sum_{m=1}^{M} \sum_{j=1}^{J} \gamma_{jm} I(x \in R_{jm}) \tag{4-12}$$

为了防止过度拟合并提高预测精度,本小节通过引入学习率 lr(0＜lr＜1) 来弱化每棵回归树的影响。因此,GBDT 模型可以表示为

$$f(x) = f_0(x) + \text{lr} \cdot \sum_{m=1}^{M} \sum_{j=1}^{J} \gamma_{jm} I(x \in R_{jm}) \qquad (4\text{-}13)$$

对于 GBDT 中的第 m 棵决策树 T_m,影响因素 x_k 的相对重要性可表示为

$$I_k^2(T_m) = \sum_{j=1}^{J} \tau_t^2 I(v(t) = x_k) \qquad (4\text{-}14)$$

式中:$I(v(t)=x_k)$——指示函数,表示 x_k 为非终端节点 t 的影响因素;

τ_t^2——将 x_k 作为非终端节点 t 的影响因素的平方误差提升。

对于一系列决策树 $T_1, T_2, \cdots, T_M$,影响因素 x_k 的相对重要程度可表示为

$$I_k^2 = \frac{1}{M} \sum_{m=1}^{M} I_k^2(T_m) \qquad (4\text{-}15)$$

4.3.5 仿真结果与分析

作为交通领域研究的基准路网,本小节基于美国南达科他州苏福尔斯市道路网络对提出的拥塞成因识别方法进行测试。如图 4-16 所示,路网中有 24 个交叉路口和 76 条有向边,所有路段的长度根据真实路网中交叉路口之间的欧氏距离进行设置,每条路段初始车道数均为 2 条,并且每个交叉路口均使用固定时间信号控制策略。根据上述设置,本小节首先评估在交叉路口拥塞的不同判别阈值下所提方法的性能,以确定拥塞成因识别的最佳阈值。然后,根据所确定阈值,在不同交通流下,利用所提方法识别路网拥塞成因。其次,本小节增加每条路段的车道数量或在每个交叉路口使用交通响应信号控制策略,并比较更改前后路网车辆平均速度,以验证所提方法的有效性。最后,在不同交通流量下,本小节将所提拥塞成因识别方法与现有方法进行比较。

为了评估不同交叉路口拥塞阈值下的拥塞成因识别性能,本小节利用所提方法在不同阈值下识别路网拥塞成因,其中交叉路口拥塞阈值取值范围为 110%～190%,间隔为 10%,均匀取值。然后,比较识别路段上增加车道数前后或改善交叉路口处信号控制策略(从固定时间信号控制到响应信号控制)前后车辆平均行驶速度提升情况,以确定拥塞成因识别的最佳交叉路口拥塞判别阈值。如表 4-1 所示,当阈值设置为 170% 以上时,本小节提出的拥塞成因识别方法能够在苏福尔斯市道路网络中实现车辆最佳平均行驶速度提升。因此,本小节将平均等待队列长度的 170% 作为识别交叉路口拥塞的阈值。

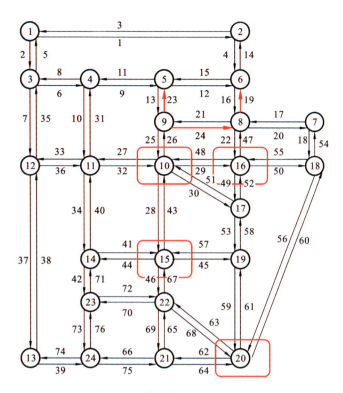

图 4-16 苏福尔斯市交通路网

表 4-1 不同交叉路口拥塞阈值下车辆平均行驶速度提升情况

阈值/(%)	110	120	130	140	150	160	170	180	190
平均行驶速度提升/(%)	15.2	15.2	15.2	15.2	15.5	15.5	17.1	17.1	17.1

基于所确定的阈值，本小节利用所提方法分别在交通流量为 3600 veh/h、5400 veh/h 以及 7200 veh/h 的情况下识别路网拥塞成因，并通过比较识别路段上增加车道数或改善交叉路口处信号控制策略前后路网平均行驶速度变化来验证所提方法的有效性。

如图 4-17、图 4-18 和图 4-19 所示，横坐标表示苏福尔斯市道路网络中的每条路段和交叉路口，纵坐标表示在不同交通流量下使用所提方法计算的所有路段和交叉路口的拥塞成本。红色柱状图表示路段或交叉路口本身的拥塞权重，蓝色柱状图表示路段或交叉路口导致相邻交叉路口或路段拥塞的拥塞传播成本。根据定义 4-8，拥塞权重和拥塞传播成本的总和表示路网中路段或交叉路

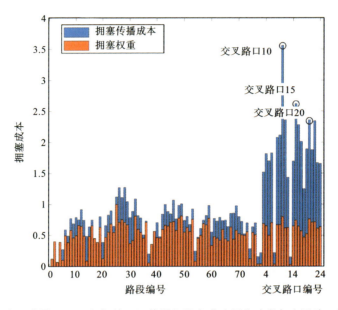

图 4-17 交通流量 3600 veh/h 情况下苏福尔斯市道路网络路段与交叉路口拥塞成本

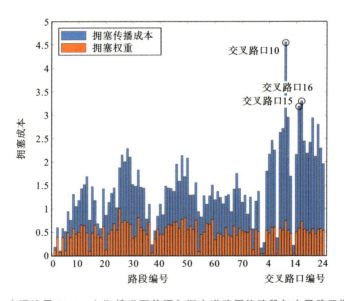

图 4-18 交通流量 5400 veh/h 情况下苏福尔斯市道路网络路段与交叉路口拥塞成本

口的拥塞成本,用以表明路网中所有路段和交叉路口对整个路网拥塞的影响程度。具体而言,如图 4-17 所示,当路网中的交通流量为 3600 veh/h 时,交叉路口 10、15 和 20 被识别为拥塞的根本成因;如图 4-18 所示,当路网中的交通流量

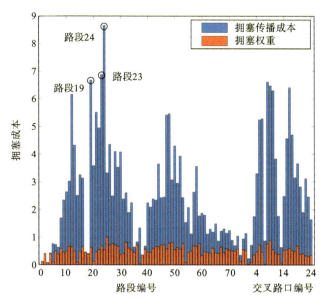

图 4-19　交通流量 7200 veh/h 情况下苏福尔斯市道路网络路段与交叉路口拥塞成本

为 5400 veh/h 时,交叉口 10、15 和 16 被识别为拥塞的根本成因;如图 4-19 所示,当路网中的交通流量为 7200 veh/h 时,路段 19、23 和 24 更可能是苏福尔斯市道路网络中的拥塞成因。从以上结果可以看出,路段和交叉路口的拥塞成本随着交通流量的增加而增加,并且路段的拥塞成本的增长速度快于交叉路口。这些结果表明,当交通流量相对较小并且小于路网的道路容量时,路网中的拥塞主要发生在交叉路口,并且采用先进的信号控制策略将有效改善路网的交通状况。当交通流量增加时,路网中的交通拥塞成因逐渐从交叉路口转移到路段。此时,改善道路基础设施对缓解交通拥塞更为有效。

　　为了验证所提拥塞成因识别方法的有效性,本小节分别将每条路段的车道数量从 2 条增加到 3 条或采用响应信号控制策略来代替每个交叉路口处的固定时间信号控制策略,并比较路网中车辆行驶速度提高的百分比,以说明每条路段或交叉路口对整个路网拥塞的影响。如图 4-20 所示,当交通流量为 3600 veh/h 时,在分别改善了交叉路口 10、15 和 20 的信号控制策略后,路网车辆平均行驶速度分别提高了 4%、3.8% 和 3.3%。如图 4-21 所示,当交通流量为 5400 veh/h 时,改善交叉路口 10、15 和 16 处的信号控制策略之后,路网车辆平均行驶速度提高得最为显著,分别为 9.5%、7.1% 和 8.8%。如图 4-22 所示,当交通流量为 7200 veh/h 时,增加路段 19、23 和 24 上的车道数之后,路网车辆平

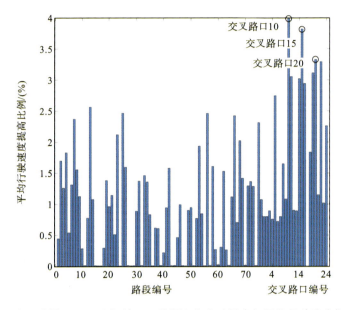

图 4-20 交通流量 3600 veh/h 情况下苏福尔斯市路网车辆平均行驶速度提高比例

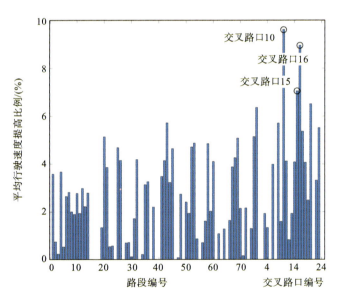

图 4-21 交通流量 5400 veh/h 情况下苏福尔斯市路网车辆平均行驶速度提高比例

均行驶速度分别提高了 71%、83% 和 80%。与图 4-17、图 4-18 和图 4-19 中所计算出的拥塞成本结果进行比较,结果证明了所提方法在识别路网拥塞成因方面的有效性。

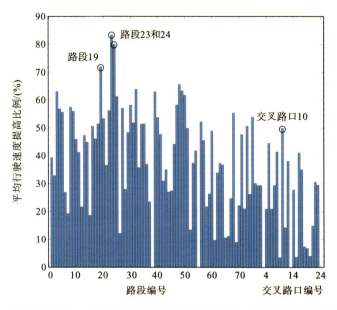

图 4-22　交通流量 7200veh/h 情况下苏福尔斯市路网车辆平均行驶速度提高比例

为了比较上述拥塞成因识别方法的有效性，在不同交通流量下增加各方法所识别路段处的车道数或改善所识别交叉路口处信号控制策略，以比较路网中车辆平均行驶速度。如图 4-23 所示，横坐标表示路网中的交通流量，纵坐标表示路网中的车辆平均行驶速度。仿真结果表明当路网中交通流量相对较小时，相比于其他方法，基于本小节提出的方法改善所识别拥塞成因处的交通条件将引起路网范围内交通状况更为显著的提高。这一结果符合预期设想，当路网中交通流量较小时，交通拥塞成因主要位于交叉路口处。此外，现有方法仅能够将拥塞成因归结于各条道路，而本小节所提方法能够区分路段与交叉路口拥塞的影响，并且能够识别出路网中导致交通拥塞最重要的交叉路口。上述结果表明在交通流量较小的情况下，所提方法能够有效分辨路段与交叉路口处的拥塞效应，并识别出其中的拥塞成因。此外，随着交通流量的增加，相对于拥塞程度识别方法以及拥塞传播识别方法、空间交叉区域识别方法，利用本小节提出的方法改善所识别拥塞成因处的交通条件仍能以更高的效率改善路网范围内的交通状况。

最后，本小节提出一种基于 GBDT 的方法来预测整个路网的车辆平均行驶速度，并根据各影响因素的相对重要性进行排序，从而识别出路网中的拥塞成因。具体而言，本小节将苏福尔斯市路网中各条路段的车道数随机初始化为 2

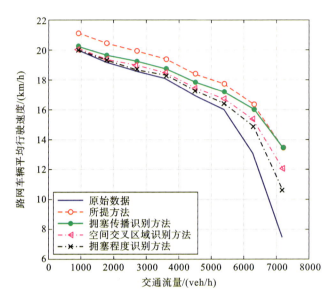

图 4-23 不同交通流量情况下拥塞成因识别方法对比

条或 3 条,各个交叉路口处的信号控制策略初始化为无信号控制策略、固定时间信号控制策略或随机响应信号控制策略。每次初始化将被视为一个研究样本,本小节在不同交通流量情况下获得了 1000 个样本,其中 80% 的样本数据用于训练,另外 20% 的样本用作测试数据集。

为了确定最优学习率 lr 以及最大生成树深度,将决定系数 R^2 作为度量以评估 GBDT 模型对平均行驶速度估计的准确性,R^2 的分值越接近 1 表示模型的准确性越高,有

$$R^2 = \frac{\sum_i (\hat{y}_i - \bar{y})^2}{\sum_i (y_i - \bar{y})^2} \tag{4-16}$$

式中:y_i——由第 i 个样本测量得到的路网车辆平均行驶速度;

$\hat{y}_i$——利用 GBDT 模型估计得到的车辆平均行驶速度;

$\bar{y}$——所有样本中路网车辆行驶速度的平均值。

为了测试不同参数组合下的模型性能,本小节进一步构建了具有不同学习率 lr(取值从 0.01 到 1,步长为 0.01)以及不同最大生成树深度(取值从 1 到 50,步长为 1)的一系列 GBDT 模型。此外,为了保证 GBDT 模型的收敛性,本小节将弱学习器的最大数量设定为 1000。然后,根据不同学习率 lr 和最大生成树深度的组合,测试了所提出的 GBDT 模型的性能,实验结果如表 4-2 所示。

从表中可以看出，当学习率 lr 设置为 0.4 且最大生成树深度为 3 时，GBDT 模型可以获得最高的 R^2 分值 0.864。

表 4-2 不同学习率和最大生成树深度组合下的 GBDT 模型性能

学习率	数据集 R^2 分值			
	最大生成树深度为 2	最大生成树深度为 3	最大生成树深度为 4	最大生成树深度为 5
0.05	0.819	0.825	0.845	0.807
0.1	0.833	0.843	0.846	0.815
0.4	0.766	0.864	0.808	0.769
0.7	0.659	0.738	0.679	0.661
1	0.537	0.426	0.587	0.457

此外，本小节将提出的基于 GBDT 的方法与多层感知器（MLP）方法和随机森林（RF）方法进行了比较。具体而言，使用的多层感知器具有两个隐藏层（第一个隐藏层维度为 100，第二个隐藏层维度为 11），在每个隐藏层后使用 ReLU 激活函数。对于 RF 方法，估计器的数量和子树的最大生成树深度对模型的准确性至关重要。在进行参数空间搜索之后，将估计器的数量设置为 200，子树的最大生成树深度设置为 3。如表 4-3 所示，本小节分别在路网交通流量为 3600 veh/h、5400 veh/h、7200 veh/h 以及混合交通流量下使用 MLP 方法、RF 方法以及所提出的基于 GBDT 的方法对路网车辆平均行驶速度进行预测，并比较 R^2 的分值以验证所提方法的有效性。实验结果表明，在交通流量为 3600 veh/h、5400 veh/h、7200 veh/h 情况下，与其他方法相比，基于 GBDT 的方法具有更好的性能，尤其是在路网中交通流量较大的情况下。此外，本小节还将不同交通流量下的所有样本进行整合，以考虑不同交通流量对道路状况的影响。实验结果表明，与其他方法相比，所提出的基于 GBDT 的方法可以得到

表 4-3 不同交通流量下 GBDT、MLP 及 RF 方法性能对比

交通流量	R^2 分值		
	MLP	RF	GBDT
3600 veh/h	0.786	0.733	0.942
5400 veh/h	0.639	0.696	0.855
7200 veh/h	0.455	0.358	0.807
混合交通流量	0.622	0.677	0.864

最高的 R^2 分值,这表明所提出的基于 GBDT 的方法更适应道路网络中的不同交通需求,并且能够应用于各种道路网络以评估其交通状况,从而确定其交通拥塞成因。

本章参考文献

[1] 赵琳娜. 我国道路交通流信息采集现状及措施建议[J]. 道路交通管理,2021(10):36-37.

[2] HUI Y L,SU Z,LUAN T H. Unmanned era:A service response framework in smart city[J]. IEEE Transactions on Intelligent Transportation Systems,2022,23(6):5791-5805.

[3] 杨东援. 关于城市交通大数据分析平台建设的两点思考[J]. 交通与港航,2019,6(1):5-8.

[4] 袁泉. 车联网群智感知与服务关键技术研究[D]. 北京:北京邮电大学,2018.

[5] 刘寒淑. 大数据处理技术在智能交通中的应用探讨[J]. 企业科技与发展,2020(11):83-84,87.

[6] 蒋恺. 智能交通大数据技术浅谈[J]. 中国交通信息化,2020(12):42,104.

[7] 杨丽丽. 大数据技术在城市智慧交通中的应用研究[J]. 数字通信世界,2021(1):29-30,82.

[8] 朱宏列. 面向智慧城市的交通大数据处理与分析[D]. 长春:吉林建筑大学,2021.

[9] HUI Y L,WANG Q Q,CHENG N,et al. Time or reward:Digital-twin enabled personalized vehicle path planning[C]//Proceedings of 2021 IEEE Global Communications Conference(GLOBECOM). New York:IEEE,2021:1-6.

[10] 岳文伟. 城市交通拥塞控制策略研究[D]. 西安:西安电子科技大学,2020.

[11] 刘金霞. 城市道路网络交通瓶颈识别研究[D]. 兰州:兰州交通大学,2015.

[12] 罗小东,徐昕远. 信息环境下城市快速路交通瓶颈识别技术[J]. 公路与汽运,2016(2):50-56.

[13] AHMAD M. 基于车联网的智能交通拥塞检测和管理技术[D]. 成都:西南交通大学,2019.

[14] 尹荣荣,王静,刘蕾,等. 复杂网络的交通拥塞缓解策略研究[J]. 小型微型

计算机系统,2020,41(6):1237-1242.

[15] 陈卓.城市轨道交通网络瓶颈识别方法研究[D].成都:西南交通大学,2021.

[16] 王莹,王豹.成网条件下城市轨道交通瓶颈识别方法研究[J].综合运输,2018,40(12):65-71.

[17] HUI Y L,MA X Q,YIN Z S,et al. Collaborative and distributed autonomous driving:A game theoretic approach[C]//Proceedings of 2021 13th International Conference on Wireless Communications and Signal Processing. New York:IEEE,2021:1-5.

[18] KI Y K,BAIK D K. Model for accurate speed measurement using double-loop detectors[J]. IEEE Transactions on Vehicular Technology,2006,55(4):1094-1101.

[19] SUN H J,WU J J,MA D,et al. Spatial distribution complexities of traffic congestion and bottlenecks in different network topologies[J]. Applied Mathematical Modelling,2014,38(2):496-505.

[20] MARFIA G,ROCCETTI M. Vehicular congestion detection and short-term forecasting:A new model with results[J]. IEEE Transactions on Vehicular Technology,2011,60(7):2936-2948.

[21] NGUYEN H,LIU W,CHEN F. Discovering congestion propagation patterns in spatio-temporal traffic data[J]. IEEE Transactions on Big Data,2017,3(2):169-180.

[22] SU Z,HUI Y L,LUAN T H,et al. Engineering a game theoretic access for urban vehicular networks[J]. IEEE Transactions on Vehicular Technology,2017,66(6):4602-4615.

[23] CHOW A H F,SANTACREU A,TSAPAKIS I,et al. Empirical assessment of urban traffic congestion[J]. Journal of Advanced Transportation,2014,48(8):1000-1016.

[24] HUI Y L,SU Z,GUO S. Utility based data computing scheme to provide sensing service in internet of things[J]. IEEE Transactions on Emerging Topics in Computing,2019,7(2):337-348.

[25] GAKIS E,KEHAGIAS D,TZOVARAS D. Mining traffic data for road incidents detection[C]//Proceedings of 17th International IEEE Confer-

ence on Intelligent Transportation Systems Conference (ITSC). New York:IEEE,2014:930-935.

[26] REN J Q,CHEN Y Z,XIN L,et al. Detecting and positioning of traffic incidents via video-based analysis of traffic states in a road segment[J]. IET Intelligent Transport Systems,2016,10(6):428-437.

[27] CHENG T,HAWORTH J,WANG J Q. Spatio-temporal autocorrelation of road network data[J]. Journal of Geographical Systems,2011,14(4):1-25.

[28] 欧吉顺. 异质性城市路网交通拥堵传播模式发现与可视化研究[D]. 南京：东南大学,2019.

[29] 寇世浩,姚尧,郑泓,等. 基于路网数据和复杂图论的中国城市交通布局评价[J]. 地球信息科学学报,2021,23(5):812-824.

[30] PAN J,POPA I S,ZEITOUNI K,et al. Proactive vehicular traffic rerouting for lower travel time[J]. IEEE Transactions on Vehicular Technology,2013,62(8):3551-3568.

[31] CLAES R,HOLVOET T,WEYNS D. A decentralized approach for anticipatory vehicle routing using delegate multiagent systems[J]. IEEE Transactions on Intelligent Transportation Systems,2011,12(2):364-373.

[32] HYMEL K. Does traffic congestion reduce employment growth?[J]. Journal of Urban Economics,2009,65(2):127-135.

[33] NGUYEN L H,NGUYEN V L,KUO J J. Efficient reinforcement learning-based transmission control for mitigating channel congestion in 5G V2X sidelink[J]. IEEE Access,2006,10(1):62268-62281.

[34] MA J,LI C L,LIU Z,et al. On traffic bottleneck in green ITS navigation: An identification method[C]//Proceedings of 2016 IEEE 83rd Vehicular Technology Conference(VTC Spring). New York:IEEE,2016:1-5.

[35] LEE W H,TSENG S S,SHIEH J L,et al. Discovering traffic bottlenecks in an urban network by spatiotemporal data mining on location-based services[J]. IEEE Transactions on Intelligent Transportation Systems,2011,12(4):1047-1056.

[36] 史明. 图论在网络和信息提取中的若干应用[D]. 保定：河北大学,2017.

[37] 宋海权.基于复杂网络理论的网络交通拥堵问题研究[D].成都:西南交通大学,2016.

[38] 陈振华.基于轨迹数据的城市交通拥塞传播模式挖掘[D].长春:吉林大学,2019.

[39] 李勇,蔡梦思,李黎,等.不同信息共享程度下交通拥塞控制研究[J].计算机工程与科学,2016,38(7):1391-1397.

[40] 祁首铭.城市道路交通拥塞评价方法及控制策略研究[D].昆明:昆明理工大学,2016.

[41] 王丹,李佳洋,李蓓蕾.城市复杂动态交通路网模型与拥塞分析[J].沈阳大学学报,2017,29(1):31-36.

[42] 张耀方,陈坚.基于GBDT算法的高速公路分车型交通流短时预测模型[J].公路,2022,67(1):221-227.

[43] 杜学风,李晓卉,张尉,等.公路交通拥塞路径规划设计仿真[J].计算机仿真,2017,34(11):103-106,167.

[44] GONG J L,YANG W. The traffic bottleneck analysis on urban expressway under information condition[C]//Proceedings of 2009 2nd International Conference on Power Electronics and Intelligent Transportation System (PEITS). New York:IEEE,2010:400-403.

[45] VAZIRANI V. Approximation algorithms[M]. Atlanta:Springer,2001.

[46] YUE W W,LI C L,CHEN Y,et al. What is the root cause of congestion in urban traffic networks:Road infrastructure or signal control? [J]. IEEE Transactions on Intelligent Transportation Systems,2021,23(7):8662-8679.

[47] LI C L,YUE W W,MAO G Q,et al. Congestion propagation based bottleneck identification in urban road networks[J]. IEEE Transactions on Vehicular Technology,2020,69(5):4827-4841.

[48] AHMAD A,ARSHAD R,MAHMUD S A,et al. Earliest-deadline-based scheduling to reduce urban traffic congestion[J]. IEEE Transactions on Intelligent Transportation Systems,2014,15(4):1510-1526.

[49] CLAES R,HOLVOET T,WEYNS D. A decentralized approach for anticipatory vehicle routing using delegate multiagent systems[J]. IEEE Transactions on Intelligent Transportation Systems, 2011, 12(2):

364-373.

[50] WANG S,DJAHEL S,ZHANG Z H,et al. Next road rerouting:A multiagent system for mitigating unexpected urban traffic congestion[J]. IEEE Transactions on Intelligent Transportation Systems,2016,17(10):2888-2899.

第 5 章
智能管控技术

本章介绍车路协同系统中的智能管控技术,包括智能管控技术及应用场景、宏观交通管控分析、微观交通管控分析,最后通过案例来进一步展示智能管控的意义和性能。

5.1 智能管控技术及应用场景

车路协同系统中的智能交通管控离不开通信网络、环境感知、计算决策、定位导航、自动控制等技术的支撑,从而实现交通参与者和交通设施的相互协调。因此,本节首先对实现智能管控的技术基础进行介绍。

5.1.1 智能管控技术

1. 感知技术

感知技术主要为智能管控提供交通流、车辆状态、路侧设施信息等感知数据,从而获得实时的交通参数和交通事件情况。根据本书前面章节的讨论,"聪明的车+智慧的路"需要充分发挥车路协同优势,从而解决传感器类型单一、感知范围有限、检测识别准确率较低、易受外界因素影响等问题。

2. 通信技术

通信技术是通过车-车、车-路、车-人、车-网等通信实现信息交互和共享,从而作为连接路侧设施、车载设备和应用系统的桥梁,实现车辆和路侧设施之间的智能协同与协调,以提高交通安全性、缓解道路拥堵、优化资源分配。本书第 3 章详细介绍了 V2X 技术及应用场景,此处仅简要探讨通信技术在智能管控中的作用。

一般来讲,通信技术在智能管控中主要有以下三类应用。第一类是信息的采集和发布。来自路侧设施或者交通数据中心的信息经过处理后发布给各个车辆,例如路况、交通事故、天气情况等,以便出行者提前做好路线规划。通过车-车通信技术在车辆之间共享行驶数据,从而协调车辆行驶行为,实现安全、高效行车。第二类是信息传输。通过通信技术实现车与车、路、人之间的信息传输,从而使交通管理部门在掌握道路交通情况的同时,可以实时传输调度和管控指令。第三类是信息的融合处理。这一类应用需要借助计算平台进行海量信息的处理、融合、存储,从而实现一系列的交通管控服务。

通过应用通信技术,与传统交通管控相比,智能交通管控可以打破信息"孤岛",实现全国道路、车辆的统一管理。更为重要的是,如第 4 章大数据分析技术中的讨论,可充分利用实时路况、车辆的信息以分析某个路段、交叉路口甚至城市中的交通流,实现智能信号控制或者交通诱导,为车辆追踪、特殊事件检测、交通事故检测等提供有效的支撑。

3. 计算技术

计算技术是智能管控系统实施、发展的基础技术。现代化交通管控离不开海量交通数据的采集与处理。由于不同的应用场景对实时性要求不同,因此,云计算、边缘计算技术在不同的应用中分别发挥着不同的作用。云计算也被称作网络计算,是一种基于互联网的计算方式。当面对巨大的数据计算处理程序时,网络"云"首先将其分解成若干小程序,然后通过由多服务器组成的系统对这些小程序进行处理和分析,并将结果进行组合和整理后返回给用户。通过这项技术,海量的数据处理可以在很短的时间内完成,从而可以同时为多用户提供强大的网络服务。云计算技术在智能管控中主要有两类应用。第一类是基础计算服务,例如对交通状态数据、全局交通数据、交通道路数据等进行基础计算,以便快速提供管控策略或者交通服务。第二类是云平台服务,提供全局交通信息的综合处理、信息挖掘、数据分析以及存储服务。相比于云计算,边缘计算是指在靠近网络参与实体或数据源的一端,将计算、存储、通信等任务分配到网络边缘的计算模式,从而就近为用户提供边缘智能服务。边缘计算无须将数据上传至云端,因此可以提升效率、减轻云端负荷,并满足智能管控中紧急事件、安全类业务的实时性需求。例如城市道路中行人穿行预警,可由边缘节点进行行人、车辆和信号灯状态的计算,并对行人和车辆进行诱导。

4. 大数据和人工智能技术

面对车路协同中车辆、GPS、传感器、用户社交媒体等数据的复杂性和多样性,传统效率低下的数据处理技术难以满足智能管控的需求。大数据技术和人工智能技术的发展为面向车路协同的智能管控提供了新的思路。首先,大数据技术和人工智能技术可以处理交通场景中大量多样化的复杂数据,有效解决数据存储、分析和管理问题。其次,大数据技术和人工智能技术可以对海量交通数据进行快速采集和分析,得到实时交通流、乘客出行情况等信息,提升交通管控的效率。最后,大数据技术和人工智能技术可以提高车路协同系统的安全水平,通过分析海量交通数据,可以预测交通事故的发生并提高救援响应能力。

5. 定位导航技术

在车路协同系统中,车辆协同管控的核心在于车辆的精确定位。因此,定位和导航是必不可少的模块。目前车辆定位导航技术主要有惯性导航技术、卫星定位技术、组合定位技术、基于无线射频识别的无线定位技术、高精度地图、路侧辅助定位技术等。将车辆的定位导航技术与通信技术、计算技术、地图技术等相结合,可以实现交通管控中的许多应用,例如,车辆追踪、紧急救援、出行路线规划等决策控制和交通诱导。其中对于车辆追踪,可以利用定位导航技术和电子地图相结合的方式,将车辆的位置进行实时显示。此外,缩放、多窗口、多目标追踪等功能也可通过该方式实现。对于紧急救援,可以结合车辆定位系统、监控系统等对发生紧急交通事故的车辆进行救援,并结合电子地图规划最佳救援路线。

6. 自动决策控制技术

决策控制是决策者保证决策执行者的实施活动不偏离决策目标指引方向而进行的监督和调节活动。自动决策控制技术可以极大地提高交通管控的效率。交通系统是一种复杂庞大的系统,因此自动决策控制技术在交通系统中的应用是多方面的。尽管传统的交通控制技术中的定时控制、感应控制、自适应控制等已经成熟,但是存在局限性和准确度较低等缺陷。此外,交通事故等突发事件难以准确建模,给交通管控带来困难。为此,工业界和学术界逐渐将人工智能技术例如神经网络、模糊控制、专家系统等应用到交通管控领域,实现车辆智能导航、城市道路交通信号控制及区域信号协调控制、交通流检测控制、自动驾驶决策控制等,促进交通管控向着智能化、最优化、多模式方向发展。

5.1.2 智能管控尺度

从管控尺度角度看,智能管控可以分为宏观管控和微观管控。二者的区别在于,宏观管控主要针对交通流的管理和控制,而微观管控主要针对车辆的管理和控制。表 5-1 总结了宏观管控和微观管控的对比。

表 5-1 宏观管控和微观管控的对比

项　　目	宏　观　管　控	微　观　管　控
管控对象	从交通全局出发，对交通流进行管理和控制	从交通个体出发，对出行车辆进行管控
管控目的	实现交通供给和需求的平衡	实现车辆安全、可控和稳健的行驶
管控方式	交通限制、信号控制、交通诱导	车辆决策控制

1. 宏观管控

宏观管控从全局出发，抓住影响道路交通的主要矛盾，通过动态分析、估计、预测、优化和决策，从宏观层面对交通流进行管理和控制。此外，交通系统不断演化，因此在宏观管控中，需要对各种交通要素进行不断调节，使得管控策略符合交通系统的发展趋势。总的来说，宏观管控是为了实现交通供给和需求的平衡。因此，管控也可以从这两方面入手，例如扩大道路规模、改善交通设施布局、优化交通信号、控制出行车辆及出行方式等。

目前智能交通宏观管控主要通过以下途径实现，即交通限制、信号控制、交通诱导。其中交通限制主要利用路面标识、交通标志、环岛等道路设置，从时间和空间上限制各种交通流通行。交通信号控制是目前的主要控制形式，主要针对交叉路口的信号灯控制，属于基于信号配时优化的控制。交通诱导是一种主动式的控制方式，通过提醒、建议或者自动控制等方式使得交通参与者采取最佳的行驶方式。

2. 微观管控

目前微观管控主要针对车辆进行决策控制，使得车辆采取安全、可控和稳健的驾驶策略。一般来讲，车辆决策控制包含环境预测、行为预测决策、动作规划、路径规划等步骤，从而输出驾驶策略。该策略可以是对特定驾驶操作（例如加速、减速和转向）的低级别控制，也可以是更高级别的决策（例如换道、超车和转弯）。例如，车辆保持当前车道行驶时，感知发现前方有一辆正常行驶且车速较快的车辆，车辆的行为决策便很可能是跟车行为。在当前单车智能的技术中，车辆决策控制主要依靠车辆自身的传感器例如摄像机、雷达等进行环境感知，然后通过车载计算单元和线控系统进行决策和执行。而在车路协同的环境中，新一代信息和通信技术与单车决策控制相结合，使得人、车、路、云可以融合感知、协同决策与控制，从而解决传统微观交通管控方面的局限问题。

根据任务和目的的不同，车辆的决策控制可以进行如下分类。首先是路径规划,即在出行之前为车辆规划出能够到达目的地的全局路径。其次是行为预测决策,即在行驶过程中,根据感知到的交通环境对本车行为和周围其他交通参与者行为进行预测,做出换道、车道保持、超车等决策。动作规划则是进行车辆的低级别规划(车速、转向角)和局部路径规划,从而生成局部安全可行的行驶轨迹并发送给驾驶员或者输入车辆控制单元。

5.1.3 智能管控方式

从管控方式的角度看,智能交通管控主要分为交通限制、信号控制、交通诱导、车辆决策控制。

1. 交通限制

交通限制是公安机关交通管理部门根据法律、法规或相关事项,对部分路段进行限制通行的临时措施,一般规定一定的时限和具体要求。如前所述,交通限制一般用于宏观交通管控。接下来探讨几种典型的交通限制措施。

(1) 车道限速:作为一个简单、有效的交通管理措施,车道限速通常在路标中标识,来降低车辆在道路上的平均速度,从而确保交通安全。通常对最高车速进行限制(有时为行车安全设立最低速度限制),例如城市主干路最高车速常设置为 60 km/h,高速公路最高车速常设置为 100 km/h 或 120 km/h。

(2) 转弯限制:为缓解城市交通阻塞,可以在平交路口高峰时间对向直行交通流量大的情况下,对车路转弯进行限制,从而确保车辆流畅通行。

(3) 匝道限制:高速公路或者与高速公路连接的道路上发生交通事故或者产生交通拥堵时,可以限制匝道驶入驶出,以减小道路通行压力以及避免发生二次碰撞。

2. 信号控制

交通信号控制指利用交通信号灯,依据道路交通的变化状况来指挥车辆和行人的通行。该控制方式将相互冲突的交通流在时间维度方面予以分离,同时迫使车流有序地通过路口,达到缓解交通拥堵、提高交通安全性、保障道路通畅的目的。交通信号灯一般建设于城市道路交叉路口,控制信息通过交通信号控制器转换为交通信号灯变化颜色,从而指挥对应路段交通流的通行或者停止。此外,车辆检测装置用于检测道路上的交通信息,并将交通情况输入交通信号控制器,交通信号控制器根据控制策略改变交通信号灯的状态。

按照信号控制的范围,信号控制可以分为以下三类。第一类是单个交叉路口的信号控制,这是交叉路口信号控制的基本形式,也被称为"点控制"。例如某个交叉路口与相邻交叉路口距离较远,或者每个交叉路口信号灯独立运行,与相邻交叉路口控制信号无联系。第二类是主干道交叉路口信号协调控制,这种情况下需要对主干道上若干连续交叉路口的信号灯进行协同控制,同时对各个交叉路口设计一种相互协调的信号配置方案,使得这些连续交叉路口的信号灯能够依据指令联合运行,这种控制方式也被称为"线控制",常见的有"绿波带"控制。第三类是区域交叉路口信号协调控制,这种方式是协调控制某个区域内的所有信号灯以控制交叉路口,使得各个交叉路口的交通信号在配时上遵循特定规律,相互协调,从而使得整个区域内的交通流处于均衡状态,这种方式也被称为"面控制"。交通信号控制是一种被动式控制方式,传统的交通信号控制原理包括定时控制和感应控制,分别是根据历史交通流和当前通行的交通流信息进行配时控制。随着技术发展,针对动态随机变化的交通流,可以采用自适应控制方式把交通系统当作一个不确定的系统,通过设计不同的优化方案来适应交通流的随机变化,使得控制效果最优。

3. 交通诱导

交通诱导指利用电子、计算机、网络和通信等现代技术,根据出行的起讫点以及实时的交通信息向道路使用者提供一条最优路径的引导指令,从而均衡路网交通流的分配。交通诱导也是一种从全局考虑的宏观管控方式。该方式把人、车、路综合起来考虑,通过诱导交通参与者的出行行为来避免交通拥堵、提高交通效率。交通诱导作为一种主动式的交通管控方式,从交通管理者的角度来讲,期望实现交通的全局最优。然而诱导信息可能会损害交通参与者的利益。因此,交通诱导过程通常需要考虑双方的博弈问题,以及交通状态的动态演变,从而不断调整策略来达到双方的稳定。

交通诱导策略是一种框架体系,包括诱导模型与诱导算法,用以确定对车辆实施诱导的方法,从而有效均衡路网中的交通流,并且在与控制系统的集成等方面应有较强的可行性。对交通诱导来说,需要协同考虑道路交叉路口中不同的控制策略,从而避免额外的延误时间。此外,交通诱导还需要解决一系列关键问题,例如提供哪些信息以及以什么方式把信息提供给用户才能够达到诱导目的,如何实现交通流的均衡,针对不同用户对交通诱导信息的反应该如何反馈并改善等。

4. 车辆决策控制

车辆决策控制负责对感知到的交通环境信息进行处理和分析,并且结合车辆的当前状态以及位置信息,利用全局路径规划和局部行为规划来为车辆生成最优的行驶和行为策略,并将该策略输入车辆控制单元并执行。随着自动驾驶技术的发展,车辆自主决策控制是其中重要的使能技术,也是未来智能交通系统的重要组成部分。车辆决策控制需要考虑道路上的正常跟车、遇到交通信号灯和行人时的等待避让、在路口和其他车辆的交互协同等宏观层面的问题,以及车辆以何种速度跟车、超车时以何种角度转向等微观层面的问题。

5.1.4 智能管控事件

从管控事件角度,智能管控可以分为交通需求管控、特殊事件管控及交通拥堵管控。

1. 交通需求管控

交通需求管控指为了实现特定目标(如提高交通系统效率、减少交通拥塞、节约道路及停车费用、改善安全、改善非驾驶员出行条件、节约能源、减少污染等)所采取的影响出行行为的政策、技术与管理措施的总称。交通需求管控贯穿于出行的全过程,包括出行产生阶段、出行分布阶段、出行方式选择阶段、路径选择阶段,因而影响出行目的、出行时间、出行方式、出行路线等多个方面。在出行产生阶段,主要实现尽量减少出行量(特别是弹性出行的产生)。在出行分布阶段,主要通过交通流分析、交通诱导、交通控制等方式来调整和均衡交通流分布,从而实现交通拥堵目的点向非拥堵目的点的转移。在出行方式选择阶段,主要实现由私家车出行方式向公共交通工具和非机动车等方式的转变,从而减少道路上车辆数量。在路径选择阶段,综合利用交通信息发布系统、导航定位系统等提供交通信息与出行路线规划,来均衡路网上车辆分布并分散高峰期的出行。

2. 特殊事件管控

道路上发生的交通事故、自然灾害、短期临时道路养护施工、大型集会、游行、体育赛事等都属于特殊事件。特殊事件的发生会改变原有的交通条件和布局并干扰正常的交通运行。因此,针对特殊事件的特征,对特殊事件进行管控有助于提高交通安全性和效率。接下来主要探讨特殊事件的分类、特征以及相应的管控措施。

上述特殊事件根据是否可提前预料可以分为突发性特殊事件以及计划性特殊事件。其中突发性特殊事件事先难以预料,例如交通事故、自然灾害、临时养护等,容易给生命财产及交通秩序造成影响。对于这类事件,需要交通系统能够快速反应,根据实际情况执行灵活的管理和交通诱导措施,并且做好交通信息发布。计划性特殊事件是提前规划好的,例如大型集会、体育赛事、非临时道路养护等,但仍会给交通系统带来影响。对于这类事件,需要管控系统做好交通预测,例如出行方式预测、交通流预测、事件影响区域预测,并在此基础上避免交通事故和交通拥堵。此外,还要充分挖掘道路资源,提高道路通行能力和交通运行效率,并且提前制定突发性特殊事件的管控及响应策略。特殊事件的管控措施涉及多个方面,包括城市道路控制、高速公路控制、紧急事件检测和处理等,表 5-2 总结了部分具有代表性的特殊事件管控措施。

表 5-2 特殊事件管控措施

特殊事件	管控措施
高速公路管控	匝道汇入汇出控制
城市道路管控	车道控制、道路管制、停车管理
交叉路口管控	转向控制、交通信号控制和协调
紧急事件管控	紧急救援、交通诱导
交通信息采集和发布	特殊事件检测、交通信息发布

3. 交通拥堵管控

交通拥堵是指车辆拥挤且车速缓慢的现象,在节假日或上下班高峰等时间段经常出现。此现象常出现于繁华的都市地区、连接两都市间的高速公路及汽车使用率高的地区。根据国内外的研究,造成交通拥堵的原因主要分为以下几类。第一类是交通系统设计问题,例如城市道路设计不当导致交通拥堵、交叉路口过多导致交通信号灯暂时阻断车流、车道突然减少导致拥堵。第二类是道路负荷无法满足车流量需求,即道路容量无法适应车流量的增长速度、交通流根据出行时间分配不均匀导致的拥堵。例如早晚高峰期城市干线道路容易发生拥堵,节假日高速公路容易发生拥堵。第三类是其他原因,例如突发的交通事故、道路维护、天气因素等导致交通拥堵。

为了解决交通拥堵问题,智能交通管控策略主要发挥信息化、智能化的作用,通过全局交通信息的采集和交通流分析,识别交通瓶颈,并对重点地区、主干道路、主要时段的拥堵情况进行预测、判断、分析,提出相应的管控措施。同时利用仿真、交通数字孪生系统等对管控措施的实施效果进行评估,并且结合实际管控情况进行改善。

5.1.5 智能管控交通场景

从交通场景角度看,智能管控可以分为面向城市道路场景和面向高速公路场景的智能管控。

1. 城市道路场景

城市道路指在城市范围内按照交通技术条件铺设的交通道路，可提供人行通道和车行通道两种。城市道路的建设宗旨是为城市和城市中的居民服务，因此，在设计前需要根据多样的功能需求设计道路沿线的服务功能。

（1）城市道路建立在人口密集的区域，道路服务对象除了机动车，还有行人和非机动车，因此需要建设特定的交通设施。此外，为了避免不同类型的交通参与者之间相互干扰，需要通过隔离带、防护栏、划线等方法实现分道行驶。

（2）城市道路布局和交通状态复杂，包括交叉路口、立交、天桥、交通信号灯、人行道等。道路根据服务对象，一般划分为机动车道、公交优先车道、非机动车道等，还需要进行转向、直行道路划分。

（3）城市道路在设计时，需要结合周围建筑以及市政设施综合布局，例如道路下方多埋设通信、燃气、照明、电力等公共管线。

（4）城市道路需要满足美观、照明要求，例如城市干线景观道。为方便残疾人的出行，城市道路需要设置盲道、导盲线等。为了满足城市公共交通乘客出行需求，需要设置乘车区和停车站台。

2. 高速公路场景

高速公路一般指单向 2 条车道以上、双向分隔行驶、完全控制出入口、全部采用两旁封闭的地下隧道与匝道，时速限制比普通公路高的行驶道路。部分国家不用"高速公路"(freeway)，而采用"快速道路"(expressway)作为其国内机动车辆专用道路的名称。快速道路，又称为快速公路或者快速路。一般地，快速道路上禁止汽车以外的交通工具进入，禁止从路侧非入口位置直接进入道路。

相较于城市道路复杂多样的布局以及交通组成，高速公路的组成简单、环境单一，一般具有以下特征。

（1）高速公路一般不受城市规划的限制，穿过城镇时也会避开稠密的居民区。受地形、环境等影响，高速公路上存在上下坡、弯道、高架、隧道等。

（2）由于高速公路范围广，目前大部分公路采用反光路标、器材等进行被动照明及导向。在城市快速路、靠近城区、收费站等路段设有路灯，在某些较为危险路段，设有 LED 标识牌或照明设备。

（3）高速公路一般也设有多车道，且具有不同的用途，例如超车道、行车道、紧急停车道/应急车道、爬坡车道、避险车道等。

（4）高速公路与普通城市道路相比，仅服务汽车，且没有复杂的交叉路口及交通信号灯,因此限速规定会比城市道路高一些。在高速公路上一般部署出入口路标、服务区路标、交汇点路标等,从而辅助驾驶员快速、清晰地了解道路情况。

3. 城市道路场景和高速公路场景对比

从主管部门的角度看,城市道路属于市政工程,高速公路属于公路工程,两种场景在多个方面均不相同。在限速方面,城市道路最大范围是 20～100 km/h,包括城市主干道、城市快速路等。其中 40～60 km/h 限速最为常见,部分城市快速路限速为 60～100 km/h。高速公路的限速一般为 80～120 km/h,部分山区、弯道、坡道限速为 60～80 km/h,常见普通路段时速为 100 km/h。除限速之外,两种场景的交通情况不同,如表 5-3 所示,主要体现在交通参与者构成、道路设施和交通环境等方面。

表 5-3 城市道路和高速公路场景对比

项 目	城 市 道 路	高 速 公 路
限速情况	最大范围 20～100 km/h,常见的是 40～60 km/h,城市快速路 60～100 km/h	80～120 km/h,推荐时速 100 km/h
交通参与者构成	多种交通参与者(机动车、非机动车、行人)混行	交通参与者构成单一(汽车)
道路设施	为满足不同类型交通参与者出行需求,划分为机动车道、公交优先车道、非机动车道、人行道等;存在交叉路口及其控制设施	为满足不同限速汽车需求,分道行驶
交通环境	常经过人口密集区域,沿线人口活跃;周围有建筑物、照明,道路下方多有埋线	常经过郊区、山区等,沿线人口较少

4. 不同场景下管控方法的区别

1)城市道路和高速公路主要存在的交通问题

对城市道路和高速公路而言,目前需要管控的主要交通问题都是交通事故、交通拥堵、废气排放和油耗等。

交通事故是指车辆在行驶途中因过错或者意外造成的人身伤亡或者财产损失的事件。目前,导致交通事故的因素主要有四类:人为因素,例如驾驶员未遵守交通规则、酒后驾驶、疲劳驾驶、误操作等;车辆因素,例如车辆机械故障、车辆老旧等;路况因素,例如道路损坏、交通标志错误等;环境因素,例如恶劣天气、自然灾害等不利因素。由于道路环境不同,产生的事故类型也不尽相同。

在城市交通环境中,按照涉及的交通参与者分类,存在机动车与机动车之间、与非机动车之间、与行人之间的事故。按照事故类型,存在追尾事故、超车事故、交叉路口事故、左转/右转事故。对于高速公路场景,事故涉及的交通参与者一般情况下是汽车。与城市道路相比,高速公路没有复杂的交叉路口、交通信号灯,但是存在山区、隧道、坡道、弯道等路况,容易发生因弯道车速过快而导致的弯道事故、匝道汇入汇出时的会车事故、超车事故、追尾事故等。

交通拥堵是指在某一段时间内,通过道路中的某条路段或交叉路口的总车流量大于道路的交通容量(路段或交叉路口的通行能力),导致道路上的交通流无法畅行的交通现象。根据交通拥堵的成因,交通拥堵可以分为常发性拥堵和偶发性拥堵(或者正常拥堵和非正常拥堵)。常发性拥堵是指交通需求在一定时间内超过道路的实际通行能力而导致的交通拥堵。这种拥堵具有一定的规律性,通常在固定时间段和固定路段反复出现。例如上下班高峰期导致城市道路拥堵,高速公路的出入匝道、坡道、弯道等特殊路段导致拥堵。偶发性拥堵是指由突发事件引起的交通拥堵,具有较强的随机性,例如突发的交通事故、临时道路养护、突发恶劣天气等导致的交通拥堵。对于城市交通场景,大型商业活动、会议、展览等也会导致拥堵。根据拥堵的影响范围,交通拥堵可以分为局部(某个路段、某个交叉路口)拥堵和网络(区域内多条道路或交叉路口)拥堵。

2) 不同场景下的交通管控方法

从 2018 年起,国内多个地区相应出台地方智能网联汽车道路测试管理办法或实施细则等相关政策,工业和信息化部、公安部、交通运输部也联合颁布了《智能网联汽车道路测试管理规范(试行)》。多个地区已经建成或者在建测试示范区,试图构建"封闭测试场+半开放道路+开放道路"的测试体系。例如长沙-百度共建"自动驾驶与车路协同创新示范城市"、浙江国内首条超级高速公路、百度支持建设的国内首条支持高级别自动驾驶车路协同的高速公路 G5517 长常北线高速长益段等。通过对比城市道路和高速公路的场景,可以看出高速公路交通的综合复杂度低于城市道路。然而,高速公路场景下车路协同管控存在以下几个特殊的难点:

(1)高速公路存在连续上下坡、连续弯道、隧道群、山区环境、恶劣天气等特殊场景,导致交通管控难度大;

(2)由于高速公路车辆行驶速度快,交通事故一般更为严重,同时连环事故或二次事故也更易发生,且部分高速公路经过偏远地区,导致救援及交通管控过程中的疏解难度大;

（3）相比于城市道路，高速公路上的车辆时速快，对车路协同的可靠性和时延要求更高；

（4）高速公路除城市高速、隧道段外基本无照明，此外由于通信基础设施覆盖不完善，4G/5G通信及导航信号在部分山区路段、隧道内尚未实现覆盖，因此对实际情况的判断和信息的传输都存在挑战。

考虑到城市道路和高速公路场景的特性，具体应用的管控方式也有异同。例如城市道路中存在大量交叉路口，因此信号控制是城市交通智能管控的重要手段。利用自适应控制、模糊控制、机器学习等技术和优化方法，可以有效缓解交通压力，提高交通安全性。针对高速公路场景，匝道驶入驶出控制和主线控制是重要的管控方式。通过可变速限制、匝道封闭、车辆交汇控制等方式，可使得道路上的车辆获得最佳车速及最佳车流量，从而减少交通事故。此外，交通限制、交通诱导和车辆决策控制这三种类型，对于城市道路和高速公路场景均适用。交通限制方面，城市道路和高速公路的最高最低车速设限不同。此外，城市道路由于存在交叉路口可进行转向限制，而高速公路中匝道较为常见，因此可以对匝道进行限制。交通诱导方面，两种场景的应用区别不大，都可以为用户提供天气、限速、车道管控、路径指引等交通信息。在车辆决策控制方面，由于城市道路和高速公路的交通参与者类型不同、事故类型不同、车速不同，因此进行车辆行为预测、行为决策和路径规划的复杂度不同。一般来讲，城市道路的车辆决策控制复杂度相比于其他道路环境会更高。

5.2　宏观交通管控分析

作为交通工程学的重要研究方向，宏观交通管控面向道路上的一切物体，依靠物理或虚拟交警及交通信号控制设备，在遵守交通法规和交通变化特性的基础上，指挥交通进行有序运转。宏观交通管控包含交通管理和交通控制，交通管理统领交通控制，交通控制体现交通管理，两者相辅相成，有机统一。

宏观交通管控大体上可分为如下两类。

（1）具有强制性的法律约束和管理条例：交通法律法规明确规定的，为维护交通秩序、保障生命财产安全所必须遵守的规则。

（2）为改善交通环境、提高交通运行效率、合理化交通资源配置所指定的技术性方案。其本身不具备法律效力。但其部署和实施需要法律、资金、需求等多方面的推动和助力。

宏观交通管控无法脱离交通工具和所承载的道路类型。车辆的爆炸式增长,使得交通拥堵和事故成为难以克服的顽疾,单纯的道路拓展和车道重建,只能在一定程度上缓解该问题。通过全局调控,宏观交通管控可以在真正意义上实现交通的按需管控以及合理分流。此外宏观交通管控还可以提高当前交通设施的通车效率并根据实时的交通状况动态指导交通流向,规范交通行为。借助智能高效的宏观交通管控策略,可以实现交通安全、通行效率和交通资源配置的同步优化。

在宏观交通管控的运行过程中,需要遵循多种原则与方法。首先是各行其道原则,为不同的交通客体分配不同的车道,同一客体不同的运动状态也需要有明确的规定。此外,根据时间和空间的不同,车道的占用情况也会发生变化。其次是在对车速的控制方面,根据大数据统计归纳得出的结果,为不同的路段和车辆限定相应的速度。此外,如今节约能源、保护环境已经深入人心,因此遵守绿色出行和可持续发展原则也是宏观交通管控中不可忽视的重要组成部分。

5.2.1 交通运行管理

交通运行管理的优劣一定程度上决定了道路交通系统的可靠性。交通瓶颈问题如交通拥堵所产生的后续影响是不可预见的,利用交通运行管理机制对交通进行分块管制成为解决上述问题的有效手段。

1. 车速管理

车辆的速度限制和停车视距、驾驶员反应时间、重力加速度、汽车轮胎和路面的纵向摩擦系数、道路坡度以及前后两车的安全距离等多个因素相关。因此,车辆的限速情况需根据实际情况进行动态设置。这些规定符合我们日常的认知,具体来说,在路面潮湿、弯道、坡道等情形下,对车速的限制会加强。此外,还有一些特殊情况下的车速管理,如对于学校和住宅区附近的路面,也需要限制较低的车速。

车速管理也具备特定的方法,主要有以下三类。首先是根据交通法规和相应路面指示进行管理和控制。其次是通过感官对驾驶人员进行警示,如利用不断闪烁的红灯提醒驾驶人员进行限速。最后是通过一些特殊的路面工程设计进行强制控制,如利用减速带对车辆进行强制物理限速。

2. 车道管理

单向交通是目前推行最为广泛的车道管理模式,适用于街道狭窄、路网密集的城市道路场景。通过单向交通对车道进行管理,有助于缓解交通拥堵。

与单向交通相对的是潮汐交通,其可以在特定的时间内变更某些车道上车辆的行驶方向和车辆种类。潮汐交通有助于合理配置车流,进而提高车道的利用率,增强道路的通行能力。

此外,专用车道的管理有助于进一步维护交通的秩序。如公共汽车专用车道的设计,有助于以较少的资源供应较大的客运量,提高公共车辆服务水平,并创造更大的社会经济效益。

3. 车辆禁行

车辆禁行是交通运行管理中的重要环节。具体来说,可以对牌照尾号进行单双限行,对摩托车、拖拉机等在城市中心区域进行限行,以及对高度和吨位进行限制等。

5.2.2 特殊事件交通管理

道路特殊事件的发生将会给正常交通运行造成很大的干扰,因此对特殊事件的交通管理也是整个交通管理系统的重要组成部分。

特殊事件面向具体环境,具有特殊需求,因而也具备相应的交通特征。首先,无论是突发性事件还是计划性事件,其发生的概率较低,不会经常出现。其次,特殊事件的出现会波及众多个体和群体,影响范围很广,产生的后果难以估量。最后,特殊事件与当前道路服务能力直接挂钩,会大概率引发连带的交通需求。

对特殊事件的管控不同于对常规交通事件的管控,需采取相对临时性的解决方案。这些解决方案需要兼顾当前的交通基础设施,也需要额外引入一些临时设施,同时这些方案应尽量避免引发其他交通问题。此外,对特殊事件的处理要求时效性,特殊事件引发的交通问题容易扩散和扩大,只有在黄金时间内进行疏导和处理,才能对减少生命财产损失起到关键作用。目前,针对交通特殊事件的管控措施有很多,例如在交叉路口处采取协调与转向控制;在停车场处采取按时付费管控;在快速道路处采取相应匝道控制策略;对于交通信息的收集、检测和发布,采取实时检测和定向发布等措施。

5.2.3 单路口交通信号控制

现代交通信号控制类型多种多样,但单个交叉路口的交通信号控制仍然是应用最为广泛的控制方式。目前信号控制主要指定时信号控制,相比于其他信号控制方案,其具备低成本、易维护等优势,此外,其控制原理是诸多信号控制的基础。在基本内容上,定时信号配时方案包含信号相位确定和信号参数控制两方面。信号相位确定,具体来说是利用信号轮流为不同路径的人或车辆指定通行顺序和时段。在单路口处存在多种控制状态,不同入口处不同方向不同灯色的组合对应不同的控制状态,这种组合即为信号相位。根据灯色数量的不同,信号相位又分为两相位和多相位。

在单个交叉路口处,不同路段信号配时方案是相对的。具体来说,当东西路段是绿灯或黄灯时,南北路段应为红灯;当南北路段为绿灯或黄灯时,东西路段应为红灯;黄灯时段永远分布于绿灯和红灯时段之间。信号灯不仅利用灯色,还可以结合灯具箭头,共同进行相位控制。现实生活中这种应用十分普遍,有些路口的指示灯有箭头标志,表明更多行驶线路被允许和规划。

单路口处的实际交通状况易受左转流量的影响,所以在相位方案的设置中左转流量处于主导地位,即依据左转流量决定行为类型和相位数等。单路口交通包含诸多场景,根据不同地段不同情形下的不同交通特征,如弯道保护场景,可以指定是否允许左转车流与其他方向的车流发生冲突。

在单路口信号控制参数方面,引入两个基本的定时信号控制参数。其一为周期时间长度,其对应某一路口的某一进口处所有信号灯轮转显示一次的时间。其二是绿灯时长在周期时长中所占的比例,简称绿信比,可以由下式计算

$$P_G = \frac{g_t}{T} \tag{5-1}$$

式中:g_t——绿灯时长;

T——周期时长。

此外,由于驾驶员对信号灯的控制具有反应时间,车辆的启动和停止也会产生时间消耗,因此在单路口的信号控制模型中需要考虑损失时间,并明确损失时间对周期时长和绿信比的影响。

5.2.4　干线交叉口信号联动控制

干线交叉口是交通拥堵、行车不畅的重灾区。面向城市路网,干线交叉口密集分布,若采用单点信号灯控制,则很容易出现频繁的红灯,在大车流量的情况下极易造成不必要的拥堵。为缩短车辆在各个交叉路口上的停车时间,将一条干道上一批相邻的交通信号连接起来协调控制,可以显著提升交通运行效率。

干线交叉口信号控制系统的参数包括单路口信号控制参数中的周期时长和绿信比,此外还具有自身特有的参数——相位差。相位差又分为绝对时差和

相对时差。绝对时差是指信号控制方案中各个信号指示灯作用时间与标准信号指示灯设定时间的差值。而相对时差是方案中相邻两个信号绝对时差的差值。时差直接显示了干线交叉口信号控制的协同程度,是实现交通按需服务及协同管控的重要参数。

单向交通路面是协同管控的典型交通应用场景,协同信号控制系统在该场景下的实现和部署是较为容易的。相邻干线交叉口信号间的时差 T_d 可表示为

$$T_d = \frac{s}{v} \times 3600 \qquad (5\text{-}2)$$

式中:s——相邻信号之间的距离;

v——干线路面车辆连续通行的速度。

对于双向的交通路面,协同信号控制系统的部署比单向交通路面更加复杂。主要的信号协调方式有三种,分别为同步式协调控制、交互式协调控制和续进式协调控制。同步式协调控制的原则简单有效,同一时刻同一系统中的所有信号以同样的灯色指示干线车流。这种方案在交叉路口间距短且干线交通流量大的系统中十分简单实用。然而其弊端也较为明显,该方案在具有其他特征的交通场景中易延长车辆的停车等待时间。上述问题同样也存在于交互式协调控制。该方案在同一时刻对同一系统中的相邻交叉口信号,采用相反的灯色进行控制。交互式协调控制仅适用于特定的场景,单独采用局限性较大。针对上述问题,续进式协调控制根据干线交叉口之间的距离和车辆行驶速度,动态调整信号时差,使得上游交叉口通过绿灯的车辆,按规定车速行驶可以正好在连续的多个路口处实现绿灯通行,可在极大地提高交通运行效率的同时提升出行体验。

5.2.5 区域交通信号控制

在城市道路中,同一区域内不同交叉口的交通状况不是孤立存在的,对区域内某一交叉口的交通信号进行控制,其相邻数个路口的交通状况也会随之变化,进而整个区域的交通状况也会受到影响。因此,将同一区域内所有交叉口及其间路径视为一个整体交通信号控制系统,对所有路口的交通信号进行协调与联动控制,即可充分发挥路网通行效能,实现区域交通优化。

区域交通信号控制的实现,是把整个区域有效划分为若干独立的子区域,并对不同子区域的交通信号配时进行集中协调控制,从而提高整个道路的车辆运行效率。目前城市区域交叉口信号控制系统有多种,一般可以按照控制策略、控制方式、控制结构分类。

按照控制策略分类，区域交通信号控制系统可以分为定时式脱机控制系统和自适应式联机控制系统两类。定时式脱机控制系统根据历史交通流状况及交通流现状，通过脱机优化处理得出不同时段下最优信号配时方案并存储于控制器内，从而实现整个区域的多时段交通定时控制。此种控制策略简单可靠，但交通流数据缺乏实时性，不能适应交通流的随机变化。随着计算机控制技术的发展，自适应式联机控制系统应运而生。通过在控制区域中设置检测器，对交通数据进行实时采集并实施联机最优控制，自适应式联机控制系统能较好地适应交通流的实时随机变化，在保证实时性的同时提高控制效益，但是此种系统控制结构复杂，且对设备可靠性要求较高。

按照控制方式分类，区域交通信号控制系统可以分为方案选择式和方案形成式。方案选择式指预先针对不同交通模型设置相应的控制方案及参数并存储在计算机内，在实际运行中按照实时采集到的交通数据，从各类模型及参数中选择最适用的以实现交通控制。方案形成式指在保证实时检测的条件下逐步寻优，利用实时采集到的交通流数据，即时计算最佳交通控制参数，从而形成最佳信号配时控制方案，并按此方案控制交通信号灯配时，但是此方案可能存在滞后控制现象。

按控制结构分类，区域交通信号控制系统分为集中式计算机控制结构和分层式计算机控制结构。集中式计算机控制结构指将网络内所有信号联结起来，用一台计算机或多台微机联网对整个系统进行集中控制。该结构操作方便、维护简单，对系统的存储容量及通信传输效率有极高要求。分层式计算机控制结构将整个控制系统分为上、下两层，不同层主要负责的任务不同。上层控制主要用于执行整个系统协调优化的战略控制任务，下层控制主要执行个别交叉口合理配时的战术控制任务。此种结构在一定程度上避免了集中式结构的缺点，可实现降级控制，但增加设备必然会造成额外投资开销。

5.3 微观交通管控分析

本节主要讨论目前微观管控的主要方式和具体技术。微观管控分析主要针对车辆的决策控制。从实现步骤来看，车辆决策步骤主要是将环境感知的数据输入，并输出控制信号。因此，需要聚焦的问题主要有：如何利用环境感知的数据进行决策，如何保证决策的正确性和安全性，如何实现协同自动驾驶等。

5.3.1 车辆行为决策

如图 5-1 所示,车辆行为决策指从感知层输出的信息出发综合考虑交通环境、交通规则等选择适当的驾驶行为。根据决策,轨迹规划模块对路线、速度等做出合理的规划,并发送信息给控制层。决策规划层所产生的命令被汽车控制器接收从而控制汽车响应,并以此保证控制精度,同时完成对目标车速、路线等的追踪。

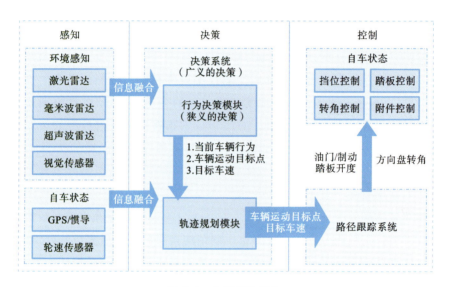

图 5-1 车辆系统架构

一般来讲,车辆的决策问题可以分成车辆车道变换、车道保持、是否停车等驾驶行为推理问题,以及车辆匀速、加减速行驶等速度决策问题。此外,在进行车辆行为决策时,需要对周围其他交通参与者的行为进行识别和预测。目前车辆行为决策主要存在两种方法:一种方法是基于规则的,另一种方法是基于学习的。

1. 基于规则的行为决策

基于规则的行为决策主要是依据驾驶规则、知识、经验、交通规则等创建车辆的行为准则库,对不同的环境状况进行行为决策逻辑推演并对驾驶员的行为进行输出,同时根据运动规划层对当前执行结果的反应情况进行及时的动态调整。代表方法主要有专家系统推理和有限状态机。

专家系统拥有独立的预先定义的知识库,允许输入指定条件以产生对应的驾驶行为动作或结论(例如,转向和制动)。这种类型的算法直观、易于推理和应用,并且具有许多成功的实现案例,例如用于高速公路车辆智能导航功能、城市自动驾驶推理框架以及基于模糊规则的移动导航控制策略。应用专家系统的决策算法具有严格的逻辑规律,其中环境决策与行为决策之间的因果关系非常清晰,从而使决策系统具有很高的可解释性。但是,基于专家系统的行为决策系统通常很难获得新知识并扩展现有知识库。因此,其有限的知识库可能不适用于解决新问题,从而难以实现高的驾驶决策性能。

有限状态机常被用来为对象的行为创建模型,可以对某个对象在其产生到消亡的过程中所经历的状态变化序列以及其对周围环境的事件做出的响应进行描述。有限状态机按照其连接形式,可以分为三种类型:串联式、并联式和混联式。有限状态机由于其功能稳定且实用,在车辆决策系统中有越来越多的应用,例如麻省理工学院的学者提出的 Talos 行为决策系统、国防科技大学的科研人员提出的红旗 CA7460 行为决策系统、卡内基梅隆大学的学者提出的 BOSS 行为决策系统等。

Talos 行为决策系统(见图 5-2)是一种典型的串联式有限状态机系统,包括精确定位与精准导航、道路目标识别、区域高精度地图构建、运动路线规划、运动行为控制、障碍物识别与检测、车道线识别检测等模块。Talos 的导航模块负责驾驶行为决策任务的规划,该模块在车辆到达目标位置之前都会不停地计算下一个更接近目标位置的坐标,并使车辆向该坐标方向行驶。例如,在通过路口时对会车情况以及路口的优先级排序进行判别;道路拥堵时重新制定新的路线;根据信号灯信息计算转向角度等。

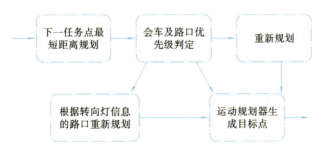

图 5-2 Talos 行为决策系统

对于串联式有限状态机,其子状态是以串联的形式连接的,状态的转移方向通常为单向。这种结构具有逻辑简单明确、易于规划推理、问题求解精度高等优点。但其也有难以克服的缺点,比如对复杂问题的适应性差,某子状态发生故障可能会造成整个决策链瘫痪。

图5-3所示为国防科技大学的学者研发的红旗CA7460行为决策系统,这种系统是并联式的。其行为决策系统主要包括行车道自由追踪、超车道自由追踪、从行车道进入超车道、从超车道进入行车道等模式。红旗CA7460在车辆行驶安全和效率方面做了大量的测量实验,通过实时的交通情况结合系统安全性能标准得到一组备选行为,从这组备选行为中依据系统效率性能标准选出合适的行为决策。

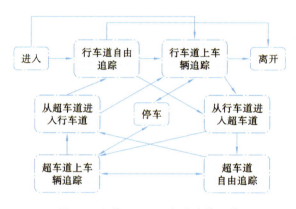

图5-3 红旗CA7460行为决策系统

系统的并联式结构为其带来了很多好处,比如给各种工况分配了独立的单元模块进行单独处理,因此输入系统中的数据和信息可以很快得到处理,并及时获得响应和输出。另外,并联式系统相比串联式系统能够更广泛地遍历各种场景,加上其模块独立且可扩展性强,可以通过一些组合逻辑实现更复杂的功能。但是并联式系统同样存在一些不足,比如对于复杂环境,由于系统经历的状态更多导致算法的计算量更大、需要对状态进行合理的划分并对发生冲突的状态进行合理的处理,这些都是并联式系统目前面临的挑战。此外,并联式系统由于缺乏时序性,虽然能广泛遍历各种场景,但对每一种场景都不能做深入的探索,因此当环境发生细微的变化时,这种系统难以察觉和响应,并且对于状态界定不是特别明确的情况,决策也容易产生错误。

基于上述分析可以看出,无论是串联式结构还是并联式结构都存在优势和不足,那么是否有一种结构能够结合两者的优势以实现更好的系统性能?答案是肯定的,混联式结构就是这样的结构。基于混联式结构,卡内基梅隆大学的学者研发了BOSS行为决策系统(见图5-4)进行实时的驾驶行为推理和决策。

按照道路环境的不同,BOSS 可以生成三种顶级行为,包括车道保持、路口处理以及指定位姿。其中每个顶级行为又可以划分为一组子行为,由这些子行为构成在行驶过程中的阶段性行动目标,具体通过状态估计模块和目标选择模块配合实现。状态估计模块用来基于道路模型判断车辆的当前位置,目标选择模块则依据车辆状态、道路环境模型以及任务目标生成车辆的行驶轨迹,具体包括对交叉路口、刹车制动、道路环境状况进行处理,给出命令,包括刹车、变道、加减速、转弯等。

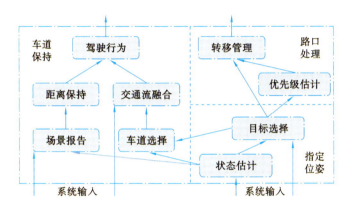

图 5-4　BOSS 行为决策系统

综上,基于规则的决策模型优势在于原理简单、易于构建和实时更新调整。但其劣势也很明显,这种决策模型针对特定场景设计,普适性较差。交通场景的复杂性与多变性增加了规则建立的难度,随着驾驶场景复杂性的增加,决策系统的效率和可靠性会下降。此外,不同驾驶场景中会存在"模糊地带",基于规则的方式在不同场景之间跳转时决策困难。

2. 基于学习的行为决策

随着人工智能技术的飞速发展,基于学习的方法具有自学习能力和环境适应性,可以克服基于规则的行为决策方法的局限,在车辆环境感知和行为决策方面大有可为。

基于学习的行为决策,本质就是使用人工智能算法(比如机器学习、深度学习)来完成行为决策系统的设计。依据算法的不同可以分为不同类型的行为决策方法,比如基于深度学习的、基于强化学习的和基于决策树的决策方法。

基于深度学习的方法由于其处理实际问题时具有很高的建模灵活性,已经在自动驾驶汽车的决策系统中得到应用。NVIDIA 研发的自动驾驶汽车系统就是采用这种方法实现的。如图 5-5 所示,该系统将环境信息输入端到端的卷积神经网络(convolutional neural network,CNN)中进行处理后直接输出行为决策的结果(比如车辆车速及方向盘转角等)。该系统采用 NVIDIA DevBox 作为处理器、Torch 7 作为系统框架进行训练,可以达到每秒 30 帧数据的处理速度。此外,该系统采用的深度学习网络结构包括 1 个归一层、5 个卷积层和 3 个全连接层。经由相机拍摄的道路环境图像首先需要转换为颜色信息再传入卷积神经网络,计算出预测的决策命令后再将其与理想决策命令进行对比,进一步通过反向传播对 CNN 的权重进行调整使得预测结果尽可能接近理想结果。经过实际仿真测试,这种基于深度学习的方法不用进行任务分解也能够完整地实现车道保持功能。CNN 通过少量的信息就可以学习到有效的道路环境特征,并且能利用这些特征数据完成各种条件下对车辆的控制训练。

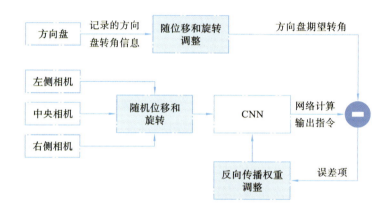

图 5-5　NVIDIA 自动驾驶汽车决策系统训练模型

基于强化学习的方法可以仅仅通过与环境不断进行交互生成最优的行为策略,近年来被广泛应用于车辆自主驾驶决策,例如基于监督式强化学习的协同自适应巡航控制系统架构、基于深度强化学习的路线规划和基于深度强化学习的自动制动系统。这种方法由于在与环境的交互过程中能够极大程度上丰富环境数据,因此更容易满足不同场景和不同工况的需求。强化学习的本质是获得最大长期累积回报。其训练系统框架如图 5-6 所示。智能体从动作库中执行其中的某一个指令时,能得到一个瞬时反馈信号,然后通过反馈信号改变自身的动作,再不断重复上述过程,直到最终实现某个目标。著名的自动驾驶汽车公司 Waymo 就是利用这种方法训练行为决策系统的,该公司的实际行驶数据证明这种方法能够显著提高障碍物的检测精度。

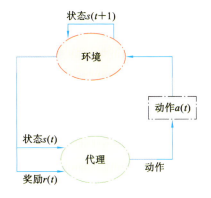

图 5-6　强化学习训练系统框架

此外，基于决策树的方法在机器学习领域也极具代表性。图 5-7 展示了决策树的框架结构。这种决策方法已经有实际的应用，比如中国科学技术大学的智能驾驶Ⅱ号就采用了 ID3 决策树法来构建其行为决策系统。该系统先根据有限状态机判断驾驶场景，再根据具体场景引入决策树来完成相关算法。比如在十字路口场景下，首先要确定系统的输入（比如当前车的车速、邻车的车速等）和输出（加速、减速、刹车制动等），接下来基于数据样本分析系统输入的影响并据此生成 ID3 决策树。这个决策树本质上就是一种行为规则库。车辆在驾驶过程中采集到的道路环境信息被转化为决策树的系统输入，最终决策树的输出被作为指令指导车辆行驶。这种基于决策树的方法的优点在于能够自主且明确地获取和表达知识，但其也存在不足之处，比如短时间内难以获取大量的可靠数据，并且由于数据需要被离散化处理，处理后精度很难维持在较高水平。

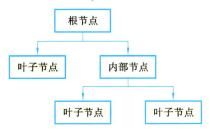

图 5-7　决策树结构

相比基于规则的方法，基于学习的方法具有自学习能力和环境适应性，可以提高行为决策的准确性和可靠性。但是，基于学习的行为决策在进一步推广时仍然面临以下问题。一方面交通场景日益复杂和多样，模型的训练需要庞大的数据量。另一方面,样本数据并非都是有效数据,如果不对样本数据进行筛选就直接处理,不仅处理难度大而且会降低决策的准确性。因此如何从大量数据中筛选出有意义的高质量数据也是一个亟待解决的问题。此外,寻求神经网络各种参数的最优配置也是一个棘手的问题。

5.3.2 车辆控制决策

在车辆决策规划模块做出具体的决策指令之后,车辆运动控制系统负责接收指令并控制车辆做出相应的响应。对于人类驾驶员,在驾驶过程中,一方面通过控制方向盘来使得车辆转向、保持车道,另一方面通过控制速度踏板和制动踏板使得车辆保持合适的速度,从而实现安全驾驶。因此,关于车辆控制方面的研究,主要着眼于如何通过车辆动力学模型将车辆控制在期望的状态,例如姿态、位置、速度等。由于车辆控制主要属于控制领域重点研究内容,因此本书只进行简单的探讨。

一般而言,车辆运动控制包括两部分。第一部分是车辆模型的构建。一般从运动学和动力学两个角度进行建模。其中运动学模型主要对车辆位置和速度随时间的变化情况进行分析推导,而动力学模型则主要关注车辆自身的一些性质,比如建立弹簧-阻尼模型以分析车辆的行驶平顺性,建立车辆-轮胎模型来分析车辆的操作稳定性。这两种模型关注点不同,行驶平顺性主要关注的是乘员的舒适度,而操作稳定性关注的是车辆是否能按照要求行驶,是否能够抵御外界干扰。第二部分是车辆的控制。对于单个车辆,其控制主要包括横向控制和纵向控制。纵向控制主要指对车速的控制,主要是加速控制和刹车制动。典型的应用包括巡航控制、自动刹车系统等。纵向控制算法包括传统算法如 PID 控制(比例-积分-微分控制)和智能算法如神经网络控制。横向控制主要指对转向的控制,目前有三种方法可以实现横向控制:第一种是完全基于控制层的上一级动作规划控制,通常用 PID 进行反馈控制;第二种是基于模仿驾驶员行为的控制,例如预瞄跟随理论;最后一种需要利用车辆动力学模型控制算法实现指定目标。

除了对单个车辆的控制,为了进一步提高汽车的行驶安全性和行驶效率、减轻道路拥堵情况、降低污染物排放量,还可以采用车辆编队的形式对多车进行协同控制。这种方式需要通过纵向控制系统来完成对速度和距离的控制,以及横向控制系统来保持车辆与车道中心之间的距离。由此可见,对于车辆编队控制,不仅需要考虑单车控制中的横向和纵向控制,还需要考虑车辆之间的控制,比如需要保持安全的车间距离。具体地,编队中的车辆利用传感技术及通信技术来不断更新车辆之间的速度和相对距离,并反馈到制动器或者加速器来维持车辆速度和车辆间的距离。

5.4 智能管控案例

结合前面章节对智能管控的介绍,本节抛砖引玉,分别对宏观控制及微观控制两个案例进行详细讨论。

5.4.1 宏观控制案例

交通事故是造成非周期性交通拥塞的关键因素,给社会经济、环境、居民健康和生活方式造成许多负面影响。作为一种重要而有效的宏观控制策略,交通信号控制已得到广泛应用,尤其在城市交通网络中的交通流量控制方面起着不可或缺的作用。

Long 等人提出了一种信号控制策略,并展示了其在双向矩形网格路网中处理由事故引起的拥塞的有效性。基于定时 Petri 网(timed Petri nets,TPN),Huang 等人设计了一种交通信号控制系统为紧急车辆提供最高优先级通行权。该系统能够保证紧急车辆的通行速度和安全性,从而缩短事故清除时间并提高通行效率。Qi 等人同样采用 Petri 网在事故所处交叉路口及其上游交叉路口处设计交通信号控制系统。该系统有助于缓解事故引起的拥塞并改善交叉路口处实时交通事故的管理策略。然而,在上述工作中,在事故发生之后或当交通信号控制策略改变时,交通流或车辆路径选择策略被认为是固定的。但是,如图 5-8 所示,车辆路径选择方法和交通信号控制策略是相互影响的。例如,路网中相同起讫点间不同路径上交通流量的不均衡将会导致信号控制策略调整

图 5-8 交通信号控制与路径选择关系

绿信比；反之，绿信比的调整又将影响路径通行成本的变化，进而导致车辆更改行车路线，并且当且仅当车辆路径选择和交通信号控制可以同时达到均衡时，交通网络才能稳定。此外，在城市道路网络中，大多数通行者的起讫点之间均存在多条路径，并且在发生事故时通行者选择路线的方式与在正常情况下做出的选择不同。因此，当提出一种信号控制策略来缓解由事故引起的交通拥塞时，应该同时考虑并且分析路径选择方法和信号控制策略之间的相互关系。

为此，本节综合考虑车辆路径选择和信号控制之间的相互作用并在此基础上提出信号控制策略，以提高不同事故影响下道路系统的稳定性。具体地，本节首先介绍一种路径选择方法，并将交叉路口处延迟考虑在内，对路径选择方法进行扩展。然后，给出发生事故时新的 Wardrop 均衡存在的条件。其次，结合路径选择方法，提出一种考虑不同事故影响的新型信号控制策略，并研究控制策略下系统稳定的条件。最后，进行仿真验证，仿真结果证明了本节所提的信号控制策略在提高事故发生后路网的恢复率和系统稳定性方面的有效性。

1. 路径选择模型

比例调节过程（proportional adjustment process，PAP）具有简单的数学结构和直观的路径调整行为规则，并且明确解释了连接同一起讫点的多条路径之间网络流量变化的原始微机制。本节首先介绍基于比例调节过程的路径选择模型，然后使用具有周期性休假的 M/G/1 排队模型分析交叉路口处时延以扩展比例调节过程路径选择模型。

考虑图 5-9 中的简单路网，令 $X_1(t)$ 为 t 时刻路径 1 上的交通流量（车/秒）；$X_2(t)$ 为 t 时刻路径 2 上的交通流量（车/秒）；s_1 为路段 1 上的饱和流量（车/秒）；s_2 为路段 2 上的饱和流量（车/秒）；$C_1(X_1(t))$ 为 t 时刻路径 1 上的通行成本（秒）；$C_2(X_2(t))$ 为 t 时刻路径 2 上的通行成本（秒）；$\boldsymbol{X}(t)=[X_1(t),X_2(t)]$ 为 t 时刻路径上流量向量；$\boldsymbol{C}(\boldsymbol{X}(t))=[C_1(X_1(t)),C_2(X_2(t))]$ 为 t 时刻路径上通行成本向量。对于道路网络中的交通需求 T（车/秒），其应满足

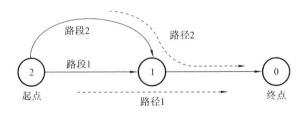

图 5-9　双路径路网模型

$X_1(t)+X_2(t)=T$。一般而言,路径 1 和 2 上的交通流量应属于集合 $D=\{(X_1(t),X_2(t)):X_1(t)+X_2(t)=T,X_1(t)>0,X_2(t)>0\}$。遵循 Wardrop 均衡,当且仅当所有未使用的路径上都拥有更高的通行成本时,交通流量 $\boldsymbol{X}(t)=[X_1(t),X_2(t)]$ 才能够达到均衡。因此,假设在 t 时刻,$C_1(X_1(t))<C_2(X_2(t))$,则当且仅当式(5-3)被满足时,交通流量 $\boldsymbol{X}(t)=[X_1(t),X_2(t)]$ 能够达到均衡。

$$X_2(t)[C_2(X_2(t))-C_1(X_1(t))]=0 \tag{5-3}$$

对于非均衡交通流量 $\boldsymbol{X}(t)=[X_1(t),X_2(t)]$,式(5-3)表示通行者按照比例 $X_2(t)[C_2(X_2(t))-C_1(X_1(t))]$ 逐渐从路径 2 转移到路径 1,并且分别为 t 时刻通行成本更高的路径 2 上的交通流量 $X_2(t)$ 以及 t 时刻路径 1 与路径 2 的通行成本之差的增函数。因此,基于步长 $\omega>0$,路径 1 与路径 2 上交通流量的变化可以分别表示为

$$\Delta_1(\boldsymbol{X}(t))=\omega X_2(t)[C_2(X_2(t))-C_1(X_1(t))] \tag{5-4}$$

$$\Delta_2(\boldsymbol{X}(t))=-\omega X_2(t)[C_2(X_2(t))-C_1(X_1(t))] \tag{5-5}$$

令 $[C_2(X_2(t))-C_1(X_1(t))]_+=\max\{C_2(X_2(t))-C_1(X_1(t)),0\}$,针对更为普遍的情况,路径 2 上的通行成本 $C_2(X_2(t))$ 并不总是大于路径 1 上的通行成本 $C_1(X_1(t))$。因此,式(5-4)和式(5-5)可以分别表示为

$$\begin{aligned}\Delta_1(\boldsymbol{X}(t))=&-\omega X_1(t)[C_1(X_1(t))-C_2(X_2(t))]_+\\&+\omega X_2(t)[C_2(X_2(t))-C_1(X_1(t))]_+\end{aligned} \tag{5-6}$$

$$\begin{aligned}\Delta_2(\boldsymbol{X}(t))=&-\omega X_2(t)[C_2(X_2(t))-C_1(X_1(t))]_+\\&+\omega X_1(t)[C_1(X_1(t))-C_2(X_2(t))]_+\end{aligned} \tag{5-7}$$

此外,令 $\Delta_{12}=[-1,1]$ 以及 $\Delta_{21}=[1,-1]$。Δ_{12} 表示交通流量需要从路径 1 转移到路径 2,Δ_{21} 表示交通流量需要从路径 2 转移到路径 1。因此,$\boldsymbol{\Delta}(\boldsymbol{X}(t))=[\Delta_1(\boldsymbol{X}(t)),\Delta_2(\boldsymbol{X}(t))]$ 可以表示为

$$\begin{aligned}\boldsymbol{\Delta}(\boldsymbol{X}(t))=&\omega X_1(t)[C_1(X_1(t))-C_2(X_2(t))]_+\Delta_{12}\\&+\omega X_2(t)[C_2(X_2(t))-C_1(X_1(t))]_+\Delta_{21}\end{aligned} \tag{5-8}$$

综上所述,图 5-9 中路网的动态交通系统可以表示为

$$\boldsymbol{X}(t+1)=\boldsymbol{X}(t)+\boldsymbol{\Delta}(\boldsymbol{X}(t)) \tag{5-9}$$

考虑图 5-10 中包含信号灯控制的多路径路网,在交叉路口 1 处部署一个交通信号灯。令 G_i 表示路段 i 交叉路口的绿信比。对于路网中全部 Ω 条路径,绿信比应属于集合 $F=\{G:\sum_{i=1}^{\Omega}G_i=1,G_i\geqslant 0\}$,并且交通需求集合 D 应属

于集合 $D = \{X: \sum_{i=1}^{\Omega} X_i = T, X_i \geqslant 0\}$。此外，每条路径的通行能力应该满足集合 $S = \{(X_1, X_2, \cdots, X_\Omega, G_1, G_2, \cdots, G_\Omega): X_1 \leqslant s_1 G_1, X_2 \leqslant s_2 G_2, \cdots, X_\Omega \leqslant s_\Omega G_\Omega\}$。相应地，交通流量以及绿信比应属于集合 $D \times F \cap S$。

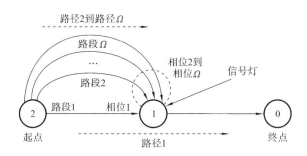

图 5-10　包含信号灯控制的多路径路网模型

每条路段交叉路口处的时延将会影响所有路径上的通行成本 C，并且总通行成本（路段行驶成本以及交叉路口时延）也将影响多条路径上的交通流量 $X(t)$。因此，考虑所有路径上交叉路口处的时延，本节基于 PAP 路径选择模型对动态交通系统进行建模。首先，考虑车辆随机到达路段的情况，本节基于垂直队列假设，利用排队论对交叉路口处时延进行分析。对于部署信号灯的交叉路口，能够将车辆排队建模成具有周期性休假的 M/G/1 排队模型。当交叉路口处信号灯处于绿色相位，车辆逐渐驶离交叉路口，这可以视为车辆在道路出口处接受服务。

对于路段 a，假设第 k 辆车的服务时间为 S_k。当第 i 辆车到达路段出口时，如果有一辆车正在接受服务，则第 i 辆车的等待时间可以表示为

$$W_i = R_i + \sum_{k=i-N_i}^{i-1} S_k \tag{5-10}$$

式中：R_i——正在接受服务车辆的剩余服务时间；

N_i——队列中车辆的数量。

若当第 i 辆车到达路段出口时，服务队列处于空闲状态，则 $R_i = 0$。因此，每辆车的平均等待时间可以表示为

$$E\{W\} = E\{R_i\} + E\left\{\sum_{k=i-N_i}^{i-1} S_k\right\} \tag{5-11}$$

根据路段 a 上的饱和流量 s_a，每辆车的平均服务时间可以表示为常数 $\dfrac{1}{s_a}$。

因此,式(5-11)可以重写为

$$E\{W\}=E\{R_i\}+\frac{1}{s_a}\cdot E\{N_i\} \quad (5\text{-}12)$$

在每个时间间隔处,交通流按比例在多条路径间变换,并且在同一时间间隔内的流量可以认为是静态的。因此,根据 Little 定理,平均队列长度 $E\{N_i\}$ 能够用等待时间表示,有

$$E\{N_i\}=x_a E\{W\} \quad (5\text{-}13)$$

式中:x_a——路段 a 上的交通流量。

将式(5-13)代入式(5-12)中,平均等待时间可以表示为

$$E\{W\}=\frac{E\{R_i\}}{1-\rho} \quad (5\text{-}14)$$

式中:$\rho=\frac{x_a}{s_a}$。

令 $M(t)$ 表示 $(0,t)$ 时间间隔内已服务车辆数目,$L(t)$ 表示 $(0,t)$ 时间间隔内休假次数,S_i 表示第 i 辆车的服务时间,V_i 表示第 i 个休假时长,则平均剩余服务时间为

$$\frac{1}{t}\int_0^t r(\tau)\mathrm{d}\tau = \frac{1}{t}\sum_{i=1}^{M(t)}\frac{1}{2}S_i^2 + \frac{1}{t}\sum_{i=1}^{L(t)}\frac{1}{2}V_i^2 = \frac{1}{2}\frac{M(t)}{t}\frac{\sum_{i=1}^{M(t)}S_i^2}{M(t)} + \frac{1}{2}\frac{L(t)}{t}\frac{\sum_{i=1}^{L(t)}V_i^2}{L(t)}$$

$$(5\text{-}15)$$

式中:$\frac{M(t)}{t}$——$(0,t)$ 时间间隔内平均车辆到达率;

$\frac{L(t)}{t}$——$(0,t)$ 时间间隔内休假(红灯相位)到达率;

$\frac{\sum_{i=1}^{M(t)}S_i^2}{M(t)}$——$S_i$ 在 $(0,t)$ 时间间隔内的二阶矩;

$\frac{\sum_{i=1}^{L(t)}V_i^2}{L(t)}$——$V_i$ 在 $(0,t)$ 时间间隔内的二阶矩。

当 $t\to\infty$ 时,平均剩余服务时间 $E\{R_i\}$ 为

$$E\{R_i\}=\lim_{t\to\infty}\frac{1}{t}\int_0^t r(\tau)\mathrm{d}\tau = \frac{1}{2}x_a\overline{S^2}+\frac{1}{2}\theta_a\overline{V^2} \quad (5\text{-}16)$$

式中:θ_a——路段 a 上的休假到达率。

令 T_{cl} 表示完整交通信号周期的周期长度,有 $\theta_a=\frac{1}{T_{cl}}$。此外,如上所述,每

辆车在路段 a 交叉路口处的服务时间由路段饱和流量确定，即常数 $\frac{1}{s_a}$。同理，路段 a 上交通信号休假时长则由完整交通信号周期时长 T_{cl} 以及绿信比 G_a 确定，表示为 $(1-G_a)T_{cl}$。因此，式(5-16)中平均剩余服务时间 $E\{R_i\}$ 可表示为

$$E\{R_i\} = \frac{x_a}{2s_a^2} + \frac{(1-G_a)^2 T_{cl}}{2} \tag{5-17}$$

将式(5-17)代入式(5-14)，则平均等待时间为

$$E\{W\} = \frac{E\{R_i\}}{1-\rho} = \frac{x_a}{2s_a(s_a - x_a)} + \frac{s_a(1-G_a)^2 T_{cl}}{2(s_a - x_a)} \tag{5-18}$$

进一步，每辆车在路段 a 交叉路口处的时延可以表示为

$$b_a = E\{W\} + \frac{1}{s_a} = \frac{2s_a + s_a^2(1-G_a)^2 T_{cl} - x_a}{2s_a(s_a - x_a)} \tag{5-19}$$

式(5-19)所涉及的车流量为路段流量。利用路径-路段关联矩阵 $\mathbf{A}$，能够将路段流量变换为路径流量。其中，关联矩阵 $\mathbf{A}$ 可表示为

$$A_a = \begin{cases} 1, & \text{路段 } a \text{ 为路径的一部分} \\ 0, & \text{其他} \end{cases} \tag{5-20}$$

此外，$x_a = (\mathbf{AX})_a$。将其代入式(5-19)，有

$$b_a = \frac{2s_a + s_a^2(1-G_a)^2 T_{cl} - (\mathbf{AX})_a}{2s_a(s_a - (\mathbf{AX})_a)} \tag{5-21}$$

令 $\mathbf{b} = [b_1, b_2, \cdots, b_{N_l}]$ 为各路段交叉路口处时延向量，其中 N_l 为路网中路段条数。将交叉路口处时延考虑在内，式(5-8)中路径间交通流量变换可表示为

$$\begin{aligned}\mathbf{\Delta}(\mathbf{X}(t)) = & \omega X_1(t)[C_1(X_1(t)) + (\mathbf{A}^T\mathbf{b})_1 - C_2(X_2(t)) - (\mathbf{A}^T\mathbf{b})_2]_+ \Delta_{12} \\ & + \omega X_2(t)[C_2(X_2(t)) + (\mathbf{A}^T\mathbf{b})_2 - C_1(X_1(t)) - (\mathbf{A}^T\mathbf{b})_1]_+ \Delta_{21}\end{aligned}$$
$$\tag{5-22}$$

式中：$(\mathbf{A}^T\mathbf{b})_i$ ——第 i 条路径总交叉路口处时延。

式(5-22)可扩展为同一起讫点间包含多条路径的道路网络。令 $r \sim h$ 表示路径 r 与路径 h 连接相同的起讫点，则路径 r 与 h 间交通流量变换可表示为

$$\begin{aligned}\mathbf{\Delta}(\mathbf{X}(t)) = & \sum_{\{(r,h);r<h\}} \omega \{X_r[C_r(X_r(t)) + (\mathbf{A}^T\mathbf{b})_r - C_h(X_h(t)) - (\mathbf{A}^T\mathbf{b})_h]_+ \Delta_{rh}\} \\ & + \sum_{\{(r,h);r<h\}} \omega \{X_h[C_h(X_h(t)) + (\mathbf{A}^T\mathbf{b})_h - C_r(X_r(t)) - (\mathbf{A}^T\mathbf{b})_r]_+ \Delta_{hr}\}\end{aligned}$$
$$\tag{5-23}$$

由上述分析可以看出，包含交叉路口处时延之后，路网的动态交通系统仍能表示为

$$\boldsymbol{X}(t+1)=\boldsymbol{X}(t)+\boldsymbol{\Delta}(\boldsymbol{X}(t)) \tag{5-24}$$

在事故发生于一条路段之后,假设事故路段处的通行成本从 $c_N(x(t))$ 增加到 $c_I(x(t))$,其中下标 N 和 I 分别表示正常情况以及事故情况。对于全部 k 条包含事故路段的路径,通行成本将分别从 $C_N=\{c_{N1}(x_1(t)),c_{N2}(x_2(t)),\cdots,c_{Nk}(x_k(t))\}$ 增加到 $C_I=\{c_{I1}(x_1(t)),c_{I2}(x_2(t)),\cdots,c_{Ik}(x_k(t))\}$。因此,对于包含事故路段的第 i 条路径,假设事故发生于时间 t^*,令 $C_{Ii}(X_\delta)=C_{Ni}(X_i(t^*))$,则因事故导致的路网不均衡车流量可以表示为 $\Delta X_i=X_i(t^*)-X_\delta$。对于不包含事故路段的路径 j,因事故导致的路网不均衡车流量为 $\Delta X_j=0$。因此,假设路网中包含 Ω 条路径,由事故引起的不均衡车流量为 $\Delta X_R=\{\Delta X_1,\Delta X_2,\cdots,\Delta X_\Omega\}$。进一步,整个路网中不均衡车流量可表示为

$$\Delta X_T = \sum_{i=1}^{\Omega} \Delta X_i \tag{5-25}$$

在事故发生之后,若动态路网系统需要达到新的均衡点,则导致路网不均衡的车流量 ΔX_T 需要根据道路容量重新分配到同一起讫点间的不同路径上。使得路网重新达到均衡点时每条路径需要分配的车流量可由下式计算:

$$\begin{cases} \Delta X_{I1}+\Delta X_{I2}+\cdots+\Delta X_{I\Omega}=\Delta X_T \\ (\boldsymbol{A}^T(\boldsymbol{c}+\boldsymbol{b}))_1(\Delta X_{I1})=(\boldsymbol{A}^T(\boldsymbol{c}+\boldsymbol{b}))_2(\Delta X_{I2})=\cdots=(\boldsymbol{A}^T(\boldsymbol{c}+\boldsymbol{b}))_\Omega(\Delta X_{I\Omega}) \end{cases} \tag{5-26}$$

式中: $\boldsymbol{c}=[c_1,c_2,\cdots,c_L]$。

根据式(5-26),令每条路径需要分配的车流量为 $\Delta X_I=\{\Delta X_{I1},\Delta X_{I2},\cdots,\Delta X_{I\Omega}\}$,当且仅当新的均衡点仍然属于集合 $D\times F\cap S$ 时,动态交通系统才能够达到新的均衡点。

2. 交通信号控制策略

动态路径导航服务能够为通行者提供实时交通信息,并且可以为能够变换路径的车辆提供当前最佳行驶路线,从而使日常交通分配模型能够应用于短时交通流分配,并有助于在短期内评估智能交通系统干预措施。如图 5-11 所示,本节首先提出了一个交叉路口信号灯控制系统,其中在交叉路口部署了多种传感器以获取并为通行者提供实时交通信息。例如,感应环路检测器用于收集交通流量和车辆平均行驶速度,摄像头用于检测事故的类型和严重性。将这些交通数据传输到信息处理中心(IPC),以估计事故路段上的实时通行成本。然后通过路边警示灯为车辆提供未来路径规划服务,以便从宏观上平衡相同起讫点间不同路径上的通行成本。此外,结合比例调节过程路径规划模型,本小节提

出了一种信号控制策略,用于调节事故发生路段下游交叉路口处信号灯绿信比。所提出的信号控制策略可以根据事故的严重程度实施不同的控制策略,并且能够提高事故路段恢复速率以及道路系统的稳定性。

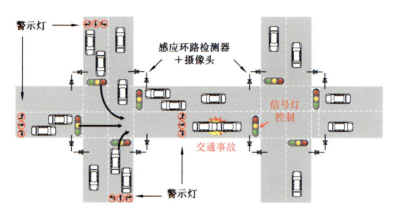

图 5-11 交叉路口信号灯控制系统

具体而言,根据比例调节路径选择方法,路网能够在事故发生之前保持均衡状态 X^*。然而,若路径 2 上发生交通事故,则路径 2 的总通行成本将突然增加,使得 $C_{E1}(X^*) < C_{E2}(X^*)$,导致交通系统无法在之前均衡状态 X^* 处维持均衡。因此,根据比例调节路径选择方法,为了达到新的均衡状态,路径 2 处的交通流量将逐渐向路径 1 处调节。若新的均衡状态 X_1^* 依然属于可行域 $D \times F \cap S$ 且能够使得 $C_{E1}(X_1^*) = C_{E2}(X_1^*)$,则在事故情况下路网依然能恢复到均衡状态。然而,若新的均衡状态 X_1^* 不再属于可行域 $D \times F \cap S$,则仅仅利用固定信号控制策略,动态交通系统难以在此类事故情况下达到均衡。

因此,考虑交通信号控制并将车辆路径选择方法与适当的信号控制策略相结合,为在事故发生后实现更好的路网控制提供了一种有效的解决方案。通过此方法,如果路径交通流量和交通信号灯绿信比可以同时达到均衡状态 $[X^*, G^*]$,则事故情况下动态交通系统能够稳定。事故发生之后,能够计算出新的交通流量均衡点 X_1^*。若路网中发生了影响程度较小的事故并且新的均衡点仍然存在于初始可行域内,如图 5-12(a)所示,那么可以减小路径 1 路口处的绿信比 G_1,增大路径 2 路口处的绿信比 G_2。结合比例调节路径选择方法,路径 2 交叉路口处时延以及总通行成本将会随之降低,并且通过适当调整步长,动态交通系统可以最终达到新的均衡状态 $[X_1^*, G^*]$。因此,在事故影响程度较小的情况下,所提出的信号控制策略能够使动态系统更快地达到新均衡点 X_1^*,从而

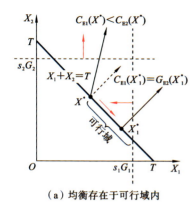
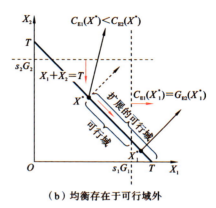

(a) 均衡存在于可行域内　　　　　(b) 均衡存在于可行域外

图 5-12　不同程度事故影响下的信号控制策略说明

提高路网在事故情况下的恢复速率。然而,若路网中发生了严重事故导致新的均衡点 X_1^* 处于初始可行域之外,如 5-12(b)所示,则需扩大可行域的范围,使得可行域重新包括均衡点 $[X_1^*, G_1^*]$。如图 5-12(b)所示,可以增大路径 1 路口处的绿信比 G_1,减小路径 2 路口处的绿信比 G_2,并且通过适当调整步长,使得动态交通系统达到均衡状态 $[X_1^*, G_1^*]$。

令 $\boldsymbol{\Delta}_{rh} = [0, \cdots, 0, \underbrace{-1}_{r-th}, 0, \cdots, 0, \underbrace{1}_{h-th}, 0, \cdots, 0]$,$\boldsymbol{\Delta}_{hr} = [0, \cdots, 0, \underbrace{1}_{r-th}, 0, \cdots, 0, \underbrace{-1}_{h-th}, 0, \cdots, 0]$。若新的均衡点 X_1^* 依然属于初始可行域,则每组起讫点间交叉路口绿信比变化可以表示为

$$\Delta G_{ODq}(t) = \sum_{\{(r,h):r<h\}} \omega' \{G_{qr}(t)[C_{Eqh}(X_{qh}(t)) - C_{Eqr}(X_{qr}(t))]_+ \Delta_{qrh}\} \\ + \sum_{\{(r,h):r<h\}} \omega' \{G_{qh}(t)[C_{Eqr}(X_{qr}(t)) - C_{Eqh}(X_{qh}(t))]_+ \Delta_{qhr}\}$$

(5-27)

对于所有 K 组起讫点,绿信比变化为 $\Delta \boldsymbol{G}(t) = [\Delta G_{OD1}(t), \Delta G_{OD2}(t), \cdots, \Delta G_{ODK}(t)]$。

同理,若新的均衡点 G_1^* 处于初始可行域之外,如图 5-12(b) 所示,则每组起讫点间交叉路口绿信比变化可以表示为

$$\Delta G_{ODq}(t) = \sum_{\{(r,h):r<h\}} \omega' \{G_{qh}(t)[C_{Eqh}(X_{qh}(t)) - C_{Eqr}(X_{qr}(t))]_+ \Delta_{qhr}\} \\ + \sum_{\{(r,h):r<h\}} \omega' \{G_{qr}(t)[C_{Eqr}(X_{qr}(t)) - C_{Eqh}(X_{qh}(t))]_+ \Delta_{qrh}\}$$

(5-28)

令 $G(t)$ 表示多组起讫点间各路径交叉路口绿信比,则动态交通系统中绿信比变化过程可以表示为

$$G(t+1) = G(t) + \Delta(G(t)) \qquad (5-29)$$

结合动态交通流量变化过程式(5-24)以及绿信比变化过程式(5-29),整个动态交通系统变化过程可以表示为

$$[X, G](t+1) = [X, G](t) + \Delta[X, G](t) \qquad (5-30)$$

3. 事故影响下系统稳定性分析

基于动态交通系统变化过程式(5-30),本节首先结合信号控制策略以及车辆路径选择方法,给出了候选李雅普诺夫(Lyapunov)函数。其次,利用李雅普诺夫稳定性定理,在不同事故情况下给出了系统稳定的条件以及相应证明。

动态交通系统变化过程式(5-30)的候选李雅普诺夫函数可以表示为

$$V[X(t), G(t)](t+1) = V(X(t)) + V(G(t)) \qquad (5-31)$$

其中,

$$\begin{aligned}V_q(X(t)) = &\sum_{(r,h):r<h} \omega \{X_{qr} \{[(\boldsymbol{A}^{\mathrm{T}}(\boldsymbol{c}+\boldsymbol{b}))_{qr} - (\boldsymbol{A}^{\mathrm{T}}(\boldsymbol{c}+\boldsymbol{b}))_{qh}]_+ \Delta_{qrh}\}^2 \\ &+ X_{qh} \{[(\boldsymbol{A}^{\mathrm{T}}(\boldsymbol{c}+\boldsymbol{b}))_{qh} - (\boldsymbol{A}^{\mathrm{T}}(\boldsymbol{c}+\boldsymbol{b}))_{qr}]_+ \Delta_{qhr}\}^2\} \end{aligned} \qquad (5-32)$$

$$V(X(t)) = \sum_q V_q(X(t)) \qquad (5-33)$$

若新的均衡点仍然处于初始可行域内,根据式(5-27),$V(G(t))$ 可以表示为

$$\begin{aligned}V_q(G(t)) = &\sum_{(r,h):r<h} \omega' \{G_{qr}(t) \{[C_{Eqh}(X_{Eqh}(t)) - C_{Eqr}(X_{qr}(t))]_+ \Delta_{qrh}\}^2\} \\ &+ \sum_{(r,h):r<h} \omega' \{G_{qh}(t) \{[C_{Eqr}(X_{qr}(t)) - C_{Eqh}(X_{qh}(t))]_+ \Delta_{qhr}\}^2\}\end{aligned}$$

$$(5-34)$$

$$V(G(t)) = \sum_q V_q(G(t)) \qquad (5-35)$$

同理,若新的均衡点处于初始可行域之外,根据式(5-28),$V(G(t))$ 可表示为

$$\begin{aligned}V_q(G(t)) = &\sum_{(r,h):r<h} \omega' \{G_{qh}(t) \{[C_{Eqh}(X_{Eqh}(t)) - C_{Eqr}(X_{qr}(t))]_+ \Delta_{qhr}\}^2 \\ &+ G_{qr}(t) \{[C_{Eqr}(X_{qr}(t)) - C_{Eqh}(X_{qh}(t))]_+ \Delta_{qrh}\}^2\}\end{aligned} \qquad (5-36)$$

$$V(G(t)) = \sum_q V_q(G(t)) \qquad (5-37)$$

根据上述分析,本节给出了基于信号控制策略的动态交通系统稳定的条件,并利用李雅普诺夫稳定性定理对系统稳定性进行了证明。

定理 5-1 在事故发生后,若新的均衡点 $[X^*, G^*]$ 仍处于初始可行域之

内,利用所提出的信号控制策略,动态交通系统能够收敛于稳定状态。然而,若新的均衡点$[X^*,G^*]$处于可行域之外,则当所有起讫点间的各条路径i满足以下条件时,动态交通系统能够稳定:

(1) $\dfrac{\partial C_{Ei}(X_i(t))}{\partial X_i(t)}+\dfrac{\partial C_{Ei}(G_i(t))}{\partial G_i(t)}>0$;

(2) $\omega X_i>\omega' G_i$。

证明 根据候选李雅普诺夫函数可得,对于所有 $X\in D\times F\cap S$,$V([X(t),G(t)])>0$,并且当且仅当$[X(t),G(t)]$为 Wardrop 均衡时,$V([X(t),G(t)])=0$。此外,当$[X(t),G(t)]$不为均衡点时,则候选李雅普诺夫函数 $V([X(t),G(t)])$ 需满足 $\dfrac{\partial V(X(t),G(t))}{\partial X(t)}\Delta X+\dfrac{\partial V(X(t),G(t))}{\partial G(t)}\Delta G<0$。

具体而言,若事故发生之后均衡点依然存在于可行域内,有

$$\begin{aligned}&\dfrac{\partial V([X(t),G(t)])}{\partial X(t)}\cdot \Delta X(t)\\
=&\sum_q \{2\Delta_{\mathrm{OD}q}^{\mathrm{T}}(X(t))\cdot J_{qXrh}\cdot \Delta_{\mathrm{OD}q}(X(t))+\omega^2\sum_{r,h,u}\{[C_{Eqr}(X_{qr}(t))\\
&-C_{Eqh}(X_{qh}(t))]_+^2\cdot \{X_{qu}[C_{Equ}(X_{qu}(t))-C_{Eqr}(X_{qr}(t))]_+-X_{qr}[C_{Eqr}(X_{qr}(t))\\
&-C_{Eqh}(X_{qh}(t))]_+\}\}+2\Delta_{\mathrm{OD}q}^{\mathrm{T}}(G(t))\cdot (-J_{qXrh})\cdot \Delta_{\mathrm{OD}q}(X(t))\}\end{aligned} \quad (5\text{-}38)$$

式中:J_{qXrh}——半负定矩阵。

因此,$\dfrac{\partial V(X(t),G(t))}{\partial X(t)}\Delta X<0$。同理,有

$$\begin{aligned}&\dfrac{\partial V([X,G])}{\partial G}\cdot \Delta G\\
=&\sum_q\{2\Delta_{\mathrm{OD}q}^{\mathrm{T}}(X)\cdot J_{qGrh}\cdot \Delta_{\mathrm{OD}q}(G)+\omega'^2\sum_{r,h,u}\{[C_{Eqh}-C_{Eqr}]_+^2\cdot \{G_{qr}[C_{Equ}-C_{Eqr}]_+-\\
&G_{qu}[C_{Eqr}-C_{Equ}]_+\}\}+2\Delta_{\mathrm{OD}q}^{\mathrm{T}}(G)\cdot (-\boldsymbol{J}_{qGrh})\cdot \Delta_{\mathrm{OD}q}(G)\}\end{aligned} \quad (5\text{-}39)$$

式中:$\boldsymbol{J}_{qGrh}$——半负定矩阵。

因此,$\dfrac{\partial V(X(t),G(t))}{\partial G(t)}\Delta G<0$。由上述可知,若路网中发生了影响程度较小的事故并且新的均衡点仍然处于初始可行域之内,利用所提出的交通控制策略,动态交通系统能够达到稳定状态。

然而,若路网中发生了严重事故导致新的均衡点处于初始可行域之外,有

$$\begin{aligned}&\dfrac{\partial V([X,G])}{\partial X}\cdot \Delta X\\
=&\sum_q\{2\Delta^{\mathrm{T}}(X)\cdot \boldsymbol{J}\cdot \Delta(X)+\omega^2\sum_{r,h,u}\{[C_{Eqr}-C_{Eqh}]\cdot \{X_{qu}[C_{Equ}-C_{Eqr}]_+\end{aligned}$$

$$-X_{qr}[C_{Eqr}-C_{Equ}]_+\}\}+2\Delta^{\mathrm{T}}(G)\cdot \boldsymbol{J}\cdot \Delta(X)\} \tag{5-40}$$

$$\frac{\partial V([X,G])}{\partial G}\cdot \Delta G$$

$$=\sum_{q}\{2\Delta^{\mathrm{T}}(X)\cdot \boldsymbol{J}\cdot \Delta(G)+\omega'^{2}\sum_{r,h,u}\{[C_{Eqh}-C_{Eqr}]_+^2\cdot \{G_{qr}[C_{Equ}-C_{Eqr}]_+$$

$$-G_{qu}[C_{Eqr}-C_{Equ}]_+\}\}+2\Delta^{\mathrm{T}}(G)\cdot \boldsymbol{J}\cdot \Delta(G)\} \tag{5-41}$$

综合考虑式(5-40)以及式(5-41)，若路径交通流量 X 以及交叉路口绿信比 G 满足式(5-42)，可使 $\dfrac{\partial V(X(t),G(t))}{\partial X(t)}\Delta X+\dfrac{\partial V(X(t),G(t))}{\partial G(t)}\Delta G<0$，即

$$\Delta_{\mathrm{OD}q}^{\mathrm{T}}(X(t))\cdot \boldsymbol{J}_{qXrh}\cdot \Delta_{\mathrm{OD}q}(X(t))+\Delta_{\mathrm{OD}q}^{\mathrm{T}}(G(t))\cdot \boldsymbol{J}_{qXrh}\cdot \Delta_{\mathrm{OD}q}(X(t))$$
$$+\Delta_{\mathrm{OD}q}^{\mathrm{T}}(G(t))\cdot \boldsymbol{J}_{qGrh}\cdot \Delta_{\mathrm{OD}q}(G(t))+\Delta_{\mathrm{OD}q}^{\mathrm{T}}(X(t))\cdot \boldsymbol{J}_{qGrh}\cdot \Delta_{\mathrm{OD}q}(G(t))<0$$

$$(5-42)$$

对于起讫点间任一路径 i，充分条件式(5-42)能够表示为两个条件：

(1) $\dfrac{\partial C_{Ei}(X_i(t))}{\partial X_i(t)}+\dfrac{\partial C_{Ei}(G_i(t))}{\partial G_i(t)}>0$；

(2) $\omega X_i>\omega' G_i$。

如果上述两个条件均能满足，则当新的均衡点处于初始可行域之外时，所提出的交通控制策略能够使动态交通系统达到稳定状态。定理 5-1 得证。

4. 仿真验证

本节基于单起讫点三路径路网对提出的信号控制策略进行仿真测试。如图 5-13 所示，从交叉路口 0 到交叉路口 5 有三条路径，分别为路径 1（交叉路口 0→1→2→5）、路径 2（交叉路口 0→3→2→5）以及路径 3（交叉路口 0→3→4→5）。当事故发生于交叉路口 2 与交叉路口 5 之间的路段时，路径 1 与路径 2 的通行成本将增加，并且两条路径上的交通流量也逐渐向路径 3 调整。在此情况下，利用本节提出的信号控制策略，调整交叉路口 5 处的交通信号绿信比，以研究不同事故条件下交通系统稳定性的条件。

对于单起讫点三路径路网，三条路径的长度分别设置为 1 km、1 km 以及 0.9 km，饱和流量分别设置为 75 veh/h、75 veh/h 以及 100 veh/h。所有路径上自由流速度、道路总流量以及信号灯周期分别设置为 50 km/h、100 veh/h 以及 120 s。三条路径的起始交通流量设置为 $\boldsymbol{X}_0=[20,30,50]$，交叉路口 5 处的初始绿信比设置为 $\boldsymbol{G}_0=[0.3,0.7]$。

当路网中没有发生交通事故时，交通流量将从通行成本较高的路径调节到成本较低的路径。在此情况下，仅考虑路径选择方法，动态交通路网能够达到均衡状态，使三条路径的通行成本相等。如图 5-14 所示，动态交通系统能够在

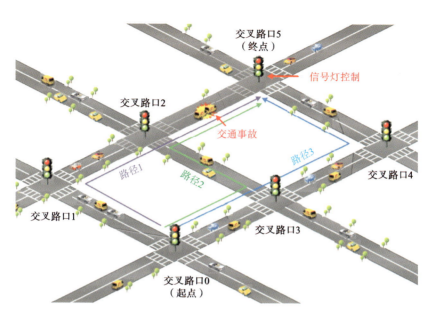

图 5-13 单起讫点三路径路网

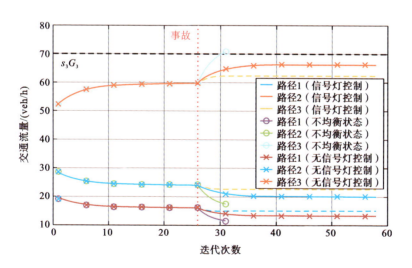

图 5-14 不同事故条件下交通流量时间演进

大约 20 次迭代后达到均衡状态,实现系统稳定。然后,事故在第 26 次迭代时发生于交叉路口 2 与交叉路口 5 之间的路段,路径 1(交叉路口 0→1→2→5)与路径 2(交叉路口 0→3→2→5)上的通行成本将突然增加。在此情况下,如图 5-14 所示,根据本节所采用的比例调节路径选择模型,路径 1 与路径 2 上的交通流量将逐渐调节到路径 3 上。若定理 5-1 中的均衡存在条件能够满足,如图 5-14 中带十字标记的实线所示,则动态交通系统能够在大约 40 次迭代后达到均衡状态。然而,若定理 5-1 中的均衡存在条件不能满足(例如,路网中发生了严重事故,致使新的均衡点处于可行域之外),如图 5-14 中带圆圈标记的实线所示,路径 3 处的交通流量将达到集合 $S=\{(X_1,X_2,X_3,G_1,G_2,G_3):X_1\leqslant s_1G_1,X_2\leqslant s_2G_2,X_3\leqslant s_3G_3\}$ 的边界,动态交通系统难以收敛到可行均衡点处。

此外,当新的均衡点依然处于初始可行域之内时,图 5-14 中给出了利用本节所提信号控制策略的路网交通流量演进结果,并将其与仅考虑路径选择方法所得演进结果进行对比。如图 5-14 中虚线所示,若新的均衡点依然存在于初始可行域之内,利用本节所提出的结合信号灯控制和路径选择的事故管理策略,动态交通系统能够在大约 30 次迭代后达到新的均衡点。以上结果表明,利用本节所提信号控制策略,交通系统具有更快的收敛速度,并且当路网中发生影响程度较小的事故时,本节所提方法展现出了在提高路网恢复速率方面的有效性。

如图 5-14 中带圆圈标记的实线所示,当路网中发生了严重事故导致新的均衡点处于可行域之外时,仅仅通过路径选择方法,动态交通系统难以收敛于新的均衡状态。因此,结合路径选择模型,本节提出了一种信号控制策略并给出了系统稳定的充分条件。如图 5-15 所示,若定理 5-1 中系统稳定性条件能够满足,利用信号控制策略可行集合的边界可以增大到 86.03,动态集合能够包含新的均衡点,使路网在严重事故条件下重新达到稳定状态。然而,如图 5-16

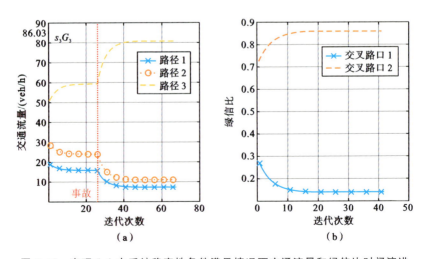

图 5-15 定理 5-1 中系统稳定性条件满足情况下交通流量和绿信比时间演进

所示,若定理 5-1 中系统稳定性条件不能满足,动态交通系统则无法达到可行均衡点,这意味着交通拥塞将逐渐累积并且交通系统难以达到稳定状态。综上所述,根据理论分析与仿真结果可知,事故发生之后,若新的均衡点处于可行域之外,则需降低事故相关路径交叉路口处的绿信比,使可行域重新包含新的均衡点。当定理 5-1 中系统稳定性条件能够满足时,严重事故条件下交通道路网络依然能够达到稳定状态。因此,所提出的信号控制策略能够增强事故条件下道路系统的恢复能力,提高系统的稳定性。

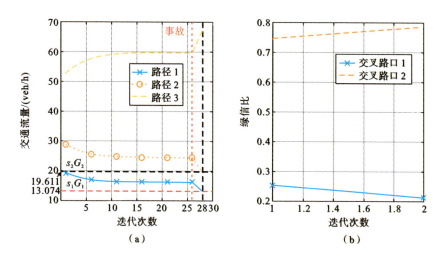

图 5-16　定理 5-1 中系统稳定性条件不满足情况下交通流量和绿信比时间演进

5.4.2　微观控制案例

驾驶安全是交通参与者和智能交通需要实现的基本目标。据统计,美国 94% 的交通事故都是由驾驶员的错误操作引起的。一方面,驾驶员在驾驶时分心、误判和误操作会增加事故风险。根据研究结果,在大多数严重的追尾事故中,存在后方车辆的驾驶员采取不完全制动或不采取有效制动的情况。另一方面,前方车辆的突然换道或紧急刹车将导致后车没有足够的时间采取适当的措施,从而导致碰撞事故的发生。因此,除了需要设计准确可靠的碰撞避免算法来检测事故风险并提供预警信息之外,还需要研究车辆自主决策控制从而减小驾驶员失误的概率。智能网联汽车不仅可以自主感知环境、自主决策、自主控制,还可以与其他车辆和基础设施共享信息。其中,自动制动功能是智能网联汽车的安全使能技术之一,该技术使得车辆可以进行有效制动,从而降低事故率。因此，通过设计有效和准确的低层自动制动决策算法或高层车辆协调控制算法来避免潜在风险十分有意义。

1. 场景设计

场景包含前车突然制动或车道变换，如图 5-17 所示。当前车突然改变车道或紧急制动时，如果后车未能采取有效制动，则可能发生事故。因此，为了避免事故，一方面，需要通过车载传感器实时收集数据并使用通信技术与周围车辆进行交互以获取状态信息。另一方面，车辆应该能够提前检测潜在的危险并进行有效制动。然而，在这个过程中存在许多不确定性（例如，车辆的位置、车辆的速度和噪声数据），并且制动过程可能给乘客带来不舒服的感觉，这使得设计自动制动决策算法充满挑战。当后车检测到前方车辆时，根据前车的当前状态数据，后车需要判断前车的后续行驶状态（例如，制动、变换车道或者保持先前的行驶状态），并决策是否根据前车的驾驶行为采取制动措施。

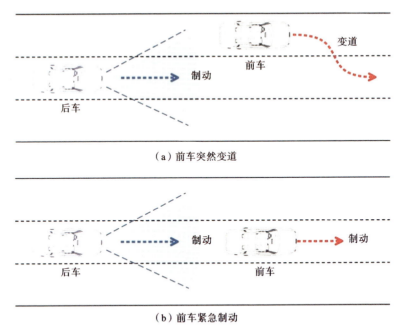

图 5-17 后车需要自动制动的紧急场景

2. 自动决策控制系统设计

受到车辆自主决策和控制的智能算法的启发，制动决策问题可以表示为深度强化学习过程，用于确定紧急情况下自动制动控制的最优策略，如图 5-18 所示,从而使车辆快速脱离危险并最大化乘客的舒适度。

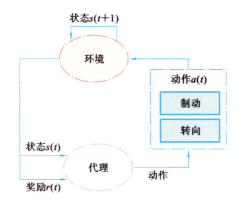

图 5-18 结合深度强化学习的自动制动决策算法

1) 自动制动系统参数

结合深度强化学习的方法非常适合通过与环境的互动来学习制动决策。为了利用深度强化学习进行最佳自动制动策略学习,接下来详细描述状态、动作和奖励函数。

(1) 状态:t 时刻的状态空间可以表示为

$$s(t) = \{v_{FV}(t), P_{FV}(t), a_{FV}(t), v_{LV}(t), P_{LV}(t), a_{LV}(t)\} \quad (5-43)$$

式中:$v_{FV}(t)$——前车速度;

$P_{FV}(t)$——前车位置;

$a_{FV}(t)$——前车加速度;

$v_{LV}(t)$——后车速度;

$P_{LV}(t)$——后车位置;

$a_{LV}(t)$——后车加速度。

(2) 动作:在自动制动决策问题中,后车可以选择制动或转向相邻车道以避免碰撞。动作包含车辆减速度和转向角,可以表示为

$$a(t) = \{a_d(t), a_s(t)\} \quad (5-44)$$

式中:$a_d(t)$——不同的减速级别;

$a_s(t)$——连续归一化转向角。

$a_d(t) \in [0, 8]$,值越大表示减速度越大;$a_s(t) \in [-1, 1]$,负值意味着向左转,而正值意味着向右转。

(3) 奖励:奖励函数是在特定状态下采取行动的标准,用于指导学习过程。

因此，为了确保自动制动决策系统的有效性和准确性，有必要设计合适的奖励函数。在本场景中，以下三种情况被认为是不适当的制动行为：①制动太早，导致乘客长时间处于紧张状态；②制动太迟或没有制动，导致碰撞事故；③制动加速度太大或加速度变化太快，使乘客感到不舒服。换句话说，后车应该在正确的时间采取适当的制动措施。对于制动太早：

$$r_1(t)=-n[(S_h(t)-(S_{fd}+S_{th}))^2+\alpha] \quad (5\text{-}45)$$

式中：α,n——权重参数；

$S_h(t)$——前后车的纵向车间距；

S_{fd}——前后车的最终跟随距离；

S_{th}——阈值。

当 $S_h(t)>S_{fd}+S_{th}$ 时，$n>0$，否则 $n=0$。对于制动太迟或未采取制动：

$$r_2(t)=-m[(S_{fd}-S_h(t))^2+(v_{FV}(t)-v_{LV}(t))^2+\beta] \quad (5\text{-}46)$$

式中：β,m——权重参数。

相对速度越大、后车制动越晚，则惩罚越大。对于乘客的舒适度：

$$r_3(t)=-k[(a_{FV}(t)-a_{comf})^2+(j_{FV}(t)-j_{comf})^2+\delta] \quad (5\text{-}47)$$

式中：k,δ——权重参数；

a_{comf}——舒适的减速度；

j_{comf}——舒适的加速度变化。

当 $a_{FV}(t)>a_{comf}$ 或 $j_{FV}(t)>j_{comf}$ 时，$k>0$，否则 $k=0$。上面提到的权重参数主要用于评估不同的情况并在不同的目标之间折中。结合以上三个方面，奖励函数可表示为

$$r(t)=r_1(t)+r_2(t)+r_3(t) \quad (5\text{-}48)$$

该策略的主要目标是在一个时期中最大化累积奖励。特别地，当检测到危险的前车（突然换道或刹车）时，一个时期开始。直到危险消除或发生碰撞后，一个时期才结束。

（4）约束：虽然本节同时考虑了几个因素，但对于自动制动决策，确保驾驶安全是首要条件。此外，车辆变道行为可能会对当前车道和目标车道的交通情况造成影响，此时车辆倾向于通过减速行为来避免事故。因此，需要对动作函数进行以下约束。

① 如果减速可以避免事故，则选择减速行为。

② 如果减速无法避免事故，则选择车道变换行为，并且车道变换方向与前车一致。

2) 演员-评论家决策与控制架构

演员-评论家架构用于解决该深度强化学习问题，如图 5-19 所示。通过车辆通信和传感器系统获得的一组测量结果组合成一个向量，以在时间 t 处形成马尔可夫决策过程状态 $s(t)$。接下来采用典型的深度确定性策略梯度（deep deterministic policy gradient，DDPG）算法来解决自动制动控制问题。

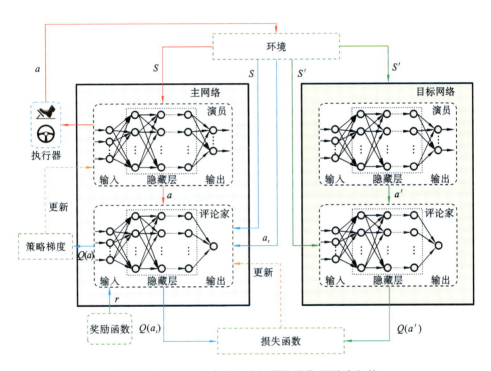

图 5-19 用于解决自动制动问题的演员-评论家架构

基于系统参数和演员-评论家架构，接下来描述自动制动决策的算法过程。首先，定义最大时期数 M、每个时期的时间范围 T、折扣因子 γ、更新率 τ 和奖励函数 r 等参数作为输入。然后，初始化主网络、目标网络和回放内存缓冲区的深度神经网络参数。对于这种连续控制问题，每个时期与时间范围一起定义。从车辆通信和传感器系统获取车辆状态信息，从而在每个时间步长之前获得初始状态。接下来，在时间步长的循环中，执行算法的核心部分。即，由演员网络选择动作并且由环境执行动作；相应的状态转移将存储到回放内存中，以便之后重用这些数据；计算主网络中评论家的梯度并更新网络参数；计算主网络中演员网络的策略梯度并更新网络参数；更新目标网络的参数。在连续迭代之后,最终输出制动控制策略。

3. 仿真验证

下面通过仿真来评估自动决策控制系统的性能。仿真中,考虑了单向三车道场景。后车在中间车道行驶,初始位置设置为(0,0)。初始车速随机分布在 20 km/h 和 80 km/h 之间。车辆减速度为 −8 至 0,其中 0 表示无制动。前车和后车的初始车间距大于安全距离。车辆长度设置为 4.5 m,最终跟随距离设置为前后车长度之和的一半,即 4.5 m。在仿真过程中,舒适的减速度 a_{comf} 和舒适的加速度变化 j_{comf} 分别设置为 4 和 1.5。前车的驾驶行为从以下三种情况中随机选择。

(1) 前车紧急制动(前后车在同一车道上行驶)。

(2) 前车突然换道至后车前方。在换道之前,前车随机在左侧或右侧车道行驶。

(3) 前车保持之前的驾驶状态。

对于前两种情况,当前后车之间的车间距达到临界值时,后车选择不同的自动控制策略来处理这种紧急情况,即制动和转向。对于第三种情况,后车不需要采取任何行动。

关于深度强化学习,演员和评论家网络都使用具有 4 层隐藏层的完全连接的深层神经网络,并采用 ReLU 函数作为激活函数。隐藏层的节点数设置为 70。学习率、折扣因子和更新率分别设置为 0.005、0.9 和 0.001。回放缓冲区的最大值设置为 15000。对于奖励函数,由于后车制动太迟会造成严重的事故,因此权重参数 α、β 和 δ 分别设置为 5、100 和 5。对于权重参数 n、m 和 k,当条件为真时,设置为 1,否则为 0。

图 5-20 和图 5-21 显示了碰撞率与前后车初始车间距之间的关系。其中,图 5-20 中前后车的相对速度很小(40 km/h),表示轻微事故场景;图 5-21 中前后车的相对速度很大(70 km/h),表示极端事故场景。由图可以看出,所提算法可以在大多数紧急情况下保持良好的性能。当初始车间距超过 50 m 时,碰撞率下降到接近 0。对于初始车间距较小且相对速度较大的情况,有碰撞事故发生。其原因是,在这种情况下,无论后车采取制动还是转向,都无法有效避免碰撞。对于基于深度确定性策略梯度的无转向算法,由于车辆只能选择制动行为,在某些情况下即使选择了完全制动,碰撞仍然是不可避免的。因此,在相同条件下,需要更大的初始车间距(例如 55 m)来保证安全。如图 5-20 所示,所提算法和基于深度确定性策略梯度的无转向算法在轻微事故场景下的性能相对

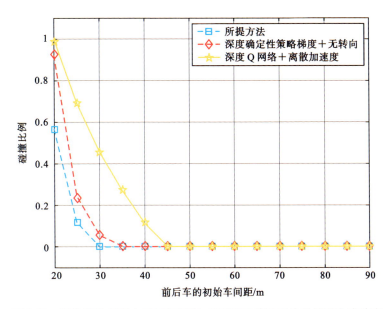

图 5-20 轻微事故场景中不同车间距、相对速度情况下的碰撞避免成功率

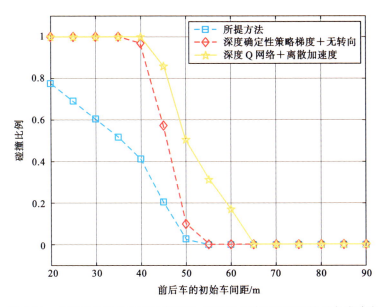

图 5-21 极端事故场景中不同车间距、相对速度情况下的碰撞避免成功率

较接近。这是因为在这种情况下,后车主要通过减速行为避免事故,对转向的需求不高。对于基于深度 Q 网络的离散减速算法,车辆只能选择某些离散加速度值进行制动,因此性能最低。此外,对于轻微事故场景,三种算法的性能可以

保持在良好水平,这意味着对于非紧急情况,仅应用车辆制动或选择离散行为可以确保驾驶安全。但是,对于极端情况,仅考虑不同程度的制动行为的策略无法有效地避免事故。不难推断,如果不应用自动制动控制,则驾驶员将需要额外的感知时间和操作时间来控制车辆。在极端情况下,驾驶员控制车辆制动的性能将更加糟糕。

本章参考文献

[1] 王长君,李瑞敏.城市交通智能管控20年发展反思[J].城市交通,2020,18(5):1-7,33.

[2] HUI Y L,SU Z,LUAN T H. Unmanned era: A service response framework in smart city[J]. IEEE Transactions on Intelligent Transportation Systems,2022,23(6):5791-5805.

[3] MAO G Q,HUI Y L,REN X J,et al. The internet of things for smart roads: A road map from present to future road infrastructure[J]. IEEE Intelligent Transportation Systems Magazine,2022,14(6):66-76.

[4] 杨亮,杨峥强,张盼盼.基于大数据的人车一体化智能管控研究[J].邮政研究,2022,38(4):13-18.

[5] 王洪斌.大数据背景下人工智能在智慧交通中的应用研究[J].电脑知识与技术,2021,17(12):198-199.

[6] 杨易.智能车辆组合定位与路径导航技术研究[D].长沙:湖南大学,2006.

[7] 吕其臻.城市交通运行管理与规划设计对策探讨[J].科技与创新,2017(2):85.

[8] HUI Y L,WANG Q Q,CHENG N,et al. Time or reward: Digital-twin enabled personalized vehicle path planning[C]//Proceedings of 2021 IEEE Global Communications Conference(GLOBECOM). New York: IEEE,2021:1-6.

[9] MANDAL K,SEN A,CHAKRABORTY A,et al. Road traffic congestion monitoring and measurement using active RFID and GSM technology[C]//Proceedings of 14th IEEE Conference on International Intelligent Transportation Systems. New York:IEEE,2011:1375-1379.

[10] YUAN Q,LIU Z H,LI J L,et al. A traffic congestion detection and information dissemination scheme for urban expressways using vehicular net-

works[J]. Transportation Research Part C: Emerging Technologies, 2014,47(6):114-127.

[11] HUI Y L,SU Z,GUO S. Utility based data computing scheme to provide sensing service in internet of things[J]. IEEE Transactions on Emerging Topics in Computing,2019,7(2):337-348.

[12] ERIKSSON J,GIROD L,HULL B,et al. The pothole patrol: Using a mobile sensor network for road surface monitoring[C]//Proceedings of the 6th International Conference on Mobile Systems, Applications, and Services. New York: Association for Computing Machinery,2008:29-39.

[13] KI Y K,BAIK D K. Model for accurate speed measurement using double-loop detectors[J]. IEEE Transactions on Vehicular Technology,2006,55(4):1094-1101.

[14] SUN H J,WU J J,MA D,et al. Spatial distribution complexities of traffic congestion and bottlenecks in different network topologies[J]. Applied Mathematical Modelling,2014,38(2):496-505.

[15] MARFIA G,ROCCETTI M. Vehicular congestion detection and short-term forecasting: A new model with results[J]. IEEE Transactions on Vehicular Technology,2011,60(7):2936-2948.

[16] ZHAN F B,NOON C E. Shortest path algorithms: An evaluation using real road networks[J]. Transportation Science,1998,32(1):65-73.

[17] HOU Z S,LI X Y. Repeatability and similarity of freeway traffic flow and long-term prediction under big data[J]. IEEE Transactions on Intelligent Transportation Systems,2012,17(6):1786-1796.

[18] 贾彤. 汽车智能管控平台系统研究[D]. 柳州:广西科技大学,2017.

[19] 张彤. 拥堵状态下路段交通需求估计方法研究[D]. 济南:山东大学,2018.

[20] 陈鑫. 高速路网与城市路网连接线智能交通管控设计[J]. 南京工程学院学报,2021,19(3):37-42.

[21] 李育华. 一种基于5G的智慧交通运行管理平台[J]. 智慧中国,2021(8):94-95.

[22] 李伟华,陈玉玲. 城市轨道交通运行管理[J]. 传播力研究,2019,3(4):231.

[23] HUI Y L,SU Z,LUAN T H,et al. A game theoretic scheme for collaborative vehicular task offloading in 5G HetNets[J]. IEEE Transactions on

Vehicular Technology,2020,69(12):16044-16056.

[24] LI X S,YE P J,JIN J C,et al. Data augmented deep behavioral cloning for urban traffic control operations under a parallel learning framework[J]. IEEE Transactions on Intelligent Transportation Systems,2022,23(6):5128-5137.

[25] ALAM S,ABBASS H A,BARLOW M. ATOMS：Air traffic operations and management simulator[J]. IEEE Transactions on Intelligent Transportation Systems,2008,9(2):209-225.

[26] RADIŠIĆ T,NOVAK D, JURICIC B. Reduction of air traffic complexity using trajectory-based operations and validation of novel complexity indicators[J]. IEEE Transactions on Intelligent Transportation Systems,2017,18(1):3038-3048.

[27] NGUYEN H,LIU W,CHEN F. Discovering congestion propagation patterns in spatio-temporal traffic data[J]. IEEE Transactions on Big Data,2017,3(2):169-180.

[28] CLAES R,HOLVOET T,WEYNS D. A decentralized approach for anticipatory vehicle routing using delegate multiagent systems[J]. IEEE Transactions on Intelligent Transportation Systems, 2011, 12 (2):364-373.

[29] GEROLIMINIS N,HADDAD J,RAMEZANI M. Optimal perimeter control for two urban regions with macroscopic fundamental diagrams：A model predictive approach[J]. IEEE Transactions on Intelligent Transportation Systems,2013,14(1):348-359.

[30] HUI Y L,HUANG Y H,SU Z,et al. BCC：Blockchain-based collaborative crowdsensing in autonomous vehicular networks[J]. IEEE Internet of Things Journal,2022,9(6):4518-4532.

[31] GAKIS E,KEHAGIAS D,TZOVARAS D. Mining traffic data for road incidents detection[C]//Proceedings of 17th International IEEE Conference on Intelligent Transportation Systems. New York：IEEE,2014:930-935.

[32] REN J Q,CHEN Y Z,XIN L,et al. Detecting and positioning of traffic incidents via video-based analysis of traffic states in a road segment[J].

IET Intelligent Transport Systems,2016,10(6):428-437.

[33] PAN J,POPA I S,ZEITOUNI K,et al. Proactive vehicular traffic rerouting for lower travel time[J]. IEEE Transactions on Vehicular Technology,2013,62(8):3551-3568.

[34] HYMEL K. Does traffic congestion reduce employment growth? [J]. Journal of Urban Economics,2009,65(2):127-135.

[35] MA J,LI C L,LIU Z,et al. On traffic bottleneck in green ITS navigation: An identification method[C]//Proceedings of 2016 IEEE 83rd Vehicular Technology Conference(VTC Spring). New York:IEEE,2016:1-5.

[36] LEE W H,TSENG S S,SHIEH J L,et al. Discovering traffic bottlenecks in an urban network by spatiotemporal data mining on location-based services[J]. IEEE Transactions on Intelligent Transportation Systems,2011,12(4):1047-1056.

[37] 李怀源.公路车速限制方法与管理控制技术研究[D].哈尔滨:哈尔滨工业大学,2012.

[38] 周生滨,解莉楠,于向慧.高速公路车速管理研究[J].商业经济,2008(8):93-94.

[39] 马跃峰,王宜举.一种基于Q学习的单路口交通信号控制方法[J].数学的实践与认识,2011,41(24):102-106.

[40] GONG J L,YANG W. The traffic bottleneck analysis on urban expressway under information condition[C]//Proceedings of 2009 2nd International Conference on Power Electronics and Intelligent Transportation System (PEITS). New York:IEEE,2010:400-403.

[41] VAZIRANI V. Approximation algorithms[M]. Atlanta:Springer,2001.

[42] YUE W W,LI C L,CHEN Y,et al. What is the root cause of congestion in urban traffic networks:Road infrastructure or signal control? [J]. IEEE Transactions on Intelligent Transportation Systems,2021,23(7):8662-8679.

[43] 刘智敏,叶宝林,朱耀东,等.基于深度强化学习的交通信号控制方法[J].浙江大学学报(工学版),2022,56(6):1249-1256.

[44] 张佳鹏,李琳,朱叶.基于强化学习的无人驾驶车辆行为决策方法研究进展[J].电子科技,2021,34(5):66-71.

[45] 钱玉宝,余米森,郭旭涛,等.无人驾驶车辆智能控制技术发展[J].科学技术与工程,2022,22(10):3846-3858.

[46] 金立生,郭柏苍,谢宪毅,等.基于行车安全场模型的交叉口车辆控制算法[J].西南交通大学学报,2022,57(4):753-760.

[47] 晋军.基于神经网络下的车辆自动控制系统决策算法分析研究[J].环境技术,2020,38(2):16-20.

[48] THAJCHAYAPONG S,BARRIA J A. Spatial inference of traffic transition using micro-macro traffic variables[J]. IEEE Transactions on Intelligent Transportation Systems,2015,16(2):854-864.

[49] QI L,ZHOU M C,LUAN W J. Emergency traffic-light control system design for intersections subject to accidents[J]. IEEE Transactions on Intelligent Transportation Systems,2016,17(1):170-183.

[50] WARDROP J G,WHITEHEAD J I. Correspondence. Some theoretical aspects of road traffic research[J]. Proceedings of the Institution of Civil Engineers,1952,1(5):767-768.

[51] BAYKAL-GURSOY M,OZBAY K. Modeling traffic flow interrupted by incidents[J]. European Journal of Operational Research,2009,195(1):127-138.

[52] ZHAO X M,WAN C H,SUN H J,et al. Dynamic rerouting behavior and its impact on dynamic traffic patterns[J]. IEEE Transactions on Intelligent Transportation Systems,2017,18(10):2763-2779.

[53] CHEN L W,HU T Y. Flow equilibrium under dynamic traffic assignment and signal control—An illustration of pretimed and actuated signal control policies[J]. IEEE Transactions on Intelligent Transportation Systems,2012,13(3):1266-1276.

第 6 章
未来展望

本章根据车路协同的理论及部署现状对其发展进行展望。在此基础上,结合车路协同未来的发展,对潜在的关键使能技术进行梳理。

6.1 车路协同发展

本书面向现代车路协同系统,全面探讨了从泛在交通数据感知到交通智能管控的理论及技术,以实现人、车、路的有效协同,保证交通安全,提高交通效率。首先,在对国内外车路协同现状介绍的基础上,探讨了车路协同的应用场景和发展方向,并详细介绍了包括感知、通信、大数据分析及智能管控等车路协同相关技术。其次,结合智能交通物联网感知设备对行人检测、基于微波的车流检测、基于地磁的车流检测、道路健康检测等车路协同数据感知方案和性能进行了讨论和分析。再次,对目前车路协同系统中的 V2P、V2V、V2I 等通信技术进行了详细的原理分析并结合车路协同系统中的具体应用场景进行了性能讨论。然后,介绍了车路协同系统中的大数据分析技术及应用场景,并通过瓶颈识别和成因分析两个案例进一步展示了大数据分析技术在车路协同中的应用。最后,介绍了车路协同系统中的智能管控技术,包括管控技术及应用场景、宏观交通管控分析、微观交通管控分析,并通过宏观控制及微观控制案例进一步讨论了智能管控的意义和性能。

诚然,车路协同可以有效提高交通系统的安全性和效率。然而,车路协同依然处于发展初期,具体的实现技术、商业模式和建设模式都还在探索尝试阶段,这种不确定性使得车路协同产业发展呈现出多样性,也必然存在诸多关键挑战。其一建设成本昂贵,部署和升级路侧智能感知及通信设备需要耗费大量的人力和财力,因此难以实现道路密集化的设备部署,从而实现交通运行状态全天候全覆盖感知。其二决策能力不足,现有车路协同系统数据处理方案不够灵活,难以实现对智慧公路多样化应用场景及车载服务的按需决策。其三用户体验缺失,现有的车路协同系统引导预警功能单一且服务人群(即有人驾驶车还是无人驾驶车)不明确,因此难以为车载用户提供沉浸式的驾驶体验。

从上述挑战可以看出,车路协同的发展不是一蹴而就的,必须综合考虑当前交通系统面临的紧迫问题及未来由无人驾驶车构成的交通系统中的核心挑战,从而促进车路协同系统得到空前发展和大规模推广。我们认为,能够为智能网联车辆服务的车路协同得到大规模应用的前提是,智能网联车的渗透率达到一定程度。因此,车路协同的发展路线应该是螺旋形的,如图 6-1 所示。现在建设的车路协同系统应该针对有人驾驶车和高级辅助驾驶,信息化达到一定程度后可以支持 L3 级自动驾驶和高级辅助驾驶。而全面支持 L3 级的车路协同系统,只有当 L3 级自动驾驶车辆渗透率达到一定程度后才有可能实现。随着车辆和车路协同系统的演进,我们希望车路协同系统具备有感觉、会思考、能反应的特点,让有人驾驶车和无人驾驶车时刻沉浸式地感受到智慧化的交互驾驶体验。具体体现在,车路协同系统应当考虑使用性价比更高、适应性更强的感知设备并能够大规模密集化灵活部署来降低建设成本,应当能对异构感知设备采集的数据进行分布式跨层融合和决策来提高决策能力,应当具有多种维度、多种手段的交互及辅助决策能力来丰富用户体验。

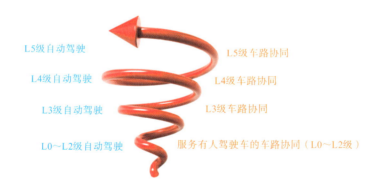

图 6-1　车路协同的螺旋式发展

未来,车和路的协同系统,将继续深度融合"聪明的车"和"智慧的路"这两个不同的产业链,并在国家交通数字化转型的政策引领下催生出更多的需求和应用。交通信息的精准感知是实现车路协同的基础,电子技术的更新换代促使传感器不断向微型化、低功耗化的方向发展,以实现多种恶劣环境中路况、交通状况等多维信息的全面、实时、无缝感知并提高检测精度。此外,备受关注的空天地一体化通信技术及人工智能技术将进一步促进车路协同系统中的数据传输和决策。一方面，空天地一体化网络的广域覆盖性可满足百千米范围内车辆和路侧系统的信息传输需求和实时通信需求。另一方面，通过先进的人工智能识别技术、增强现实技术、信息处理技术等构建开放兼容的车路协同辅助数据服务平台，为交通信号系统和自动驾驶车辆下发合理的调度指令。上述技术的蓬勃发展将进一步促进车路协同赋能其他国家战略。未来车路协同还将助力无人驾驶应用、促进地面与空中交通融合以及赋能数字孪生城市。

1. 助力无人驾驶应用

未来智能交通的发展不仅关注用户出行、交通安全等民生需求，也将致力于为用户提供多样化、个性化的驾驶服务。其中，无人驾驶出行服务已是智能网联汽车和出行行业未来发展的重要方向。从商业角度来看，实现无人驾驶的方式主要有两种。一是单车智能，即通过摄像头、雷达等传感器以及高效准确的算法，赋予车辆自动驾驶的能力。具体地，单车智能采用一个装在车内的智能化系统来代替传统驾驶员的工作，让汽车变"聪明"，但单车智能仍然无法突破视野局限和视效局限的瓶颈。二是车路协同，即主要通过车和路的高效配合实现自动驾驶。车路协同致力于从更宏观的视角切入来实现无人驾驶，通过将车、路、云连接，助力无人驾驶车辆在环境感知、计算决策和控制执行等方面的能力升级，全面加速无人驾驶应用的商业落地。

2. 促进地面与空中交通融合

随着汽车和航空电动化、智能化技术的跨界渗透与融合以及智能交通设施的不断发展和完善，一种新型交通方式——城市空中交通正在兴起。城市空中交通，是指城市内适用于载人飞行器和无人飞行器系统的安全高效交通运作方式。世界首辆飞行汽车于2009年3月初在美国实现了首飞，降落后只需按一个按钮即可将机翼折叠，驶上高速公路。2010年7月美国Terrafugia公司制造的陆空两用变形车被美国航空主管部门允许投入商业生产。目前，飞行汽车正在走向商业化。预计在不久的将来，飞行汽车将会大规模地投入使用，城市空中交通将成为现实。和陆地交通的车路协同类似，空中交通也需要考虑航线规划、飞行许可和资源配置等问题，把飞行汽车融入地面交通体系以构建综合的立体交通系统，将会变革式地提高交通安全性和效率。

3. 赋能数字孪生城市

现今，世界各地的城市都在加速数字化转型，提供互联、安全和可靠的服务来满足居民和企业日益增长的需求，数字孪生城市正在迅速成为人们最理想的生活和工作之地。要发展数字孪生城市,智能交通的建设至关重要,因为城市出行服务是提升居民生活水平和满意度的主要建设领域之一,而其中车路协同是建设智能交通的重要抓手。车路协同通过合理规划和优化城市基础设施、城市道路、建筑、公共设施,形成相互融合的服务体系,从而不断推进数字孪生城市建设的转型升级并促进城市治理能力和治理水平进一步提升。以城市交通治理为例,发展车路协同技术,将有效提高道路交通运输效率、减少碳排放,并缓解城市限行压力。在车路协同的赋能下,车、路、云、网、城有望实现真正的协同发展,形成新型产业生态体系,让数字孪生城市更具活力。同时,依托数字孪生系统,能够更好地实现全时空动态交通信息的采集和融合,为车路协同的发展提供坚实的基础。因此,数字孪生城市与车路协同相辅相成,使未来智慧城市的可持续发展成为可能。

6.2 关键使能技术

面向未来车路协同多样化的应用及需求,本节对车路协同关键使能技术进行总结。

1. 6G 空天地一体化网络

6G 空天地一体化网络是以地基网络为基础,天基网络和空基网络为补充和延伸,为广域空间范围内的各种网络应用提供泛在、智能、协同、高效的信息保障的网络架构。通过多维度网络的深度融合,空天地一体化网络可以有效地综合利用各类基础设施的资源进行智能网络控制和数据处理,从而游刃有余地应对需求迥异的网络服务,实现全球覆盖、随遇接入、按需服务的目标。未来,空天地一体化技术可以作为信息管道与车路协同深度融合,为车载服务提供低延时、高可靠、按需接入的网络环境。

2. 数字孪生

数字孪生是一项在虚拟空间中完成对物理实体的映射从而反映物理实体的全生命周期过程的技术。该技术通过采集物理实体的特征数据,在虚拟平台通过数据重构组建一个和物理实体完全一致的数字孪生体。通过对物理实体的精确映射,可以在虚拟平台中加速时间流转,对数字孪生体未来的表现进行预测并且干预。未来,将数字孪生技术应用在车路协同中,可以构建数字孪生的智慧公路和智慧车辆,从而实时掌握各路段、隧道以及桥梁的车流、交通态势、交通事故、潜在风险等情况,便于对异常事件进行高效管控决策。此外,数字孪生的智慧车路协同可以为日常营运管理提供有力的数字化管控工具,促进道路智能化水平和车路协同服务效率的全面提升。

3. 区块链

区块链技术是分布式数据存储、点对点传输、共识机制、加密算法等计算机技术的新型应用模式。区块链是由一系列相连接的区块组成的链条。每一个区块中保存了一定的信息并按照各自产生的时间顺序连接成链条。网络中的所有节点都可以备份这个链条从而加入区块链网络。相比于传统的网络,区块链具有两大核心特点,即数据难以篡改和去中心化。基于这两个特点,区块链所记录的信息更加真实可靠,可以帮助解决网络节点互不信任的问题。在未来的车路协同系统中,利用区块链分布式存储不可篡改的特性,可以有效避免虚假信息发布等安全问题。此外,利用区块链激励和交易机制,可以促使智能车路协同系统中的网络主体进行数据的实时、精准、高效分享,从而形成安全有效的信息化管理和数据使用闭环。

4. 量子计算技术

量子计算技术通过改变经典计算的逻辑来提升运算效率。经典计算的基本单位是比特,比特的状态要么是 0,要么是 1,因此经典计算机中的所有问题都可以分解为对 0 和 1 进行操作。而量子计算的基本单位则是量子比特,其状态可以是一个向量。这样一来,量子存储器相比于经典的存储器就具有很大的优势。随着无人驾驶的应用,未来车路协同系统中车、边缘计算节点和云中心会承担海量的计算密集型任务。对于经典计算来说,这会耗费大量的计算周期和高昂的运营成本并为车载服务和用户带来较大的时延和潜在的安全风险。采用量子计算机参与计算任务,其超高的计算速度优势能够降低任务时延,从而显著改善上述问题。

5. 脑机交互技术

脑机交互技术是指基于脑电信号实现人脑与计算机或其他电子设备的通信和控制。其基本原理是通过脑电信号检测技术获取神经系统的电活动变化,再对这些信号进行分类识别,分辨出引发脑电变化的动作意图。在此基础上,采用计算机把人的思维活动转变成信号驱动外部设备,从而在没有肌肉和外围神经直接参与的情况下,实现人脑对外部环境的直接控制。在未来车路协同系统中,脑机交互技术可以助力实现驾驶功能控制及车载服务请求,使得车载用户在行车过程中能够充分利用旅途时间享受多样化的按需车载服务。

6. AI技术

作为计算机科学的一个分支,人工智能(AI)企图生产出一种能以与人类智能相似的方式做出反应的智能机器。该领域的核心技术包括计算机视觉、自然语言处理、知识图谱等。AI技术对车路协同领域的贡献是巨大而广泛的。这些贡献包括无人驾驶汽车、交通管理、优化路线和物流等,从而为车辆和驾驶员提供安全保障。未来,由于交通行业监控视频、交通事故、公交线网、车辆定位、车辆运营等模块众多且交通数据体量大,传统的统计分析辅助决策会显著增加时间、人力、物力等成本。而基于大数据计算及人工智能辅助决策的方式对上述事件的处理会更加有效。此外,AI技术和车路协同数字孪生系统的结合将会打造出一个全新的智慧化虚拟车路平台,为车、路、感知设备、传输设备、计算设备等物理要素提供全方位的协同策略优化功能。

本章参考文献

[1] HUI Y L,SU Z,LUAN T H. Unmanned era:A service response framework in smart city[J]. IEEE Transactions on Intelligent Transportation Systems,2022,23(6):5791-5805.

[2] 安鑫,蔡伯根,上官伟. 车路协同路侧感知融合方法的研究[J]. 测控技术,2022,41(2):1-12,35.

[3] 张云顺,华国栋,李宁,等. 基于车路协同的智能驾驶研究综述[J]. 汽车文摘,2022(6):49-57.

[4] 吴冬升. 车路协同商业化价值探讨[J]. 智能网联汽车,2022(3):58-61.

[5] MAO G Q,HUI Y L,REN X J,et al. The internet of things for smart roads:A road map from present to future road infrastructure[J]. IEEE Intelligent Transportation Systems Magazine,2022,14(6):66-76.

[6] HUI Y L,CHENG N,SU Z,et al. Secure and personalized edge computing services in 6G heterogeneous vehicular networks[J]. IEEE Internet of Things Journal,2022,9(8):5920-5931.

[7] JAN B,FARMAN H,KHAN M,et al. Designing a smart transportation system:An internet of things and big data approach[J]. IEEE Wireless Communications,2019,26(4):73-79.

[8] HUI Y L,SU Z,LUAN T H. Collaborative content delivery in software-

defined heterogeneous vehicular networks[J]. IEEE/ACM Transactions on Networking,2020,28(2):575-587.

[9] 熊文华,胡少鹏,王佩,等.车路协同下路侧交通设施体系及道路分级研究[J].公路,2022,67(6):218-222.

[10] 李安琪.毛国强:车路协同的规模推广首先要解决当下交通问题[EB/OL].(2020-8-14)[2022-7-15]. https://www.leiphone.com/category/transportation//9v5QULxqahVEvWAm.html.

[11] ITS智能交通-百家号.车路协同面临诸多挑战 规模化需要产业融合[EB/OL].(2021-6-21)[2022-7-15]. https://www.afzhan.com/news/detail/84912.html.

[12] 头部科技.6G与卫星互联网:空天一体化下一代通信技术的模样[EB/OL].(2021-3-31)[2022-7-15]. https://www.sohu.com/a/458332948_120607343.

[13] HUI Y L,CHENG N,HUANG Y H,et al. Personalized vehicular edge computing in 6G[J]. IEEE Network,2021,35(6):278-284.

[14] 智能制造网.自动驾驶领域的单车智能技术是什么?[EB/OL].(2020-9-1)[2022-7-15]. http://www.iotworld.com.cn/html/News/202009/78e302de498ba004.shtml.

[15] HUI Y L,MA X Q,YIN Z S,et al. Collaborative and distributed autonomous driving: A game theoretic approach[C]//Proceedings of 2021 13th International Conference on Wireless Communications and Signal Processing(WCSP). New York:IEEE,2021:1-5.

[16] 刘睿健."协同"有道,"无人"驾成!——车路协同自动驾驶系统发展漫谈[J].中国交通信息化,2020(10):18-25.

[17] 郑开车.车路协同:无人驾驶的"终局"?[EB/OL].(2021-12-3)[2022-7-15]. https://www.tmtpost.com/5915514.html.

[18] HUI Y L,WANG Q Q,CHENG N,et al. Time or reward:Digital-twin enabled personalized vehicle path planning[C]//Proceedings of 2021 IEEE Global Communications Conference(GLOBECOM). New York:IEEE,2021:1-6.

[19] 张扬军,钱煜平,诸葛伟林,等.飞行汽车的研究发展与关键技术[J].汽车安全与节能学报,2020,11(1):1-16.

[20] 邓强胜,李景松,武鑫.数字孪生城市:新型城市治理模式探索[EB/OL].(2022-4-12)[2022-7-15].http://zgcfed.com/4/18045/756080.

[21] 木子生.车路协同让城市更智慧[EB/OL].(2022-3-16)[2022-7-15].https://zhuanlan.zhihu.com/p/481708984.

[22] 黄开胜,袁宏,钟薇.以车路协同和互联互通为先导抓手推进智能网联汽车与智慧城市协同发展[J].建设科技,2022(1):47-52.

[23] 沈学民,承楠,周海波,等.空天地一体化网络技术:探索与展望[J].物联网学报,2020,4(3):3-19.

[24] 张晓凯,郭道省,张邦宁.空天地一体化网络研究现状与新技术的应用展望[J].天地一体化信息网络,2021,2(4):19-26.

[25] 孙滔,周铖,段晓东,等.数字孪生网络(DTN):概念、架构及关键技术[J].自动化学报,2021,47(3):569-582.

[26] HUI Y L,MA X Q,SU Z,et al. Collaboration as a service:Digital twins enabled collaborative and distributed autonomous driving[J]. IEEE Internet of Things Journal,2022,9(19):18607-18619.

[27] SUN W,WANG P,XU N,et al. Dynamic digital twin and distributed incentives for resource allocation in aerial-assisted internet of vehicles[J]. IEEE Internet of Things Journal,2022,9(8):5839-5852.

[28] SU Z,HUI Y L,LUAN T H. Distributed task allocation to enable collaborative autonomous driving with network softwarization[J]. IEEE Journal on Selected Areas in Communications,2018,36(10):2175-2189.

[29] 嘉藕.SAECCE 2020|万集科技周浩:面向智能网联服务的数字孪生交通系统[EB/OL].(2022-4-1)[2022-7-15].https://www.hizhiche.com/smart/hi_38829.html.

[30] 伍朝辉,刘振正,石可,等.交通场景数字孪生构建与虚实融合应用研究[J].系统仿真学报,2021,33(2):295-305.

[31] AHMADI H,NAG A,KHAR Z,et al. Networked twins and twins of networks:An overview on the relationship between digital twins and 6G[J]. IEEE Communications Standards Magazine,2021,5(4):154-160.

[32] 周亮.区块链关键技术要素和技术发展、产业发展态势分析[EB/OL].(2019-11-28)[2022-7-15].http://www.ciotimes.com/blockchain/182956.html.

[33] HUI Y L,HUANG Y H,SU Z,et al. BCC:Blockchain-based collaborative crowdsensing in autonomous vehicular networks[J]. IEEE Internet of Things Journal,2022,9(6):4518-4532.

[34] LI X,RUSSELL P,MLADIN C,et al. Blockchain-enabled applications in next-generation wireless systems:Challenges and opportunities[J]. IEEE Wireless Communications,2021,28(2):86-95.

[35] 赵红礼,李莉莉.区块链在城市轨道交通中的应用场景[J].现代城市轨道交通,2021(7):1-4.

[36] 智能计算芯世界.权威科普:什么是高性能计算?[EB/OL].(2022-2-10)[2022-7-15]. https://www.eet-china.com/mp/a109630.html.

[37] 刘铁男,杨巍,魏凡.量子计算发展与应用动向研究[J].中国电子科学研究院学报,2022,17(2):141-148.

[38] 陈根.从经典计算到量子计算[EB/OL].(2021-12-3)[2022-7-15]. https://www.thepaper.cn/newsDetail_forward_15672853.

[39] CACCIAPUOTI A S,CALEFFI M,TAFURI F,et al. Quantum internet:Networking challenges in distributed quantum computing[J]. IEEE Network,2020,34(1):137-143.

[40] DataAnswer.脑机交互简介[EB/OL].(2019-12-2)[2022-7-27]. https://xw.qq.com/amphtml/20191202A036JU00.

[41] 联想创投.深度解析:脑机接口技术的现状与未来.[EB/OL].(2020-7-29)[2022-7-15]. https://www.sohu.com/a/410329433_554588.

[42] 人工智能[EB/OL].(2020-7-29)[2022-7-27]. https://wiki.mbalib.com/wiki/.

[43] 有用教育.人工智能的三大最核心技术[EB/OL].(2019-7-15)[2022-7-27]. https://www.sohu.com/a/326888957_120118246.

[44] 智能交通技术.人工智能AI在智能交通领域中的应用[EB/OL].(2021-9-20)[2022-7-27]. https://zhuanlan.zhihu.com/p/412080175.